U0965833

中国工程院院士
华东理工大学校长 **钱旭红** 教授

我们的家园

钱旭红院士的校长言谈
和新闻选录

华东理工大学 组编

華東理工大學出版社
EAST CHINA UNIVERSITY OF SCIENCE AND TECHNOLOGY PRESS
·上海·

图书在版编目(CIP)数据

我们的家园——钱旭红院士的校长言谈和新闻选录/华东理工大学组编. —上海：华东理工大学出版社，2012.9

ISBN 978-7-5628-3371-0

Ⅰ.①我… Ⅱ.①华… Ⅲ.①高等学校-校长-工作-文集 Ⅳ.①G647.12-53

中国版本图书馆CIP数据核字(2012)第210714号

我们的家园——钱旭红院士的校长言谈和新闻选录

组　　编/华东理工大学
责任编辑/刘　军
责任校对/张　波
封面设计/方　雷
出版发行/华东理工大学出版社
社　址：上海市梅陇路130号，200237
电　话：(021)64250306(营销部)
传　真：(021)64252707
网　址：press.ecust.edu.cn
印　　刷/上海展强印刷有限公司
开　　本/787 mm×1092 mm　1/16
印　　张/19.75　　插页2
字　　数/273千字
版　　次/2012年9月第1版
印　　次/2012年9月第1次
书　　号/ISBN 978-7-5628-3371-0
定　　价/60.00元

联系我们：电子邮箱：Press@ecust.edu.cn
官方微博：e.weibo.com/ecustpress

目　录

第一篇 人才培养

大学营造创新型人才的成长环境有三个基本要素：发现教师、活跃学生、解放灵魂。发现教师，就是要发现教育家。校园里不能仅仅只有科学家和艺术家，他们更多关心的是学术方向上的发展，而教育家关心的是学生的成长。一所好的大学，需要有不同学科方面的教育家。活跃学生，就是要寓教于乐，让学生体验过程，学会学习，学会创造，让学生成为新知识的发现者和见证者。解放灵魂，就是能够超越知识，注重思维与精神。

华理校训

培养大写的“人”

——访华东理工大学校长钱旭红

缘起：

2005年12月，华东理工大学中德工学院通过德国DAAD验证，其“先进材料联合研究中心”正式揭牌。同月，该校访问团与澳大利亚堪培拉大学共同决定深化原有合作。2005年11月，该校代表团对美国加州洛杉矶分校和麻省理工学院进行了合作访问，与里海大学确立了姐妹关系。2005年10月，该校代表团访问日本创价大学和大阪府立大学，将与东京农工大学的亲密关系推向产学研合作层次。同月，与来访的以色列理工大学签订了长期合作协议。

在一连串的国际合作和交流背后，是什么样的办学理念在支撑起华东理工大学？这所传统上被称为“化学工程师的摇篮”的高等学府将产生什么样的化学新反应？带着一系列的问题，我们走进了华东理工大学钱旭红校长的办公室……

学校不鼓励专业教书匠，我们需要在研究和教学上不断反思和超越的人才！

我们要力求培养出未来在各个领域起领军作用的创新型人才！

我们要不拘一格用人才，我们要不拘一格育人才！

面对记者的采访，钱旭红校长说：“只有当人的积极性得到充分调动时，只有当有能力、有忧患意识的人得到大胆使用时，学校的投入才能产生最大的效益。”如何调动人的积极性，钱旭红校长的答案是：诱发学校独特的竞争力！

预则立，不预则废。对此，华东理工大学提出了明确的中长期发展目标——建设国际知名、特色鲜明、多学科高水平的研究型大学。华东理工大学的本科教育不能仅仅停留在培养工匠的层面，而是要培养精英、大师，要力求培养出未来在各个领域起领军作用的创新型人才。

何谓创新型人才？只有那种具有独特精神，有丰富且自成体系、按照个人特色重新组合知识的人才算得上是人才。“‘自成体系的知识’指的是按照个人特色重新组合而成的知识”，钱旭红校长为我们解释道。“华东理工大学一直都坚持产学研结合的办学特色，现在我们要把这个‘化学工程师的摇篮’质变为‘培养厚基础、强实践、具有创新精神的产业和社会精英的孵化器’，这才是我们现在要追求的目标。”钱校长语气坚定地说。

欲成才，先成人；不成人，宁无才。在钱旭红校长看来，本科教育要注重知识传授与精神传授并存，知识传授是精神传授的载体，精神传授是知识传授的核心，没有知识的传授，就谈不上精神的传授，有了人文知识与科学知识，不一定表明就拥有了人文精神和科学精神。他说：“如果教育不传授精神，培养出来的学生只会成为工具。”对于这一点，钱校长感触颇多。1995 年，自担任博导开始，他自己花了大量的时间在“激发”博士生的大脑上，让学生从“我验证了什么？”转变为“我能开拓什么？”。

钱旭红校长还特地谈到了大多数人眼中的“怪才”、“奇才”——“我们要打破常规使用人才，这是学校的首要任务，一个有才华的人会有其独特的个性，在为人处世方面可能有不尽和谐之处，我们既需要主次分明诚信协力的团队，也需要天马行空的大师，只要有海纳百川的胸怀，学校就会成为大师云集的学府。”

分三年每年递增 800 万元的业绩津贴，抓精品课程和名师工程建设，强化实验实践教学，实现课堂教学方法改革……为了培养具有创新素质和能力的人才，华东理工大学将潜心树魂，构建一个研究型、人性化的本科教育体系。钱旭红校长将学校教育体系的关键词锁定为“研究型”和“人性化”。

关键词： 研究型

1952年，华东理工大学的前身——华东化工学院通过院系调整建校；1956年，被定为全国首批招收研究生的学校之一；1960年，被确定为教育部直属的全国重点高校。面对曾经的辉煌和荣耀，“我们只能前进，也必须前进”。

53个研究所（中心）、8个国家级研究基地，12个省部级研究基地，全国6所首批建立国家技术转移中心的高校之一，华东理工大学有足够的底气；“十五”期间，主持承担33项“863计划”项目，参与22项“863项目”研发，“863项目”经费名列全国大学第九位，50%～60%的科技成果转化率，华东理工大学的产学研之路迈得坚定而踏实。但如何将研究的优势衍生到教与学中，成为钱旭红校长思考的问题。

学校不鼓励专业教书匠。钱校长指出，我们需要“既能提供优质的课程和服务，又能成为教育研究专家”的教师和管理人员。在今年的教师节上，钱旭红校长明确提出，教师要把教学与科学研究同等对待，这种对待不是对现状的认可，而是反思和超越，专业教学人员要有国际水准的教育研究水平。“学校将在观念、政策、队伍、教材建设方面促进科研和教学的一体化，通过政策杠杆推进教学，让教师明确，研究水平与能力是胜任大学本科教学所必不可少的。”

“研究与教学的融合、实践和教学的互补、老师与学生间教学相长将成为所有华理人追求的目标，”钱旭红校长满怀信心地说。三年前，华东理工大学设置了学生（课余）研究计划USRP（University Students Research Program），目前参加过该计划的学生已经超过1 600人次，学生自己选立研究课题461个，写出论文608篇，获得专利5项。事实已经表明研究型大学不仅是传播知识的地方，更是创造知识的地方。

关键词： 人性化

三大课程平台，八大类专业分类，学院内任换专业，学院间双向选择，师生间双主体、双向互动，课内外教学科研相互结合，教学中多种媒体、多种信息资源并重，对一、二、三、四年级创新教育目标的细分……当我们询问起这一项项纷繁复杂的教学改革时，钱旭红校长用简单的三个字和一个惊叹号回答了我们所有的问题——“人性化！”

所谓人性化，就是要尊重学生的个体差异性，并因势利导，塑造知识、能力、素质协调发展的英才。人不同于机械产品，显著差别就是个体差异性。如果对具有个体差异性的学生群体采用统一的教学模式，采取犹如计算机磁盘清洗一样的格式化教育，这对教育和学生而言都可能是无尽的悲哀。

对于“我们应该培养什么样的人”、“什么样的人才是好人才”，人人心中都有一杆秤。个体特征可能是优点也可能是缺点，优点能否发扬光大、缺点能否得到修正，决定于教师的耐心和爱心，也取决于学生的追求和自我定位。钱旭红校长打了个形象的比喻：千奇百怪的树根在伐木工的眼里是无法成为栋梁的废材，而在巧夺天工的艺术家的眼里却可以成为富有灵性的根雕。

十年树木，百年树人。尊重培养对象，尊重学生的个体差异性，这不仅是一种态度，更是一种职责。懂“物理”、辨“事理”、明“人理”，后成“家”，先成“人”，让学生通过学富五车而成为自己精神世界的主人，让学生拥有独立健康的人格，这是钱旭红校长毕生追求的目标！

如果自 1978 年在华东理工大学的前身——华东化工学院读书以来，除去在国外及国内其他大学工作的七年多时间，钱旭红校长在华东理工大学的校园里已经读书、生活、工作了足足有二十个年头。当被问及从学生到校长，他最大的感触是什么时，他笑着说，所有人都知道华东理工大学最大的优点就是勤奋踏实，但很多人都不知道华东理工大学还有一个优点，那就是不安分。踏实中渗透出的不安分，勤奋中流露出的智慧，华东理工大学小步伐快节奏的前进脚步让我们可以预见——一个未来高水平研究型大学将在中国崛起！

（王晓铭、姚燕燕、王春，《科技日报》2006 年 1 月 13 日）

大学，创新型人才的摇篮

——钱旭红校长在第三届中外大学校长论坛上的论述集锦

产学研联合是培养高层次创新人才的有效途径

企业是自主创新的主体，产学研联合是培养高层次创新人才的有效途径。这种人才培养模式可实现校企双赢——高校，部分学科与生产实践紧密结合，可获得更多科研课题，学科得以超常规发展，并在企业界建立了广泛的人脉关系；企业，借助高校科研和人才优势，为自己培养创新型人才，并催生一批科研成果应用于实践。

（徐敏、彭德倩、林环、王箎，《解放日报》2006 年 7 月 12 日）

高校应培养学生的企业家精神

随着社会的发展，现代企业越来越依靠不断的创新来获取利润，如采用新方法、开发新产品等。新一代的企业家具备创新意识和创新精神也因此显得尤为重要。

华东理工大学校长钱旭红说，创新的核心在于人，目前国内大学创新的最大障碍在于对学生的格式化教育，学生个性得不到充分发挥。“通过项目发挥学生的主动性，训练学生的实践能力和创新意识非常有效也非常必要。”

但钱旭红同时强调，大学参与项目、与企业合作的目的一定要明确，是为了引导学生走向创新,而不是把学生作为廉价劳动力来追求业务和利润。

（周婷玉、刘丹、陈犁书,《新华网》2006 年 7 月 13 日）

论文不是衡量大学价值的唯一标准

急功近利心态,成为培养创新人才的障碍。目前国内高校中有部分教师重名重利,只顾到处拉项目,缺乏责任感,这样的教师带出的学生难免会流于浮躁。针对这种情况,华东理工大学要求各个学科的顶级人才加入“名师导航”项目,埋首科研之余,每学期至少为学生上一两个小时课。时间虽短,却能给学生带来巨大的理念冲击。

（《上海通》2006 年 7 月 15 日）

“填鸭式灌输”会埋没人才

学生通过幼儿园—小学—中学—大学的教育,相当于都被“格式化”了一遍,不同的思维方式在这个过程中被抹去。现在的学生比以往更有个性了,但这种个性是基于学生对灌输式教学反感而产生的叛逆情绪,并不是我们所提倡的积极个性,也无法激荡起积极的创新思维。

（吴晶、许林贵、孙丽萍,《新华网》2006 年 7 月 16 日）

大学的科研项目要为培养学生服务

通过科研项目来训练学生的实践能力、在实践中引导学生创新是一种重要的教学方式,科研和教学应该把“培养人才”当成共同目标。如果争取到项目后,教授只是把学生作为廉价劳动力来使用并从中获利,而不是在过程中进行指导,那就偏离了主题。

（婷玉、刘丹,《新华网》2006 年 7 月 16 日）

大学不能变成技工学校

大学不能变成“技工学校”，现在越是热门的专业越有技工化的倾向。比如说IT专业，几乎所有的大学都开办了这个最热门的专业，可并不是所有的学校都具备合格的师资。IT专业的基础是应用数学，一个有潜力的IT人才必须能很好地掌握这门知识。然而，很多学校并不具备合格的应用数学教师，不少学生也认为这门课没多少用。一个相对极端的例子是，某些IT专业的导师招来了研究生，就直接送到公司实习，让他们在公司接受训练。从短期看，这部分学生的确上手很快，但是时间长了，他们后劲明显不足。

大学重视实践能力本来无可厚非。学生在大学里应该学习操作原理，体验关键操作，而不是细化到每个特别微小的环节。大学要为社会服务，但是必须具备独立精神。大学培养的应该是未来5—10年的人才，不能简单地跟着社会风气走。

（原春琳，《中国青年报》2006年07月17日）

学习国外高校组织形式下的深层次内涵

德国柏林自由大学校长迪埃特·伦森教授在介绍办学经验时说，他们学校有三个中心：集群发展中心、配置课程中心、国际交流中心。表面上看，这与我们大学中的科研处、教务处、外事处没有什么不同。但华东理工大学钱旭红校长敏锐地指出：他们的三个中心是学术管理组织，而我们相应的三个处是行政机构。这种区别对人才的培养和学术研究的影响其实是很大的。世界上杰出的教授大多一意孤行，而我们的行政机构在制定政策、制度、机制方面同质化现象非常明显，这极不利于拔尖人才和高水平研究成果的出现。我们应该学习的是组织形式下更深层的内涵。

（宋晓梦，《光明日报》2006年7月19日）

教授不教课算什么教授?

在中外大学校长论坛上,许多校长认为,大学的科研项目是为培养人才服务,而不是简单地追求经济利益。研究课题是教授指导学生、培养学生实践和创新能力的一种教学方式,而不是脱离教学的借口。华东理工大学校长钱旭红说:“教授被称为导师,顾名思义,就是能给学生指导和引导的老师,他的学术和思想都应该超越学生。如何保证不落后?那就要坚持在科研一线。名教授一定要给本科生上课,哪怕只是一两次讲座,也可能使学生终身受益。他们的治学精神、研究方法才是学校真正的财富。”

(周婷玉、肖春飞、王蔚,新华社 2006 年 7 月 29 日)

伟哉！亲爱的“80后”

——钱旭红校长在奉贤校区五大书院成立仪式上的致辞

尊敬的各位老师，亲爱的同学们：

在这春风拂面的2008年“五四”青年节，我们隆重举行华东理工大学奉贤校区五大社区书院成立揭牌仪式。首先，请允许我代表学校，向五大社区书院的成立表示衷心的祝贺！向为书院工作的学工、后勤、保卫等部门的教职员工表示衷心的感谢！

1952年全国院系调整时，我校由交通大学、震旦大学、大同大学、东吴大学、江南大学等校的相关系科组建合并而成。五大书院的由来秉承着学校的历史，彰显一脉相承之内涵，各书院命名整体体现了悠久厚重的历史和殊途同归的渊源，分别命名为“震旦书院”、“江南书院”、“大同书院”、“南洋书院”和“东吴书院”。

在中国的教育历史上和英国等西方现代高等教育中都出现过书院，我们探索书院模式意在汲取书院培养人才方面的重要经验，同时结合新时期人才培养的要求，予以创新和改革，形成我校独有的、适应我校学生发展的“书院式”学生管理新模式。

在此祝贺之际，我代表学校，也代表我自己，结合书院，对大家说些心里话。谈谈校园之外，也谈谈校园之内。

今年，是我们国家具有特殊意义的一年，举世瞩目的起源于古希腊的现代奥运会即将在北京举行，取得巨大成就的改革开放进入三十而立之年，中华民族在历经两百年的沧桑、屈辱与磨难之后，真正迎来了国泰民安、自信自强的新纪元。然而，我们大家都看到了，和我们中华民族及世界人民一起迎接奥运的，有西方某些势力的独特的躁动和拙劣表演，这些包括原教旨式的意识形态、偏激的宗教狂热、殖民主义的残存优越感等。我，作为年届中年、青年时曾经在西方有过几年工作和生活经历的一个“60后”，面对海外那些偏执臆想、丧心病狂的言行时，心中无限悲凉与气愤。而就在这时，“80后”及“90后”的孩子们，被有些人喻为“垮掉的一代”，也是被寄予“和平演变希望”的一代，正是你们，用理智与知识、冷静与激情、精神与力量、团结与开放的方式在海内外轰然而起，展现了中华儿女热爱祖国的强大民意！你们比我们这些信奉“温、良、恭、俭、让”的前辈强，比你们的父母强。你们是新时代最可爱的人！

许多时候，人类进步的原因，不是怀有旧思想的人改变了想法，而是这些人衰老死了。你们是早晨八九点钟的太阳，是中华民族及人类的希望。要使偏执臆想、丧心病狂者真正偃旗息鼓，你们只有静下心来，用理智表达情感，用行动推动民富国强，用警惕维护和谐安康，才能使西方某些势力在无人理睬中失去最后一丝企望。

大学以培养国家和民族未来十年的中流砥柱式的英才为根本，以引领社会文化的发展为己任，你们的言行及奋斗，就是我们校园文化及大学精神。要赢得别人的尊重，不成为墙头草，不在创造中迷失，我们需要继承、发展、创造自己的主流价值与文化。人类的文明、知识及科学至少有两个起源，这些都和书院相关。一个是从古希腊开始，经过意、法、英、德，遍及全世界的西方科学即现代科学，其特点是以分解合成还原论为指导的学科分类与知识体系，其因分割而导致的信息丧失，难免以偏概全，需要无止境的学科交叉综合来弥补。其二是起源于古代中国，强调系统综合及相互关系的辩证整体论及知识体系，其拙于分析，在古代发育不全，现正以复杂整体模型方法显示出生机。希望你们了解这些，成为学贯中西、超越知识、志向远大的一代新人。位于奉贤校区的墨子塑像，就是要告诉人们，2000年前的中国出现过远早于希腊文明、贡献更为杰出的这样一位具有现代意识的伟大科学家、工程师、逻辑学家及思想家。奉贤校区内分别由美、日诺贝尔自然科学奖获得者题词的足球烯及手性塑像，就是告诉人们，对于创造的美，东方人与西方人一样具有天赋。

在近五千年的人类文明史中，除了过去的两个世纪，中华文明长期领先并影响着世界。以诸子百家为代表的传统文化不会全都是精华，在过去两百年的彷徨中，受西方武力及文化的冲击，在天文数字的赔偿、灾难、饥饿和自卑中，为反省图强，许多先人大都拼命地融入西方文化，一定程度上助长了崇洋媚外的心态。改革开放三十年，国家富强，中西文化前所未有的全面交流，使我们看到了事物的本来面目。我们是开放的，我们欢迎，并愿意发扬光大以奥运会为代表的那部分西方文明，但我们拒绝不符合我们实际的咄咄逼人的所谓“西方文明”。世界曾经至少有两个文明中心，今后至少需要两个文明中心。同学们，既要超越现代的西方文明，也要超越两个世纪前中华文明的文明建设重任，将责无旁贷地历史性地落在你们“80 后”、“90 后”的身上。

我们奉贤校区的校门俭朴、宏大，外形为简化的海鸥翅膀，近邻蓝色大海，寓意你们张开的思想翅膀要面向大海翱翔；门口环抱形的广场寓意你们面向世界与未来，有海纳百川的气度与胸怀；门内的人工湖泊命名为通海湖，寓意你们诸位创造的点点滴滴，都会会聚通向知识的海洋。校区中心即将兴建的硕大正方形图文信息中心，外形是抽象的长城烽火台，寓意你们任何时候都不应忘却外敌扰边的过去，任何时候都要继承好民族优秀的精神文化传统。

2007 年 7 月，奉贤校区正式启用后，学校开始尝试实行“家庭式、自治式、身心式、书院式”的学生管理新模式，今天举行的揭牌仪式就是“书院式”模式建设的一个新阶段。五大书院要跨专业、学科、学院，整合校内资源、完善互动渠道、实现优势互补、促进强强联合，全面塑造大学生人格，努力成为高水平的、整合的学生培育地，成为引导校园文化建设、传承大学精神的重要平台。

我们希望这些有形的建筑及其蕴含的历史、科学与文化内涵，能为在此学习的所有“80 后”“90 后”及未来的学生们、为来自祖国各地的汉回藏蒙等各民族青年学子及海外留学生们，提供成长的良好生态环境；

也希望更多无形的思想、精神、文化在这里孕育、壮大，走出校门影响未来。我们的07版校标上紧紧相扣的两个“大学”英文拼写的开头字母U，不仅仅是学校传统工业管道标志的抽象代表，也不仅仅是反映人文社会与自然科学的结合，更反映的是环环相扣、“勤奋求实”；置于右边的变形齿轮，不仅仅表达学校以工为主，更象征学校是从华东升起的太阳，“励志明德”、光耀中华。

2008年的4月，乍暖还寒时节，人们永远会记住，在铺天盖地的西方谣言中，在信奉“西方月亮比中国圆”的那些年长但幼稚的精英们先失语、后胡言乱语之际，你们“80后”一代被迫决然地出人意料地崛起，你们这些新的思维、言语、行为方式必将深远地影响未来及世界。让我们继承五四精神，建设好我们的书院，建设出新的书院文化，为把中华文明弘扬全球，为把学校建设成国内一流、国际知名、学科特色鲜明的高水平研究型大学而共同奋斗！

（2008年5月4日）

爱国又荣校　青春展风采

——钱旭红校长在2009届毕业生毕业典礼上的讲话

各位2009届毕业生同学、各位家长、老师们：

大家好！

伴随着校园内的栀子花开，又到了2009届同学毕业离校的日子了。四年前开学典礼的盛况犹在昨天，转瞬间，今天我们又一次在美丽的校园举行隆重的仪式，欢送你们离开校园，走向社会。在这个激动人心的时刻，我首先代表学校党政负责人和全体教职员工，向顺利完成学业的全校3 798名本科毕业生表示热烈的祝贺。祝贺你们凭借自己的聪明才智、辛勤汗水和执着付出，圆满完成了大学本科阶段的学习任务并取得了学士学位，祝贺你们不仅具备了一定的学术基础，更培养了自己独立思考的能力，并能通过个人的理性思考作出相应判断。今天对你们来说是个值得毕生记住的大日子，今天属于在座的各位！

今天同样属于你们的父母和老师，从你们呱呱坠地到今天迈向社会、搏击人生，他们无微不至地照顾着你们、呵护着你们。他们鼓励的话语是你们面对困境的“兴奋剂”，他们真诚的呐喊助威是你们初尝胜果的“催化剂”，他们宽容大度的胸怀是你们伤口弥合的“止痛剂”。我提议大家用掌声来对父母的养育之恩、老师的传道之情表示衷心的感谢！

四年来，你们以主人翁的姿态参与到学校的建设和管理之中，在你们的参与和支持下，学校各项事业取得了长足发展，学科建设、校区整合规划、内涵提升、校园文化等诸多方面均取得了突破。在此我代表学校党政部门和全体师生向诸位2009届同学们的参与、付出表示衷心的感谢！你们用自己的勤奋和汗水书写无悔青春乐章的同时，也生动地诠释了“勤奋求实、励志明德”的精神内涵，希望你们踏入社会后可以继续从中汲取精神养分，不断取得更大的进步。

如果说今天是你们进入社会前的一场“成人礼”，那么过去的一年多对于我们的国家来说也可谓是一场“洗礼”。我们不仅经历了亲人同胞罹难的刻骨伤痛，也见证了北京奥运会的华彩乐章。经过三十多年的改革开放，共和国即将走过一个甲子，我们的国家发生了翻天覆地的变化，我们更加由衷地体会到做一个中国人的光荣与自豪。这场共和国的“洗礼”让我们磨砺了心态，也让我们在金融危机肆虐、全球政经格局深刻调整的大背景下保持了清醒的头脑。就在这场共和国的“洗礼”中，以广大青年学生为代表的“鸟巢一代”正成为我们这个时代最有激情、抱负和创造力的群体，你们以强烈的使命感、荣誉感、责任感，真心奉献，友爱互助，向世界展现了当代中国青年的时代风采和精神面貌。你们的表现给了我一个强烈的信念，那就是我相信你们在踏入社会后，一定会用理智、思考和行动成长为国家的优秀建设者和各行业的卓越领军人才。相信你们就是相信未来，祝大家成功！

下周，你们就要陆续离开学习和生活了四年的大学校园。大学毕业犹如你们拿到了一张驾驶证，虽然你们可以在公路上安全地驾驶车辆，但是不代表你们有丰富的驾驶经验和精湛的驾驶技术。你们即将踏入的社会有它自身的秩序、规则、文化和传统，有它自己的一套强化和反强化机制，不以你们的个人意志为转移。由于没有了父母和老师的谆谆教导、温情脉脉，一切都要靠你们自己去摸爬滚打，所以我在这里对大家提出几点期望：

一是牢记胡锦涛总书记在今年“五四”运动90周年来临之际前往中国农业大学与师生代表座谈时，对全国青年提出的四点要求，希望青年朋友把爱国主义作为始终高扬的光辉旗帜，把勤奋学习作为人生进步的重要阶梯，把深入实践作为成长成才的必由之路，把奉献社会作为不懈追求的优良品德。英国诺丁汉大学校长杨福家曾说，大学文化是崇尚大爱的文化。他说 2001 年 7 月 4 日他正式登上英国诺丁汉大学校长(Chancellor)这个位置,五星红旗第一次在英国校园里飘起的时候,他感到很自豪。中华文明源远流长,同学们,明日你们将各奔东西,有些同学可能要远赴异国他乡继续求学,不管身处何地,希望大家铭记自己是中国人,铭记自己是炎黄子孙。

二是要继续弘扬和传承科学方法和科学精神。大学以培养社会合格公民和国家未来十年的中流砥柱为根本,以引领社会文化的发展为己任,你们的言行及奋斗,就是我们校园文化及大学精神的展现。你们在学校通过刻苦努力学到了许多知识,但你们学习的知识可能会遗忘,知识本身也在不断地更新,所以只掌握知识还是远远不够的。更重要的是你们要领会知识背后的科学方法和科学精神,并将尊重事实、尊重科学的精神内化为自身的价值诉求。

三是正确地看待困难和挫折。当前,由于受到全球金融危机的影响,大学生就业遇到了一些困难,党和政府出台了一系列促进就业的政策措施,学校也向全国各地的华理校友发出倡议,号召广大的校友尽可能为你们提供就业岗位和信息,得到了积极响应。今天你们中的很多人已经寻找到了理想的就业岗位,但是我想说,人生的道路并不是一路坦途,暂时的挫折并不只是你们人生事业的拦路虎,利用得好,更是你们人生征途中的宝贵财富。“天将降大任于斯人也,必先苦其心志,劳其筋骨。”面对困难和挫折,希望你们不抛弃、不放弃,母校是你们坚强的后盾。

四是记住你们永远是华理的一员。明天你们将从华理学子转变为华理校友,学生和校友都是学校的一笔永远的宝贵财富。学校自建校以来,已经为国家培养了 10 万余名毕业生,其中 10 人成为中国科学院和中国工程院院士,大量的优秀毕业生成为我国各级部门的领导者和各个行业的技术专家。我希望同学们能以我们的优秀校友为榜样,永远坚持报效祖国、服务人民的理想,把自我的发展和国家社会的进步紧紧地联系起来,为国家和社会的发展做出贡献。希望你们步入社会后,无论遇到怎样的困难都要牢记自己是一名“华理人”,母校永远是你们的坚强后援和后盾。我相信，若干年以后，母校一定能够在茫茫人海中将你们重新辨认出来，那是由于你们对国家的杰出贡献。

同学们，你们是华理永远的思念和牵挂，也即将成为华理永远的骄傲和自豪，华理曾是你们停靠的心灵港湾，也永远是你们明天征途的加油站。将来无论你们身居庙堂之高，还是江湖之远，都不要忘记母校，母校就是你们永远的家，记得常回家看看！

（2009 年 6 月 22 日）

创新型人才成长呼唤师生同行

“钱学森之问”的提出和《国家中长期教育改革和发展规划纲要》的制定，使得大学如何培养杰出人才、如何营造创新型人才成长环境这一命题，日益成为校园内外社会各界关注的焦点。要开创人才辈出的局面，就需要我们走出已有的惯性思维及惰性环境，从育人的理念、政策、操作层面上进行突破。而其中理念上的突破是正本清源的顶层设计。

大学校园的主人翁是教师和学生，他们是创新的主体。师生间思想、思维、精神上的相互激荡是校园里萌发创新的土壤。因此，我们认为，大学培养杰出人才、营造创新型人才成长环境的基本条件是：发现教师、活跃学生、解放灵魂。

学贯中西创新育人

大学需要各个专业、学科的教育家，即杰出的教师，他们是培养杰出人才、塑造创新型人才成长环境的主体。然而如今，重教育者的自我发展、轻学生的成长发展，重科学研究、轻教书育人，忽视学生的自由、健全发展的风气，正像传染病一样在校园内蔓延。大学难以培养出杰出人才、困惑于如何营造创新型人才成长环境的原因，恰恰在于目前的大学校园缺少教育家，缺少杰出的教师。要扭转这一局面，我们需要发现引领风气之先的教育家，需要发现创新型教育家。创新型教育家应该学贯中西，应该特别注重在创新中育人。

发现教育家。并非每个从教者都能成为杰出的教师，因而，需要人们去发现、培育和呵护。在大学特别是研究型大学校园里，不难发现各个专业、各个学科的专家、学者以及林林总总的这“家”和那“家”。但是校园里不能仅有从事创新的科学家、艺术家，而更需要有以育人为本、重塑魂立根、各有专长的教育家。因为科学家、艺术家关心的是其专业学科领域或者学术方向上的事与物，久而久之，则容易见物不见人，见事不见情；只有教育家才真正关心的是“人”的成长。“项目”可以失败，但“人”不能失败。每门课程、每个专业、每个学科、每个领域都需要教育家，一所好的大学需要几十甚至成百位教育家。

创新育人。要提高民族的创新能力，建设创新型国家，我们更需要培养、选拔与发现创新型教育家。这些为人师表者，既应在本专业、学科有卓越的创新，又应有独到的教育思想与丰富的教育实践探索。既创新又育人、在创新过程中育人是这些创新型教育家最显著的特征。目前，日复一日教书匠式的念经者、只关心自我学术前途的研究者，在大学校园里并不少见。因此，要将创新育人从口号变成现实，除了在大学里要强调教书育人、研究育人、管理育人、服务育人，更需要全社会通过政策、制度、待遇强力引导、吸引杰出的专家学者成为创新型教育家。我们国家素有世界独一无二的重教传统，在几千年的历史中，注重伦理的古代教育家获得历朝如宗教般的推崇。如果注重创新的现代教育家能获得最高的社会认同，那我们的创新局面将与现在完全不一样。

学贯中西。我们需要学贯中西的创新型教育家。古中华文明延续至今，不曾中断，曾经影响着世界，也必将影响着今日和未来的中国。历经磨难几乎失传的古希腊文明幸存于阿拉伯，复兴于欧洲，流行于世界。我们应该看到，现代中国的进步正是得益于中西文明的融合与辉映。近现代中国大学某些领域或者某个时段的部分成功，正是得益于大学对中华文明和西方文明的继承、接纳与光大。而大学对中华文明和西方文明以偏概全的认定、非此即彼的礼拜或者否定，乃至全面否定，必然导致出现冥顽不化、水土不服或者文化沙漠，也就会培养出人格残缺、无灵失魂的后人，直至造成随后的社会灾难。我们之所以需要学贯中西的创新型教育家，就是要保证我们的大学能培养出创新型人才，并防止历史悲剧的重演，避免培养出“汉奸”与“愤青”。

中国古代大学有“重养”（教养、修养）的育人传统，西方现代大学有“重才”的育人传统。古中国强调世界及学科知识整体相关，可惜未能将此思想孕育成形、发扬光大；源自希腊而兴于西方的现代学科强调分解还原，但需不断的人为分化与综合来弥补丢失的信息。开创量子力学时代的普朗克说过，科学是内在的整体，它被分解为单独的门类不是由于事物本质，而源自人类认识的局限。实际上存在着从物理到化学、生物学和人类学，再到社会科学的连续链条，这是任何一处都不能被打断的链条。显而易见，两种文明各有所长。正视这些差异与特点，融合两家之长，将为我们大学的创新教育提供全面的营养。

我们今日的大学强于我国古代太学、书院之处在于，我们能吸收西方乃至整个人类的精华。我们可能强于西方现代大学之处在于，我们今日的大学能继承发扬古中华文明的精华。正是这些原因，我们呼唤学贯中西的创新型教育家。

活跃学生开放办学

大学永远年轻，年轻意味着活跃、阳光和创新。活跃的学生，是历练杰出人才、杰出教师，营造创新型人才成长环境的主体。年轻的一代代学子给校园带来新鲜血液与新思想，与学生的交往使沉稳的师长感受到人类的进步、愉悦与心态的年轻。然而，有限生命与无限知识间的冲突，以分解还原为特色的学科分类之局限，使得以育人为本的大学校园必然会出现门类众多的专业、学科以及程式化的育人环境。要防止青年学生在教育过程中个性及特点的同一化、“格式化”，就更需要我们跨越壁垒、开放办学。

学乐相长。中国古代的教育告诉我们，寓教于乐是良策。西方的教育告诉我们，兴趣是最好的老师。要激发乐趣，就需要师生互教、互动的制度保证。从活跃学生的角度、个性健全发展的角度提供新颖多样、可供选择的学习方式与平台，会引导学生成为学习的主人，而不是奴仆。

目前，由于专业兴趣的缺失、对未来的迷茫，以及课堂教学的不成功，许多大学出现了男生爱网络游戏、女生爱看影碟这一奇特现象。林林总总的强制性反向管束制度并不能解决问题，而常常会诱发玩世不恭的逆反行为。如果我们能通过虚拟现实的现代信息技术，创造虚拟教师、虚拟教室、虚拟实验与工厂，使教师、教室、实验无处不在、无时不在，犹如动漫游戏在线，使之作为课堂学习的重要补充，必将从另一个角度调动学生学习的积极性与主动性。

重在过程。过程与结果同等重要。创新实践不同于静态的现成知识的学习，它与完成作业习题完全不同，不存在预设的答案。创新教育需要的是动态学习，需要过程的亲历体验及实践，它是主动的、开放的，存在冒险性与多变性。在理论学习、实践学习和创新探索中，亲自动手动脑的历练和主观感受上的喜怒哀乐，都会使学生的知识进一步深化，精神和能力得到最为有效的塑造。重视过程，就是鼓励创新、宽容失败，就是对只重目标不问过程的极端功利主义、浮躁行为的校正。育人的重点不在于依靠死板的自上而下的单向知识传授和一两次考试，关键在于精心设计过程，让学生体验过程、投入过程，学会学习、学会创造，让学生成为新知识的发现者、建构者和见证者。

与死记硬背相比，讨论、甄别、批判、体验等是最好的、印象深刻的、能掌握实质的过程学习方法。与老师同行的创新历险过程，无论成功与失败，都会是学生难以忘怀的宝贵财富。

超越知识解放灵魂

知识不等于思维，更不等于精神。思维与精神是校园之魂、师生之魂。

大学离不开知识的传授，而创新来自对现有知识的创造性运用，或者对现有知识的超越。所以，以知识为载体的精神熏陶与思维历练比具体的知识传授更为重要。它能使人突破思维习惯，实现精神的自省。

知识传授是精神熏陶与思维历练的工具与载体。创新依赖于思维多元、精神升华。结构决定功能，每个人的创新能力来自在自由思维、独立精神呵护下的知识的个性结构。

思维多元。随着时代的进步与发展，有的知识变得陈旧，有的知识需要更新。知识的适当和不适当的运用，会造成不同的结果。知识少者，可能鲁莽无畏；知识多者，可能谨小慎微，甚至顽固僵化。在现代信息存储技术日新月异、知识更新极速加快之际，思维的重要性日益突出。

思维方式的影响力远比知识的影响力更为持久和深远，思维是知识的统领。如果说知识就是力量，那么，思维不仅仅是力量，更是方向。东方思维、西方思维，逻辑思维、形象思维，建设性的批判思维、破坏性的批判思维等多元的思维方式的相互激荡，能极大地激发师生的创造力。

思维方式影响社会形态、教育模式。工业社会起源于工业革命，其物质创造的理论基础来自经典牛顿力学思维，此阶段以追求制造流程的机械化、批次化，以及产品的模式化、标准化为特征。与此相适应，教学体制、教育方法也出现了类似的规整化倾向。此阶段的教育更像单向的、指令下的机器化流水线运作。而信息社会起源于信息革命，以电脑、网络、手机为代表，其物质创造的理论基础来自普朗克量子力学思维，量子的跳跃、不连续、不确定、变化多样的特点对信息时代有着诸多影响。它呈现哪个“象”，取决于观察者的思想与行动。与此相适应，以顺变、互动、个体针对、非标准化为特点的教育制度可能将应运而生。此阶段的教育更强调复杂多维、系统整合、多向联动，使知识传授与精神熏陶相衔接。

精神升华。精神不仅要独立，更要交融升华。师生要有科学精神和人文精神，大学校园应充满科学精神和人文精神。人文精神的核心在于关爱，即对他人的关爱、对社会的关爱、对人类的关爱、对自然的关爱以及终极关怀，忘我而得我。科学精神的核心在于质疑，没有疑，无以立。如果说科学技术是第一生产力，质疑则是科学技术进步的推动力。让学生学会提问、让教师乐于接受挑战，是萌发校园里批判性思维的重要起点。

理工农医的学生不仅要熟悉一些艺术知识，更要有人文精神；人文社科的学生不仅要熟悉一些科技知识，更要有科学精神。没有精神支撑的知识，可能使人走向歧途。

对理工类大学而言，应当在精神层面鼓励形象与抽象相结合、异想天开的遐想与逻辑严密的求证相结合。正确的思维方式与正确的行为方式相结合，就可能成功催生真正的创新。

（钱旭红，《中国教育报》2010 年 7 月 5 日）

拒绝抄袭　拒绝剽窃
拒绝造假　拒绝虚伪

——钱旭红校长在2010级研究生开学典礼上的讲话

尊敬的各位老师、亲爱的同学们：

首先我代表学校对各位同学的到来表示热烈欢迎，对各位同学进入华理深造表示祝贺！

各位同学，跨入华理大门，研究生生活即将开始。我想正是因为大家对科学技术的热爱、对创新探索的浓厚兴趣，才让你们跨越了考研的艰难，来到华理，到目前为止，你们是成功的，我向你们表示祝贺！

研究生不同于大学生，你们既是学生，又是教师；你们既要学习，又要创新。本科阶段，大学生主要学会如何学习；研究生阶段，主要学会如何发现、如何创造。探索之路无坦途也无捷径，必须勤奋求实、励志明德，才能实现自己的理想！作为校长、教授，我代表所有华理人向大家提出四点希望：拒绝抄袭、拒绝剽窃、拒绝造假、拒绝虚伪！

大家可能不解，进入研究生阶段深造，为了创新，为什么要提醒戒备如此负面的东西？那是因为，只要你做到了拒绝抄袭、拒绝剽窃，你就会远离模仿，创新不再困难。

大家可能困惑，在开学典礼中为何用如此震撼的话语？那是因为社会现实以及许多不良风气警醒我们：只有拒绝造假、拒绝虚伪，才能把我们的大学保留为一片净土，才能在社会发展中，成为中流砥柱。

第一，拒绝抄袭。抄袭是指在自己的发表物中，主观非故意的不正确标注地使用、套用他人论述、作品的行为。这种错误行为说轻了是缺乏创新意识,喜欢人云亦云,说重了就是学术道德问题。日常喜欢说别人说过的话,做别人做过的事,缺乏独立思考、缺乏明辨,久而久之就会分不清什么是抄袭。

第二,拒绝剽窃。剽窃是主观故意的不作标注地使用、套用他人论述、作品的行为。它首先是一个严重的道德问题,是学术道德不能逾越的底线。剽窃犹如偷盗,是一种不劳而获的行为。从更高的角度说,创新是民族进步的灵魂,现在全社会都在提倡创新,而剽窃则恰恰与创新精神背道而驰,会严重污染优良的学术环境与风气;剽窃也是个人追求进步的镣铐与麻醉剂、毒药。所以,剽窃可耻,于人有害,于己不利,于社会无益,请大家勤恳求学,拒绝剽窃。

第三,拒绝造假。近来,经常曝出一些轰动的造假事件,食品或者商品造假、工作造假、身份造假、学历造假,如真的"假文凭"、假的"真文凭",包括司机代听课、秘书代作业、领导去答辩等学位造假等。学术研究也可以造假。在我们的学术研究中,造假就是无中生有、捏造数据、伪造研究成果。剽窃是偷盗,造假则是混淆黑白,是对科学研究的犯罪,是一种更为可耻的学术道德低下的行为。我们今天之所以能够有如此的科学技术进步,一切均建立在真实、结果可核查、可重复的基础之上。"真、善、美"是人类的普遍追求,只有"真"的才能永久,所以我们要追求"真",求真务实,去伪存真,追求真理,以获得真才实学。

第四,拒绝虚伪。为学必先为人,为人必先正身。学习、研究中不抄袭、不剽窃、不造假,前提是做人要真实、坦诚。现在许多年轻人受一些不良风气影响,对校园内外的美丑善恶失去了鉴别力,对社会上的假话、大话、空话、套话、弄虚作假都习以为常,甚至竭力模仿。我们常常缺乏的不是技巧、计谋,而缺少的是良心、诚实和正直。

光明永远能战胜黑暗,因为黑暗都不敢公开承认自己黑暗。大学是人类的精神家园,是人类、国家、民族的未来希望。希望各位在校园中,自觉抵制污浊风气,保持心灵的纯净;学会认识社会上形形色色的现象,从容面对变化的世界。对同学真诚,对老师真挚,对学问坦诚。只有真情实感的交流，才能结出最美丽的友谊之花、最深厚的师生之情。等你走出校园时，你就会发现这种情感是何等宝贵，人与人之间的真诚相待是多么重要。展示最真实的自我，这个要求既简单又不简单，希望大家能时常以此审视自己。

近期，学校正在大力推进提高教育质量的工作，我们认为教育质量的提升取决于“四风”：校风、教风、学风、考风。我前面谈的四点希冀，与考风、学风、教风、校风都息息相关。华东理工大学倡导风清气正的考风，执着求真的学风，关爱学生的教风，弘扬勤奋求实、励志明德的校风，这些无不要求为人真诚、为学坦荡。大学的作用一在教人为善、二在传授知识、三在升华精神与思维。如果抄袭、剽窃、造假、虚伪，就谈不上尊重知识、尊重老师，不能做到谦逊求知，与勤奋、励志等精神更相去甚远。

大学是人类最后的精神、理想的家园和良心的庇护所，我们决不允许虚伪、造假等污浊风气污染校园，对于考试作弊、论文抄袭等行为我们决不姑息。我们已经建立或正在建立一些制度和措施，但学校更期望大家以自己诚实、正直的操守、良心和责任感自觉去净化校园风气。

亲爱的同学们，今天，你们选择了华东理工大学，是迈向新的人生历程的起点，学校将为把你们培育成社会英才和中坚而一直努力。我想几年后，当你们满载收获向更高的目标迈进时，将无悔于今天的选择，必定也会为自己获得的成功和亲历过华东理工大学的变化与发展而感到骄傲和自豪。

我们深知，目标之前，横亘着现实与理想的宽阔河流，梦想的实现不但需要激情，更需要踏实的工作和努力的拼搏。让我们吹响前进的号角，携手努力，把华理建设成为我们共同的精神家园！

最后，真诚地祝愿你们身体健康、生活愉快、学业有成！

（2010 年 9 月 3 日）

用手和脑点燃青春的梦想

——钱旭红校长在2010级本科新生开学典礼上的讲话

亲爱的同学们，尊敬的各位来宾、老师：

又是九月，我们以遥望东海喜盼日出的心情在此隆重举行2010年本科新生开学典礼。首先，我谨代表全校师生员工向各位新同学的到来表示最热烈的欢迎，对你们顺利通过高考进入我校深造表达最衷心的祝贺！同时，今天是教师节，也向培养你们、流出过无数汗水的老师们致以崇高的敬意！

你们将是注入校园精神的新鲜血液，在为人类、为国家、为民族、为社会的奉献中，实现自我价值，是在场的每位新华理人的崇高使命，值此新生开学之际，我想跟大家谈五点期望。

一、点燃梦想，担当责任，执着求真

亲爱的"90后"，你们身上烙有鲜明的新时代印记：开放、豁达、自信，也自我。我们同情你们从幼儿园到高中的学习中，承受了许多超越你们认知能力、超越现实的枯燥灌输，承受过巨大的升学压力，但这并不能成为进入大学后放松自我要求的理由。我们理解家庭、社会、学校给予了你们太多的关照甚至溺爱，可你们进入大学后，就要尝试独立面对风雨、独立承担你们所应承担的责任。

你们是新新人类，是"网络一代"，互联网伴着你们成长。可网络具有创造的力量，也具有毁灭的力量。我希望“男生沉迷网游、女生沉迷影碟”等消极现象不会在你们身上发生。你们定能走出虚拟的网络世界，通过勤奋你们的双手与大脑，在大学点燃你们的梦想。

我们作为前辈，终会衰老，你们必将成为决定世界发展方向的主导力量。我们的人生阅历告诉我们，在患得患失中痛苦彷徨，是因为有放纵的自我、膨胀的欲望、迷失的方向。以追求真理、服务社会、升华自我为理念，你们就有幸福，你们的大脑就会有美丽的梦想，你们的双手就会成为隐形的翅膀。有梦想才有希望。

二、发现自我，驾驭个性，学会学习

每个人都是独特的，关键是找到适合你自己的学习方法、找到自我个体的使用说明书。尽管大家都是中学的佼佼者，但大学的学习跟中学有很大不同，更加自由、开放，需要你的自学和主动。

首先，你需要了解并掌握自身的个性及规律，在不违反学校制度的条件下，个性化制订符合自己生物规律的学习制度。其次，每门课都应预习，哪怕时间再短；上课要认真听讲，以验证与自己原先的理解和想象有多大区别；课后要复习，以正确地理解和记取知识。

更重要的是要掌握学习的技术与技巧，深刻理解并运用遗忘曲线、思维导图等工具，并注意和自我的特征相结合，如此可有事半功倍的效果。

三、博览群书，批判性思维，独立思考

知识学习虽是根本，而更重要的是掌握知识中所蕴含的精神和思维方式。人类的每一次进步几乎都是在怀疑、批判中完成的。对同一门课、同一门学科，不仅仅要精读指定的教科书，还要去阅读其他非指定的、描述方式或者观点不同的书籍，在比较中锻炼、提升自己的思维、思考能力，而不要人云亦云。

我们鼓励同学在学好第一专业的同时，尽可能辅修你喜欢的、差异较大的第二专业，这样不仅仅为今后择业拓宽视野、创造机会，也为拓宽知识面、通过思维碰撞丰富自己的精神世界多打开一扇窗。

四、投身实践，服务社会，爱心奉献

实践出真知，实践是检验真理的唯一标准，实践也常常是独立思考的基础、创新的源泉。前面所说的梦想、学习、思想，不仅要靠大脑来完成，还要动手实践。“勤奋求实”是校训的第一句，注重实践是我校的传统，也是我校长期坚持的治学方略。

“大学之道，在明明德，在亲民，在止于至善。”大学的学习，不仅是书本知识的学习，还需要实践、体验和感悟。你们不仅要学会实验室的操作，更要有对社会的了解与把握。在四年的本科学习中，无论是否担任学生干部，都要主动锻炼自己的实际工作能力。同学们不但要参加校园内的社团活动，更要四年不间断地参加社会实践和社会服务，奉献爱心。

无论是志愿者还是义工，无论是夏令营的助教还是博物馆的义务讲解员，所有这些取酬的或者不取酬的社会实践，都会为你们进入更高阶段的学习深造、为你们毕业寻找理想的职位、为你进入社会创造优良的条件。同样，这更会把你们培养成一个受人欢迎的人，一个对社会有爱心的人。

五、直面困难，战胜颓废，战胜忧郁

世界卫生组织定义的“健康”包括身体健康和心理健康。大学时代不仅是学习科学文化知识的关键期，也是青年人形成健全人格的关键期。要为学，先为人。现代社会竞争压力日益增大，而你们是物质充裕环境中长大的一代，又是背负太大压力的一代，你们的人生经验还不够丰富，接受挫折教育的机会不多，心理承受力还比较弱，在过去或者将来，难免或多或少会遇到一些困难，会产生一些心理压力或者心理问题。

每年全国高校中都会曝出一些大学生因为各种心理问题而发生这样那样人们不愿看到的事情。虽然，颓废并不普遍，而忧郁却不是少数，这都需要予以高度重视。

“励志明德”是校训的后一句，你们要树立梦想，敢于面对困难，当遇到问题的时候，时常用它来激励自己，不放弃、不抛弃。我们学校建立了较为完善的学生心理咨询辅导体系，必要的时候你可以向辅导员、班导师、老师、同学们求助，他们一定会给你们耐心的帮助，协助你康复。

遭遇挫折后有人颓废，这就需要磨炼意志。因为困惑，有人会忧郁，这就需要我们大家有爱心，相互关注、相互开导和帮助。忧郁，是一种精神感冒，往往以对事物失去兴趣为表象，连续失眠是其主要特点。除了医疗、食疗方法以外，学会自我倾诉、学会聆听别人的倾诉，是治疗忧郁的良方。勇敢地承认自己忧郁，无私地帮助你忧郁的同伴，就能使忧郁者更快地心理康复。只要我们师生间将关爱放在所有事情的第一位，无论雨季还是黑夜，阳光就会永远照耀在每个人的心间。

同学们！陶行知说过：“手脑双全，是创造教育的目的。中国教育革命的对策是使手脑联盟。”他的话至今仍具有现实意义。让我们秉承“勤奋求实，励志明德”的校训，在未来的四年里，点燃并实践你们的青春梦想。华东理工大学将见证你们的每一步成长！

毛泽东说：世界是你们的，也是我们的，但是归根结底是你们的，你们是早晨八九点钟的太阳，希望寄托在你们身上！

祝福你们，华东理工大学 4003 轮新升起的太阳！

（2010 年 9 月 10 日）

关爱学生、质量为本，提升校风、教风、学风、考风

——钱旭红校长在 2010 年教师节庆祝大会上的讲话

老师们、同学们：

大家好！

我们迎来了第 26 个教师节。首先我谨代表学校及全校学生，向广大教职员工致以诚挚的节日问候！

第四次“全国教育工作会议”的召开和《国家中长期教育改革和发展规划纲要》(2010—2020 年)的颁布，都告知我们，全面提高教育质量是高等教育的生命线。而教育质量的提升取决于优良的校风、教风、学风、考风这“四风”建设。

下面，我想结合我校情况，谈一谈学校围绕育人，在提高教育教学质量方面面临的主要难题和已采取或拟采取的一些对策措施。

一、弘扬勤奋求实、励志明德的校风

人们感慨，在时间的长河里，有形的都将消失，无形的方得永存。对教育而言，时间效应也是如此。爱因斯坦说：“什么是教育，就是当你把受过的教育都忘记了，剩下的就是教育。”而优良的校风就是这剩下的真正的精华、真正的教育。优良的校风是无声的教育。如果说学生是种子，那么，校风就是种子发芽生长的土壤；如果说学生是火炬，那么，校风

就是点燃火炬的火种。

"勤奋求实、励志明德"是我校在长期培养创新英才、服务社会中建立的优良传统,我们需要用组织措施、奖励措施去推动各专业、学科、科研教学团队以过硬的作风、独特的实践进一步发扬光大我们的校风。

我们所有的专业和学科皆为学校所有,依托有关院系而办,专业和学科在运行及建设中须实现物质资源的相对集中、师资向全校开放、人员动态竞争而流动。要以学生培养的专业、学科为中心、为核心、为引导,逐步打破原有的各种有形无形的壁垒,通过全校范围的开放办学,将能体现校风的最优秀的教师、设施奉献给学生,实现教育质量的真正提升。

勤奋求实、励志明德,就要防止误导学生读死书、死读书、读书死。我们过去怕培养出两耳不闻窗外事的书呆子,我们现在怕培养出走不出网络虚拟世界的新的"书呆子"——宅男宅女。因此,我们一要建立并落实生动活泼的课堂教学规范;二要将程序化、规范化、集中及自由的、可核查的社会实践与社会服务列入学生的培养内容。

个人的未来定位影响着每个人潜力的发挥,我们学校的师生都必须有吻合学校定位的个人发展愿景。勤奋求实、励志明德,就是告诉我们,我们的学校要由研究型大学建设成为多学科高水平的研究型大学,我们的教师和学生不能仅仅做一个建设者,而要发展成为具有创新精神的社会英才。

二、 重视本科教育,树立关爱学生的教风

联合国教科文组织《学会生存》报告指出,教育有培养创造精神的力量,也有毁灭创造精神的力量。爱因斯坦、爱迪生都曾经被学校认为是顽劣不可教且智力低下者,而事实证明他们才是真正的科学与工程天才。因此,对于激发学生的创造精神而言,我们需要教育发挥培养的力量,而不是毁灭的力量。

教育质量是学校发展的生命线,本科教育质量往往代表了一所学校

的品牌形象。优良的校风、学风、考风，源于优良的教风。为此，学校将颁布《关于提高本科教育质量的若干原则性意见》。

必须注意到，目前确有极少数教师在课堂内教学上以其昏昏，使人昭昭。我们要清除诸如小和尚念经有口无心，上课漫不经心如留声机循环播放，死人教活人、把活人教成死人等现象。同时也要注意，在课堂外教育（如班导师、辅导员）中，极少数教师占岗不出勤、拿钱不出力，以其平庸，"毁"人不倦，更奢谈对学生实施个体针对性的教育。我们就是要遏止学校成为街头知识贩卖店的趋势。

我们将通过调整政策，切实增加从事本科教育的有效教师总量。明确所有教师都要投入本科教育教学工作，制订教师每学年须承担的本科生教学任务及基本合格的最低教学工作量标准；加大教师队伍建设力度，要求各学院根据专业、课程需要，制订任务指向明确的指令性的教师招聘计划，解决全校教师数量整体不足、部分专业存在的严重缺编等问题；大力改进并落实新进教师的培养措施。

我们将强化教学质量考评机制，规范授课教师、班导师、辅导员的工作纪律和规定事项。以定性、定量相结合的条例和规范，突出课堂上提问、讨论、互动及形体语言的重要性，突出课堂上教书育人的重要性。大力宣传名师案例，奖励能活跃课堂气氛、活跃学生的优秀教师。充分发扬我校"少而精、博而通"的课堂教学优良传统，鼓励手脑结合（如课堂演示等），提高广大教师的执教水平。

我们要完善组织形式，强化教与学的竞争机制，科学分置班级，实行教学 A、B 团队，推行能上能下的授课教师上岗与退出机制，鼓励跨学院、跨学科授课，形成授课教师、班导师、辅导员工作的相互借鉴与竞争。在改善大面积授课质量的同时，尽量小班上课，的确不能小班上课的，实行大班授课、小班小组讨论。

上学期我们全面评估了本科教学计划，并系统优化了专业课程设置。学校成立了校院二级本科教学指导委员会，一批德高望重的老专家积极参与了本科教学计划的修订工作。学院内部、学院之间认真协商，广泛听取了国内同行专家的意见，参考、吸取了国际著名大学的办学经验和教学计划，并公开征询师生意见，实行三上三下原则，不搞因人设庙，系统地设计教学计划，突出专业特色及主干核心课程，加强实验教学，重视毕业环节（设计和论文）。新的教学计划将全面体现重基础、厚实践，培养体系严谨、育人目标明确的教学体系。

我们不单单要教书育人、科研育人，还要管理育人、服务育人。学校将把本年度新增的1 000万元卓越津贴，向在提高教育质量中做出贡献的各类人员倾斜。要对现有各类场所资源进行挖掘，保证学生的自修教室，为教师辅导、小班小组研讨等提供灵活多样的教育教学活动地点。服务部门须进一步制订定量工作细则与规程，体现人性化操作和严格管理的两手抓，强化对教师和学生的服务意识，清理校内教师公寓周转房，为我校提高教育教学质量提供尽可能的条件保障。

三、活跃学生，建设执着求真的学风

学风低迷，是当今高等教育中比较普遍的问题，这既有教的问题，更有学的问题。令人深感忧虑的是，今天学生的厌学情绪与风气，又具有一种前所未有的严重性与普遍性。此情此景不仅与我们民族苦读励志的优良传统相去甚远，也和改革开放恢复高考最初十几年的情景形成鲜明对照。物质条件的改善并不会带来精神上的升华，而现今的状况恰恰证明，过于优厚的物质与环境条件中，学风常常更差。

古训有云：玩物丧志。现在男生沉迷网游、女生沉迷影碟，对前途的迷茫和自我控制能力的弱化，都严重地影响着我们的学风。当然，影响高校学风建设的因素是多方面的。从时代精神、社会风气到学校自身的传统无疑都深刻影响着一所学校的学风建设。要建设好的学风，除了树立优良的校风、教风外，必须教会学生如何有责任感。我们要培养学生对国家、对社会、对民族、对家庭、对自我的责任感。有责任感才能把握自我，而一个缺乏自我控制能力的人，不仅会失去影响社会、影响他人的能力，最终还会被外界所控制，被网游、影碟所控制，成为被驯化的“物”。学生是我们的孩子，我们还应使其认识到，“自大”多一点就是“臭”，过于自我者终会失去自我，甚至毁灭自我。要让学生学会感恩，感恩者不会失去什么，却可以收获快乐、幸福和良好氛围。

建设好的学风，学生、家庭、社会及政府都应有一个正确的认识——大学的目标是使学生逐步学会独立学习。但我们遗憾地看到，从幼儿园到高中的不同层次的学生教育中，都或多或少存在着超越学生认知能力、超越现实的枯燥灌输，以至于反而要在大学给学生弥补应在幼儿园、小学进行的礼貌及公民基本素质等的教育。我们的家庭、社会、大学给予了学生太多的溺爱和保护，我们的学生因此常误认为，中国的大学考试太多，事实却是我们的大学学习生活太轻松，太好过，世上少有，以至于都不能有淘汰。实力竞争的现实告诉我们，不能因为学生在高中以前曾经受到巨大压力，就在大学过于放松对学生的要求。真正的关爱应该是鼓励学生敢于独立面对风雨、独立承担责任。

调动学生的学习积极性，要在不违反现有规定的基础上，适当加大学生入学后转换专业的力度，以提高其学习兴趣。通过个性化的关怀，鼓励学生在理性的基础上，建立并寻找人生梦想。要真正扭转学风，还需要四个结合：(1) 要启发学生将成“人”与成“才”理想紧密结合；(2) 要引导学生实现第一专业与辅修专业学习的紧密结合；(3) 要求最优秀的教授在低年级讲授认识专业的短学时导读课，实现通识教育与专业教育紧密结合；(4) 要求知识传授中实现“科学中的人文”与“人文中的科学”的紧密结合。

严师出高徒，高徒出名师。要加强学风建设，就必须严肃校纪校规，严格学籍管理制度。没有与奖励并举的惩罚，就可能导致纵容。在制订新的加强学风建设管理办法时，须注重严格管理，严格考试纪律，严肃学籍处理，同时做好广泛的宣传讨论，让学生进行自我教育，倡导调动学生学习积极性的激励与竞争机制；着力教书育人、引导学生自觉成才，创造成才的氛围，提供成才的竞争舞台。

严格学籍管理对学校所有人员都是一个考验，学风不正，国家、民族、学校与学生就没有未来！洪堡的大学精神早就告诉我们，大学不是政府、社会的附庸，是人类精神的家园。要敢于面对来自社会各方及领导的压力，不能任由低迷的学风肆意发展。改革教学方法、改善办学条件、创造良好的学习环境、提供热情而有效的教育服务是减少淘汰率的最有效办法。严格的学籍管理，是手段之一，但绝不是目的，我们都为人父母，我们不希望任何一个孩子掉队！

四、 坚守底线，保持风清气正的考风

考试是检验教与学的重要手段，而不能轻言简化或者废弃。其实并不像我们许多人误认为的那样，国外的大学学习那么轻松，其实他们的考试多得多，只是形式更为多样。在许多较好的国外大学，学生常常每天只能睡 4～5 个小时，他们不是在玩网游、看影碟，而是在废寝忘食地准备每一天的作业和频繁的考试。

我们要将平时的过程测验与最终考试相结合，合理地评价学生的成绩。而最为重要的是，无论是测验还是考试，都需要风清气正的考风。如果连考风这道最后的底线都不能坚守，我们的学生将对校园内外的美丑善恶失去鉴别力，对社会上的假话、套话、空话、弄虚作假习以为常。

作弊，过去在大学校园中极少出现的可耻现象，现在却屡屡出现，值得高度警惕。经过上学期的努力，学校考风虽已有明显好转，但绝不可松懈。在惩治上，要尊重事实，治病救人。对考试作弊的学生、对无视或放任学生作弊的教师要实行“零”宽容。

考风不仅仅关系到考核学习成绩这一具体事务，而且事关公平、公正和学生的品德、操守。我们缺乏的不是技巧、计谋，而是良心、诚实和正直。无论我们社会如何变化、社会问题有多少，大学永远是人类最后的精神、理想的家园和良心的庇护所，不能让虚伪、造假等污浊的社会风气污染校园。

五、 团结奋斗，提升“四风”，务求全胜

校风、教风、学风、考风这“四风”的端正与提升，是学校教育质量提

升的方向标。艰巨的任务，能否在不长的时间里初步完成，大家可能会有许多疑问。然而，提高教育质量是在规模扩展后，我们不得不面对的背水一战，我们过去在其他方面的可行做法，如在新校区建设、住房津贴、学科建设方面的成功经验，在解决校风、教风、学风、考风问题方面同样具有重要的借鉴价值。

近年来我们之所以能在许多困难面前取得大的进步，全校师生的团结奋斗、目标一致、不懈努力才是根本。因此，我们相信，只要我们师生团结奋斗，教学、科研、管理、服务都围绕提高教育质量这个核心，提升校风、教风、学风、考风的工作目标，同样能在不长的时间里取得阶段性进展。

老师们、同学们，刘邦曾唱“大风起兮云飞扬，威加海内兮归故乡，安得猛士兮守四方！”风，来无影、去无踪，可其具有排山倒海的力量。建设好校风、教风、学风、考风，教育质量的提高就指日可待。

“师者，传道、授业、解惑也！”先贤的话对于今天的我们格外有意义！未来任重而道远，新的学年，让我们同心同德，努力拼搏，共同创造华理美好的明天！最后，再次祝全校教职员工节日快乐！

（2010年9月10日）

大学校长的忧虑

——家长和学校正合力培养“宅男宅女”

国内大学生若是与发达国家一流大学的学生相比，日子简直是“世上少有的好过”——家庭、社会、大学，都给予了学生太多的溺护！

溺护的结果是什么？每天和学生打交道的钱旭红观察学生越仔细，越替他们的未来感到担心：“过去，我们总担心大学培养出一批不谙世事的书呆子，而现在更担心的是，家长和学校正在合力培养一批不务正业的宅男宅女。”

一所名牌大学最近要处理 100 名作弊的学生。根据违纪情况，这些学生都必须立即开除或者退学。但是学校开会讨论了一次又一次，最终决定，这 100 名学生要分 10 批“悄悄”处理，每批开除 10 名。

“悄悄”处理的原因很简单——每当学校要处理学生时，学生的七大姑八大姨常常会一起跑到学校，哭的哭，闹的闹，甚至还有躺在地上的、跪着求情的。而待处理的学生，反倒木木地站在一边，没有反应。闹腾上好几个月，通常会惊动教育主管部门。

同样作为一校之长，身为“973”首席科学家的华东理工大学校长钱旭红教授，对这样的“悲壮”场面太熟悉不过了。

对自己的生活觉得没有乐趣，“宅男宅女”怎会有努力追求和创造美好未来的动力？

刚刚过去的暑假，酷热难耐，沪上多所高校 BBS 上，学生们都在热烈地讨论学校是否该为学生宿舍装空调的问题。伴随天气转凉，这场大争论无疾而终，但“酷热”恰是很多留校学生对这个暑假的印象。

就在暑假期间的一天，钱旭红来到学生宿舍看望留校学生。让他吃惊的是，35 度的大热天，有一个学生宿舍里，4 名同学的床位上只有一名同学换了凉席，其他三名同学都还铺着棉絮“战”高温！

这一现象，在学生寝室里并不是个案。钱旭红问学生：“大热天为啥不睡凉席？”这三名学生既不是因为家庭贫困，也不是因为课业太忙，他们老实地回答校长：“懒得换。”还有一名学生振振有词道：“再过不久，天气就会凉下来，到时候又得换回棉絮，很麻烦，还不如现在坚持一下算了。”

“连生活都没有兴趣或者无法料理好的学生，你很难想象他们会有努力追求和创造美好未来的动力。”钱旭红不免一声叹息。他不禁联想到了另一桩事情：就在今年开学前，学校组织军训，结果接到不少家长的投诉电话。“这么热的天，为什么要让孩子军训，就不能挑个风和日丽、气温适中的好时间再军训吗？”

老师们很不解：学校已经尽了最大努力避免意外伤害事故发生，甚至还和军训教官私下沟通过，让他们对学生不要太狠，难道只是通过一种形式让学生感受一下艰苦的军训到底是怎么回事，也得不到家长的支持吗？一位老师不由地抛出一句气话：“学生未来要是遇到什么突发情况，难道家长也要祈求突发情况挑个风和日丽、孩子心情好的时候才发生吗？”

事实上，来自学生寝室的状况表明，孩子们的耐热能力远超过家长们的预期，而家长们真正低估的，或许是这些孩子“宅”的水平：有的男生把所有能挤出的时间都用来打游戏，一些女生则抱着电脑通宵达旦，把计算机当成了影碟机；而更多的学生热衷于在网上提问、在网上交流、在网上找吃的喝的，遇到各种事情更要在网上找攻略……

生活懈怠不过只是撕开了大学生懒散状态的一角，但学生们丝毫不认为这样的“宅”有问题。在他们的学习生活中，同样表现出一种“宅”的思路。

但凡遇到一点困难，学生们习惯于“求包办”，而家长、学校、社会、政府部门竟都会一同附和。这样的孩子，要长点出息也难。

万事求包办,正是学生们在学习上求“宅”的一种表现。

在和学校教师座谈时,有位教授向钱旭红汇报来自教学一线的情况:按照研究生的培养目标,学生必须进行有创新性的研究,但真正到了研究生开题时,总有很多学生想不出要做什么。于是,有位老师就和一名在选题上有困难的学生讨论,帮助他确定一个研究方向。结果该生又问老师:“方向确定了,接下来该怎么做?”老师哭笑不得:“如果我知道怎么做,做出结果了,还有什么创新的可能呢?还有什么必要让你做?”不料,这位老师马上遭到了学生更雷人的反问:“你都不知道,叫我怎么做?”

每次和学生谈心,钱旭红都会发现,对大学学习缺乏兴趣的学生,往往有一个共同点:这些孩子在进入大学前,一般都是由家长包办了一切的生活事务。从小到大,无论是家长还是中小学的老师,对他们的要求只是“学习好”。

“学校教育和家庭教育的功利化,最终导致的结果是,学生的幸福没有了。他们不单单没有时间玩,无法感受到学习给人带来的幸福感,也体会不到自己的生存价值。”钱旭红得出这样的结论。他也看到大学教育的危险之处:现在厌学的学生很多,很多人觉得自己就像学习工具。于是,一部分学生不得不奋起反抗,反抗的方式是什么?破坏作为工具的自己——很多学生由此沉迷于网络、沉迷于游戏!或许,在一个虚拟的世界里,他们才能找到些许“自我”,感受到自己的一些力量。

怎样才能让更多的学生在现实生活中振作起来、树立起对未来的信心?每每想到这里,钱旭红总感到有一种看不见的阻力,在抵消学校教育的正面影响。

他的学校里有一名学生,一个学期下来 11 门课都不及格。家长赶来学校,不是帮助老师在孩子身上查找原因,而是忙着为孩子掩饰。“孩子平时很聪明,学习很用心,只不过一不小心没考好。”

说起这件事,钱旭红有些激动。他直言不讳道:“有时候我们会疑惑,到底是孩子自己天生缺乏上进心,还是他们让家长和社会给‘拖累’了?”

学校教育,也有“被拖累”的倾向:大学生考试违纪,家长要到学校来替学生求情;学生工作不好找,政府要求学校为学生广开就业门路;提倡大学生创业了,政府忙着为大学生提供各种好的环境和条件……

“天塌了有家长顶着,出问题了有社会包容着,这已经成为不少大学生对生活的一种看法。”一位名牌大学的教授也充满忧虑地说:“在这样的暖箱里生活着的宅男宅女,要长点出息也难!”

社会实践变成了走过场的作秀,读大学简化成了读 paper……我们的大学教育到底让学生变聪明了,还是起了使人变笨、变坏的反作用?

人人都在谈教育,教育问题备受关注,但结果呢?“现在一说到教育的问题,好像就是一个死结:社会如此功利、浮躁,大学不可能保持一方净土。”钱旭红毫不掩饰他对一些教师的不满:“确实有一些教师在课堂教学中以其昏昏,使人昭昭。上课漫不经心如留声机循环播放,死人教活人,结果只会把活人教成死人。”

以其平庸,“毁”人不倦——每每遇到敷衍教学的老师,钱旭红总会毫不留情地训斥:“如果你不能把别人的孩子当成自己的孩子来教育,请想一想,如果你的孩子是在笨蛋手中接受教育,你会是什么样的心情?!”

学校和老师对学生施教的影响,可谓润物细无声。联合国科教文组织在关于教育的定义中就已明确:教育可能产生两种力量,一种是使人变好、变聪明的力量;还有一种就是使人变坏、变愚笨的力量。钱旭红则认为,眼下最值得思考的问题是:大学给学生的教育,到底是好的教育,还是坏的教育。

去一些大学考察时,钱旭红看到了更多让他不寒而栗的现象:大学四年寒暑假的社会实践，不少都变成了走过场的作秀，甚至连课堂实践都快要消失了；在一些学校，课堂实验能简化就简化，读大学简化成了读paper……

追溯现代大学精神的发源地，洪堡所阐释的大学精神内涵，依旧如灯塔一般：大学不是政府、社会的附庸，而是人类精神的家园。按照洪堡本人的看法，如果大学总是受到社会的影响，那么大学和社会就只能“逆时针旋转”着倒退；但只有当大学精神能够独立于社会，并且引领社会的发展时，大学才可能带动社会“顺时针旋转”，有所发展。

恢复大学的独立自主精神，让她继续成为一个能产出“精神食粮”的场所。钱旭红在平时的工作中不断告诫自己：切勿把大学校长当成军队长官来当。“军队服从命令，追求的是效率。但大学截然不同，教育是绝对不能追求效率的，这也是为什么教育不可能用命令式的方法就获得成功。”

什么是教育？爱因斯坦曾说，“就是当你把受过的教育都忘记了，剩下的就是教育。”若以此反观当代校园里的很多“宅男宅女”们——剥离掉互联网抑或影视剧搭建的虚幻梦境，抛开具体学科教育给学生带来的专业知识，他们到底真正吸收了多少大学教育的精髓和养分？

（姜澎，《文汇报》2010 年 10 月 15 日）

大学校长自己要像一所大学

在华东理工大学 2007 届优秀毕业生表彰大会上，其中一位男同学走上主席台从钱旭红校长手中接过表彰证书。这位同学拿到证书并没有马上走下台，而是悄悄地问了钱校长一个问题：您认为作为大学校长应具备的首要素质是什么？钱旭红校长愣了一下，稍作思索作出了回答：大学校长首先自己要像一所大学。

“当时我真的愣住了，因为上台颁奖短短的不足三五十秒的时间，这位同学就能提出这样一个问题，这是我怎么也没有想到的。说真的，我很喜欢这位同学。”校长钱旭红提起这位同学提问显得很高兴，“我很欣赏这位同学的勇气，我也希望能跟同学们多多交流。”

钱旭红告诉记者，这位同学提出的问题也是他一直以来思考的问题，如果没有长时间的思考也很难用这样一句话来概括。钱旭红说“大学校长自己要像所大学”，这句话包括两层含义。如果用两个词来概括，那就是“海纳百川”和“爱才之心”。

关于“海纳百川”，钱旭红解释道，作为一名大学校长不仅要具备某一领域的特长，同时也要学习并熟悉其他各领域情况。应学会用多种思维模式来判断和选择，以保证大学的主流价值。钱旭红告诉记者，他是理工科出身，主攻化工专业。但他还特别喜欢看哲学、历史、文艺等书籍，平时也特别注意加强跟其他学科专业人士的交流，以保证文理知识兼容并蓄。

钱旭红表示，作为一名大学校长，还必须具备“爱才之心”。钱旭红把人才分为两种：一种是具备较强的专业知识，同时具有良好的人际协调能力；另一种是特例独行，个性较强的学术研究型人才，他们虽然专业知识过硬，但缺乏与社会很好沟通的能力。钱旭红称，在社会上前者往往是受欢迎的，但后者就很难适应。作为一名大学校长，我就要超越个人感情判断，怀有爱才之心。我们要扶持、帮助后者，帮助他们在校时就弥补各方面的不足，以使学生能很好地融入社会。

（杜丽华，《东方网》2011 年 6 月 26 日）

研究生的第一课

——钱旭红校长在2011级研究生新生开学典礼上的讲话

各位同学：

首先，请允许我代表学校对各位同学的到来表示热烈欢迎，对各位同学进入华理深造表示最热烈的祝贺！

前面储炬老师讲到她是26年前进入华理的，现在算算，我应该是近30年前，也是坐在这个大礼堂。客套的话我就不多说了，我只想和大家谈谈心，或者把这次开学典礼的致辞当成研究生入学后的第一课，以一个老研究生的经历和身份同大家进行交流。

一、为什么要读研究生

我想谈的第一个问题是，我们为什么要读研究生。许多人尽管已经考取了研究生，但是他不知道自己为什么要读研究生，可能是父母的期望、就业形势的需要，或是因为对某一专业比较喜好，所以去读研究生。如果当你成为研究生以后，还没把这个问题想清楚，很难想象在今后3—4年的黄金时间内能做出什么成就。然而这个道理没有几个人知道，当他知道的时候已经六七十岁了，已经没有能力再做什么了。而如果一个人在年轻时，在刚刚踏入这个门槛的时候就知道这个道理，那么到他六七十岁的时候也就不需要再想这个问题了。我想，这里面相当一部分同学读研是为了解决就业问题，拿个文凭将来好看一点，只有极少数人是为了追求真理，为了从事真正的科学研究，其兴趣真正在科学研究。当然，这里要强调，研究生不仅仅是专门培养科学家的，它同样培养政界、商界、社会管理等方方面面的人才。但是“研究”是你人生和事业的第一步，如果没有研究，你不可能对世界、人生、社会有更加深刻的了解，不可能对规律有更好的认识，也就不能把握规律，更谈不上去顺势对其调控和运用。

1. 人的价值与工具

我想，在这里涉及一个人的人生观问题，包括如何度过你的人生，包括我是谁、我如何为人。在与大学生的接触中，我发现很多问题大家没有考虑过，比如说个人价值取向与个人价值实现的关系、什么是你的兴趣、什么是你的职业等。我举两个例子给大家思考，我不想给出答案，因为所有肯定的答案都是对别人的误导，我们更多的是给予启发、给予疑问。比如价值取向，有人想，我将来要成为一个能在蓝天上飞翔的人，那时我才能感到自己实现了价值，因为希望能看到更多的大海和世界，这就是其需要的人生价值。所有人都希望天马行空，不受拘束，但同时别忘了你的另一个角色是一个工具。你是人类的工具，也是家庭的工具；是社会的工具，也是种族的工具。比如说，从小你父母会对你说，好好读书，我们家境不好，你将来读了研究生，毕业了我们就能过好日子。这就说明你既是自己的工具，也是你家庭的工具。有人说，我不想承担这个责任，那不可能，一个正常的人在发挥工具作用的同时，也在实现价值，要把这两者紧密地结合在一起。有的人只愿意成为工具，而忘记了自己存在的价值；有的人只记住了自己存在的价值，而忘记了自己必须承担的工具角色。

2. 四类人

我把学生大概分为四类，有一类是只做他感兴趣的事情，从来不想将来的职业和立身之本。在本科阶段，这样的学生比比皆是，我称之为游手好闲者、纨绔子弟。还有一类，他们的目标只有工具色彩的职业，拼命学习工作，而没有自己的兴趣。我问过很多同学，你最希望干什么，除了吃饭、生存以外，很多人都不知道。这里面相当一部分人都是苦行僧，他把一切的苦难都放在自己身上，不知道在这世界上他存在的独特价值，此类人，难有超凡脱俗的想象力。还有一类人，他既有职业追求也有兴趣追求，他非常明白地知道自己的兴趣以及将来所要从事的职业。比如说他喜欢开摩托车开得飞快，但他知道，开得再快也不可能到方程式上去比赛，同时他也很明白专业职业是自己的立身之本，在专业学习和工作岗位兢兢业业，很有敬业精神。因此，这样的人会把职业和兴趣处理得很好，我称之为社会中坚。我讲个故事，我有个朋友，是日本金泽大学的副校长，同时在日本东京大学做教授，他的职业是研究生物化学，也是位非常有名的生物化学家，同时兼职三得利公司的董事，在中国市场的技术和营销，主要来自他的贡献。我问他，你的兴趣是什么？他说是中国明史，他能说出明朝时代各个官吏的俸禄和家具摆设等，也发表了许多相关论文，但是他说自己发表论文从来不是为了拿什么学位，只是源于兴趣爱好，表达出自己对中国明史的独特研究。因此，他的所有业余时间不是在做生物化学研究，而是琢磨明史——他本来也想读明史专业，但读了明史就没有饭吃——上班时候对生物化学感兴趣，下班后就不愿动它了。所以我讲，他能很好地处理个人兴趣和个人专业、职业之间的关系。还有一种人，专业、职业就是他的兴趣，兴趣、乐趣就是他的专业、职业。这样的例子有很多很多，我就不多举了，这类人中往往会出现天才，因为他们不需要有人去逼迫，就会有一种上升力，有一种吸引力引导他，所有的付出他觉得都是快乐的，所有的快乐都和他的幸福紧密地联系在一起。因此我提醒各位，你想想自己属于哪一类人，你应该如何处理好学习与工作的关系，如何度过今后3—4年的时光。

二、 如何读好研究生

1. 课题的生与死

第二个要谈的问题是，如何读好研究生。我们导师之间也会进行交流，讨论如何去评价一个研究生是好是坏。大家的见解各不相同，有丰富经验的研究生导师都有一种深刻的感受：如果一个重要的课题交给研究生去做，谁把这个课题做活了，谁就是个优秀的研究生；谁把这个课题做死了，谁就是个非常糟糕的研究生。什么叫活与死？例如一个研究课题，凭借导师多年研究经验的判断是有意义的，交给研究生做，他做完以后，所有的新方法没有出现，新发现也没有，感觉看不出什么新进展，最后既拿不到研究经费，也不能对外发表，就像鸡肋一样。还有一种，课题本身没什么意义，但是加入了学生的新思想和冒险精神等，这个课题被做活了，人们也对它产生了兴趣，经费也来了。因此，导师对此都有非常强的感受，有的课题看似平淡无奇，做不了几年，但是因为一个研究生，结果这个课题能持续十年甚至几十年；有的课题很有希望，但是因为一个研究生给做没了。如果能证明这个课题错了，那也是一大贡献，但往往既不能证明是错，也不能证明是对，研究的方向没有任何的进展，那原有的课题就没了。

2. 严师出高徒，高徒出名师

研究生选导师也很重要。一般来讲，不少同学喜欢选对自己宽松的导师，这样就有更多的时间和机会做自己的事情。研究生阶段可以证明中国的一句古话：严师出高徒，高徒出名师。不是“名师出高徒”，这句话是错的，只有导师严厉要求，才能使你不断进步。有人很反感导师的严厉，但却忘记了一点，导师永远不会是你职场的竞争者，因此你在学校里犯错误，导师再多的批评都不要介意，他所做的一切就是希望你做得更好，你犯了错误导师会帮助你改正，你的每一点进步他都会很高兴，但是进入社会就是另外一件事情。在学校，导师会提醒你不要再犯错，但是在社会上，只要一次证明你不行了，那么你的位置就该让给别人了。所以我告诉大家，在上学期间，不要对导师的言语过于敏感。

3. 开放的思想和严谨的精神

除了谈导师以外，我再讲讲思维方式。胡适讲过，什么是科学研究？“大胆设想，小心求证”，然而我们很多人都缺这两点。长期在某种文化环境、思维环境中生存，思维往往僵化。当人们谈论月亮的时候会说，月亮上有环形山，但却忘记了一个条件，月亮对着我们的这面才有环形山，而月亮还有一面是永远不对着地球的。久而久之，人们已经习惯了，不知道月球是这个样子的。再有，想象力缺乏。前段时间有人研究干细胞，用胚胎细胞的某一个发育初期来培养功能细胞和器官，然而在后面的研究中，所有的一切都受到伦理的限制，难以发展，按照传统的思维逻辑你就不可能做得更多。但是在京都大学有一位年轻的教授用了一些特别的RNA和化学小分子就可以把一个人高度分化的功能细胞（比如说老鼠的皮）返回到干细胞，由它重新生成胚胎，再做成肝脏等器官。能返回到干细胞就意味着一个新时代的开始，因为它不涉及伦理问题。这个发现告诉大家想象力的可贵。其实，这样伟大的想象能力早在中国明朝时期就有了，我们现在反而落后了，故步自封了。《西游记》中的孙悟空，当看到妖精来了打不过时，拔下几根汗毛，吹口气，一群猴子就出来了，这是什么？这不就是已经高度分化的功能细胞返回到以前并再发育成个体嘛！丰富的想象力是科学研究的重要思想基础。

我再讲讲在自然科学中的思维进化和大胆设想。当牛顿建立了所有重要的数学物理方程以后，人们认为这个世界的科学已经非常完美，一切都可以解释。在宏观上，牛顿的理论是正确的，但在微观里，这是错误的。随后经典力学被推上了极端，从而产生了相对论。经典力学在微观世界里被彻底否定，那就是量子力学、量子思维。这两种思维相差极大，量子思维最基本的一条就是测不准原理。牛顿力学的一切都是可以预测的，而量子力学却给我们提供了半导体、计算机、网络等。网络上发生的事情非常相近于量子力学的测不准原理。再说说化学，早先的化学叫做分子化学，在20世纪的八九十年代，化学已经变成了超分子化学。在这之前我们关注元素的化学，随后是分子的化学，最后变成了超分子化学，它是思维的重大变化，如果不能突破思维的僵化，你就会受制于现在的学说而跳不出来。

再一点，现在网络大面积普及，网络上的知识越来越多，思想家却越来越少。我去研究了一下，为什么思想家越来越少，结果没人回答。回过头来看，人类现在所有的重要思想基本上都起源于2500年前。2500年前的思维方式，除了刚才所说的近现代的超分子化学、经典力学、量子力学以外，其他的一些哲学，一个是起源于古希腊，另一个是古中国。当时，人们拥有的知识和物质极度贫乏，因此就要想办法突破自己的思考，超越自己，超越所受的各种限制，于是建立了许许多多到今天还能指导人们言行的思想学说。今天，因为网络无所不在，它把一切都平均化，把聪明人和傻子平均化，把知识多的和知识少的也平均化，而且当你遇到不能解决的问题的时候，没关系，找网络，在网络上很快你就能找到你想要的东西。尽管这东西可能不是正确的，但是它看上去似乎是正确的，因此你就采用了。网络给我们带来了极大的便利，但同时也产生了严重的弊端。它消灭了个人思维的能动性，消灭了新的思想，使每个人的思想都在趋同，都在相互影响。因此在这里我给大家一个建议，不要做网络时代的奴隶，要做网络时代的主人，利用网络去创造新的思想。

刚才讲了“大胆设想”，下面讲讲“小心求证”。作为我们的民族特点，现代的自然科学是在欧洲而不是在中国产生的（中国的古科学与现代科学的异同及发育差别可见我以前的公开发言），所以我们传统上缺乏严谨的科学精神。你随便找一个日本大学生、研究生做的实验笔记，与中国大学生、研究生做的笔记来对比，简直可以说一个天、一个地。他们做的笔记就像是印刷出来的，当场可以复印，非常规范整洁，而我们的学生就不是这样。2008年金融危机以后，英国把实验扔了，搞金融创新去了；可在德国和日本，金融危机的影响并不大，德国和日本以精确、秩序、纪律为鲜明特色，所以他们的科学研究也非常强，他们这点是非常值得我们这个民族去学习的，你学习别人的优点，你就会成为超人。所以，浮躁——今天刚投下一锅药，明天就希望有大创造——是不行的。有一次，在美国访问时和朋友聊天，他向我讲述有一个博士生，来自国内的一所著名大学，说她每天做事非常仔细，但是很慢，从来不着急，心很静。我告诉他，这是做研究的料，会有大出息，结果确实如此。其实我从前也不知道，但是长期的工作后我发现了，这就是步步为营、脚踏实地、心平气和，这样的人就可以有大创造。这种人每天都是有效的，尽管微乎其微，然而，一个月的有效，一年的有效，最后就会有大的发现等着他。所以在这里“小心求证”也是不可或缺的，再详细我就不说了。

三、 合格研究生的基本要求

第三个就是谈谈合格研究生的基本要求。作为研究生你怎么评价你合格了,在这里我给大家提一个建议,就是要明确你一生的事业是从今天开始的,你将来可能从政或者从商,但是这里的研究方法、分析事件的方法,包括解决事件的方法,对你将来都是很有帮助的。我们中国的研究生教育大概也就六七十年的历史,但是发达国家有的已经是几百年历史,别人有研究生培养优势,值得借鉴。我这里给大家提三个最基本的对研究生的要求,必须解决:① 文献;② 实验或者实证;③ 演讲。

第一个是文献。文献是什么?在研究生阶段你必须定期地去看你本专业最重要的、最新发布的东西,严格意义上来说是需要考试的,比如前两三个月的期刊、杂志等,老师定期从里面拿出题目来考试,连续几个季度这就是你的文献成绩。如果你连本领域的重要文献都没看过,那你后面不可能有所创造。因此我们看很多学生的文献报告都是临时抱佛脚,老师布置任务了,不管是好文献还是坏文章都去翻,然后拿去糊弄老师,但是这是有代价的,因为你首先糊弄了自己。因此文献要过关,要学会以最快的速度看文献、分析文献。

第二个是实证或者实验。因为我们来自不同专业,一些基本的实践和实验没有做过,或者本身在大学阶段没有打好基础,所以应该主动地走进实验室,或者去给师兄师姐帮忙,通过基本的工作,逐步熟练起来,使得你在接受学位论文任务之前就掌握基本的实验操作,每一步都会,将来做研究、发表论文就不会有问题。不同的专业、不同的老师都有不同的要求,一般来讲,还会涉及考试。在研究生阶段实践、实验能力的完善和提升,是没有综合课程的,得靠自己去学,但是考核是肯定要有的。

第三个就是项目申请和演讲。你必须要想办法把你自己做的工作在最短的时间内深入浅出地讲给别人听,让别人理解,而且让别人感兴趣。如果一个课题你自己都讲得没有激情,自己都不感兴趣,那你千万别指望别人会感兴趣,因此,一个人的课题的指正、写作能力和表达能力都在这里充分地体现出来，这就是演讲。

这就是三点要求，希望大家对这三点要求有所认识。这几点都达到了就可以进入毕业学位论文阶段。上大学是学会学习，而读研究生则是学会创造，你必须能够提出自己独特的观点，并且能够有相应的实证，要能证明自己可以超越别人，如果你做不到这一点，那就不是个成功的研究生。人是生物，生物不同于机械，机械产品是各件同性的，互相具有替代性，而人类的个体是不能相互替代的，哪怕是一对双胞胎，他们两个也不是完全一样的，因此你必须在科学研究当中证明你的独特性。

四、 拒绝虚假庸俗

讲第四点，就是端正学风，希望大家励志明德，我们的校训就有这句话，就是要提醒大家。端正学风这方面，在去年的开学典礼上，我特别说明了“拒绝抄袭，拒绝剽窃，拒绝造假，拒绝虚伪”。为什么要提这个？因为大家都知道，现在社会上虚伪、造假已经泛滥成灾了，靠谁去纠正，就靠我们校园里的科学研究者和追求真理的人去纠正过来。如果我们也这么做的话，我们这个民族、我们这个国家、我们的文明就会丧失，在这里，我希望大家绝对不能让那些虚伪造假的风气污染到我们。我们希望在学校倡导风清气正的考风、执着求实的学风、关爱学生的教风，弘扬“勤奋求实，励志明德”的校风。希望大家能守住我们的道德底线，要知道科学研究和创造是非常艰辛的，因此我们每一个人都是站在巨人的肩膀上不停地往前走，如果说有一步台阶是虚假的，可能许多人用毕生经历所做出的贡献就消失了，大家要有独立思考的能力。再一点就是要学会质疑，这一点希望大家去学习，增长自己的真本事，不要投机取巧、走歪路。一位正直的研究生导师的心态是，我招研究生进来是带来新思想的，不是让你来开后门的，因为我想在学术界站稳脚跟，我想要追求真理让自己感到幸福，希望你能有所贡献，贡献你的思想，对我有所启发，对我在追求真理的道路上有所帮助。因此，如果有人想通过世俗的方式来处理问题，导师从内心深处是鄙视的，但导师不会说，作为研究生导师，很多人心里都明白,人们之所以要找关系,之所以送礼,就是为了赌博。赌博是因为他想用小的博大的,投入小产出大,只有傻瓜才愿意去行贿受贿,真正的聪明人是鄙视这样的行为的,因此希望各位用自己的真本事、真学问去追求真理,去创造去发展,不要指望通过各种社会关系得到导师的照顾,将来混到一张文凭。你可能将来不从事技术工作,但是我也希望你的研究生阶段对你的将来具有重要意义。

五、 责任关怀

再有,我想给大家讲的就是希望大家肩负责任。第一,对自己负责。对自己负责就是说对自己的工作要有明确的计划,脚踏实地。第二,对家庭负责。父母对你是有期望的,你不可能不承担家庭对你的期望,当然你还要追求个人价值。第三,对社会、对人类负责。好的企业,你一进去跟你说的第一句话就是责任观,差的企业会告诉你我盈利多少。

六、 正确看待权名利

在我们今后的发展和生活当中,我们不可能不追求权、追求名、追求利。这个世界没有对权、名、利的追求,社会就不会发展,它是非常重要的动力,但是大家必须要明白,真正能指引我们的是真理,因为权、名、利都会给我们带来许许多多的副作用,会使你不堪重负。用权者会被权用,逐利者会被利逐,为名者终被名累。

七、 真正健康

最后,在校园里,希望大家健康,希望大家有一个非常好的身体,非常好的心情,非常好的心态。世界卫生组织发布的健康标准包含两项内容:第一,健康的身体;第二,健康的心理。绝大部分人往往只记得第一点,第二点是没有的,也就是心理不够健康。至于如何才能有健康的身体和心理,我相信在座的各位都是青年中的佼佼者,你们会通过查看有关书籍和资料了解清楚的,所以我相信大家在研究生阶段能做出更大的成绩,能更进一步地成长。

我的欢迎辞就这些,希望大家认为这是有价值的研究生的第一课。

(2011 年 9 月 2 日)

本科生的第一课

——钱旭红校长在2011级本科新生开学典礼上的讲话(节选)

各位来宾、老师们,亲爱的同学们:

九月的戎装校园,弥漫着飒爽气息。在教师节的前夕,我们怀着无比喜悦的心情,在这里隆重举行2011级新生开学典礼暨军训总结表彰大会。借此机会,我谨代表全体师生员工,向2011级4005名新同学致以最热烈的欢迎和最衷心的祝贺!同时,向近几年一直奋战在军训第一线的庄红斌上校携海防二旅全体官兵表示诚挚的感谢!向所有参训教师和全体受训的同学表示亲切的慰问!向在军训中受到表彰的单位和个人表示热烈的祝贺!

同学们,你们刚刚经历了军训,这是进入大学后的一次重要洗礼。军训中,你们强健了体魄,强化了纪律,磨炼了意志,培养了较强的团队意识和集体主义精神,更把“刚毅、无畏、进取、果敢、视死如归”的军人气质,内化和植根在自己身上,它将伴随着你们去追求自己的理想,实现自我价值,谱写属于自己人生最壮丽的篇章。

大学以培养国家和民族未来十年中流砥柱式的英才为根本,以引领社会文化的发展为己任,你们的言行及奋斗,就是我们校园文化及大学精神的展现。我为华理能迎来你们这样的优秀学生而高兴,为华理能培养你们这样的优秀学生而深感重任在肩。

华东理工大学2007年启动奉贤校区,迄今已有五届学生在此学习、生活,你们将是新校区迎接的第六批学生。在奉贤校区,我们师生共同体会了创业的艰辛，也品尝了开拓的喜悦。如今，或许仍然有人抱怨地理位置偏僻、生活设施不如意，但我必须得说，这几年奉贤校区在全校师生的共同努力下，配套设施逐步完善，人文气息更加浓郁，学习生活环境不断改善；我还得说，生活中往往并不缺少美，而是缺少发现美的眼睛。在崭新的长城烽火台造型的图文信息中心读书，让你们更多一份厚重的责任；以三大节日为主体的学生活动平台日臻完善，引导你们充分展示自己的才能和兴趣，挖掘自身潜能，不断成长成才！我相信有着美丽通海湖的奉贤校区，一定会成为你们学习、生活的乐土。为使同学们尽快适应大学生活，我作为一名老大学生，谈点体会与大家共享，也作为给本科生上的第一课。

一、学习技巧

大学阶段最为重要的是学会学习，学会自主学习、学会独立、学会实践、学会承担责任。与机械产品不同，生物的个体差异性决定了每个人有不同的最佳学习方法，你的任务就是找到自己的最佳方法，成为最优秀的自己。大学的学习与中学阶段有很大差别，授课快速和学习独立是主要特征。本科阶段学习的最基本技巧是课堂学习和知识记忆。

课堂学习由课前预习、课堂听讲、课后复习所组成。课前预习，不在于完全理解，重点是有所准备、有所了解；课堂听讲，重点在于关注预习中无法理解的部分；课后复习，要义在于忘记和糊涂之前马上巩固自己的理解。

考试除了对知识的理解，同样需要记忆。遗忘曲线早就告诉我们，以适当、较短的时间间隔，以不同的、由长到短的时间周期复习、记忆书本自始至尾的知识，对复习考试非常重要，能达到书越念越薄、闭目而不忘的效果(对困难部分可用联想记忆)。

二、学习实践

课堂的书本知识学习，仅仅是学习的一部分。千百年来，我们常常把教育学习简化为读书，进而把读书简化为考试，从而有了历史上常说的“两耳不闻窗外事，一心只读圣贤书”的书呆子。

实践、实验、实习是教育极其重要的部分，希望你们在大学的四年里，主动、踊跃、不间断地参加课堂内外的各类实践、实验、实习，参加公益志愿活动，感触世界、感触社会。实践、实验和公益志愿的经历，对各位今后的考研、就业和适应能力培养，都有重要价值。

三、 学习真谛

学习的起步和基础是知识，但是单有知识是远远不够的，知识会老化，需要不断更新；知识有自己的局限，缺乏延展性。因此，需要超越知识的学习。我们要通过知识的学习，掌握知识传播中所传递和负载的思维、精神，以追求真理。

几千年前，人们没有很多的知识，但却出现了影响至今的古中华文明和古希腊文明，当时的思维方式和哲理仍然在指导着今天的人们。

思维方式、思维训练比知识更重要。在中学的课本中，你们只接触到经典的牛顿力学，其在宏观世界无疑是正确的，在其看来，这世界的一切都是确定的、连续的。一切犹如机器的运转，实现了传统的工业革命。然而，在微观世界、在量子力学思维中，这恰恰是不正确的，在其看来，许多都是测不准的、不连续且跳跃的。这一科学技术导致了二极管、超大规模集成电路、电脑和网络的出现。这两种思维的影响催生了不同的文明，由此可见思维胜于知识的重要性。

四、 学习的专业

专业学习是学习的入口，但不是学习的全部。一个专业的独特知识、思维、实训可能使你拥有不同于他人的特点和优势，而无论你将来从事何种职业。如作家鲁迅在大学是学医的，经济学家成思危在我校的本科专业是无机化工，英国首相撒切尔夫人在大学的专业是高分子化学，我身边一位在美国获得有机化学博士学位、完成博士后回国任教的年轻教师，其在国内的本科专业是英语……

专业将有可能成为你的职业，如果你的兴趣无法成为你的终身职业，通过大学学习，你至少应称职于能安身立命的专业，又有业余可享受的乐趣、兴趣，这样就不愧于社会的中坚；如果你的兴趣就是你的专业，那无尽的动力和愉悦将使你成为天才。

五、 学习的未来

很多学生一进校就对自己的专业产生怀疑，萌生转专业的念头。转专业并非不可行，我校自去年开始为新生开放网上自助交换专业系统。但更值得关注的问题是，许多同学连自己究竟想读什么专业都没有思考过，而是拿转专业作为学习不努力的借口，以回避现实、逃避责任。在高校，每年都会出现因目标缺失、沉溺网络游戏而被劝退的同学，我们感到非常惋惜，这些人在大学期间，没有平衡好个人乐趣与责任的关系，他们的灵魂掉了队，他们没有思考过自己的未来，缺乏正确的人生观。

选择了华理，究竟对自己的人生和未来意味着什么？就是要把目标作为手段，让过程成为重点，在过程中创造和成长，感受过程、享受过程。我的回答就是校训"勤奋求实、励志明德"。

第一，勤奋。求学之路无坦途，也无捷径，必须保持足够的勤奋。大学阶段的学习看似轻松自由，但要想真正学好、学透，提出创新性的设想和批判性的见解，就一定要踏实勤奋。华理人曾用勤奋和汗水换来"学在华理"的社会认同，你们一定要传承学长们留下的宝贵财富，勤奋刻苦、不懈努力，实现自己的理想。千万不要投机取巧，那只能欺骗一时，而不能蒙蔽一世。请记住，大巧者无巧。

第二，求实。去年学校大力推进"校风、教风、学风、考风"四风建设，誓要全面提高高等教育质量。我曾对研究生提出过"拒绝抄袭、拒绝剽窃、拒绝造假、拒绝虚伪"的期望，我们认为，大学是人类最后的精神、理想的家园和良心的庇护所，我们决不允许虚伪、造假等污浊风气污染校园，对于考试作弊、论文抄袭等行为我们决不姑息！只有这样，我们才能远离浮躁，在精神自由的坚守中站得更高，保持对未知世界与真理的无限向往和追问。

第三，励志。实现理想、志向的过程，必然是艰苦奋斗、挑战自我的过程。人与人之间最小的差距是智商，最大的差距是情商，华理学子们，你们要心中有梦、立足现实、自我励志。既要志存高远、仰望星空，又要脚踏实地，誓将奋斗进行到底。

第四，明德。“大学之道，在明明德，在新民，在止于至善”，大学的宗旨不仅在于教授科学文化知识，更在于净化人的心灵，陶冶人的情操，培养人的高尚品德。在大学中，你们不仅需要收获知识，更要升华思维和精神，做一个人格健全的人。

同学们，再过几天就是中秋节了，“每逢佳节倍思亲”，我想部分同学今年将不能与父母亲人共度佳节，这也许是你们第一次离开家乡，离开父母的呵护，独自面对一个崭新的环境。这是一个人成长的必经之路，你们应该庆幸，终于开始学习自立、学习面对、学会感恩。不过你们并不孤单，这里有和蔼可亲的老师，热情开朗的学长，在他们的帮助下，我相信你们一定能够尽快熟悉新环境，融入新的集体中，在这里顺利起航。我希望你们在未来四年的大学生活中，努力践行“勤奋求实、励志明德”的校训，志存高远、脚踏实地、勇担责任、奋发图强。我相信，今天你们是桃李芬芳，明天将是祖国栋梁！

（2011 年 9 月 9 日）

大学校长悄悄“蹭听”京剧选修课

——新当选的中国工程院院士钱旭红的“票友”情结

他是一位校长，又是一名正宗的“票友”，一个纯粹的京剧迷。人们不知道，在唱卡拉 OK 时，他会模仿一段《智斗》：“垒起七星灶，铜壶煮三江。摆开八仙桌，招待十六方。来的都是客，全凭嘴一张。相逢开口笑，过后不思量。人一走，茶就凉，有什么周详不周详……”每当唱起《沙家浜》中这则经典选段，钱旭红便意气风发，工作的倦意一扫而空。

一、 孩提时代酷爱人文

去过钱旭红家的朋友，都会留意他收藏的一批京剧脸谱，有三国名将张飞、徐晃，还有英雄人物龙登云、尉迟敬德，个个都是艺术精品。即使到外地出差，钱旭红都会留意、观摩、收集市场上的脸谱精品。后来，钱旭红每次接待外国大学校长，双方交换礼物时，他送出去的礼物也都是中国的京剧脸谱。他说：“为什么不呢？京剧是中国真正的国粹。”

如今，钱旭红已是国际知名的有机化工专家。可很多人并不知道，钱旭红小时候最大的爱好是画画、学写小说、作“歪诗”。高考前因为父母的反对，他才选择了理科，未料“一不小心”就成了一名科学家。钱旭红告诉记者，小的时候还有一个爱好就是听戏，像《红灯记》、《沙家浜》这几部经典剧目，他总是百听不厌。渐渐地，他迷上了京剧。说起这段经历，钱旭红说，自己由此积累起人文素养，积蓄了一种人文精神，对以后的研究工作起了重要作用。在担任华东理工大学校长后，他经常说："在一所大学学习，思维方式比知识更重要，科学精神比科学知识更重要，人文精神比人文知识更重要。"这是他对创新人才培养的理解。

二、理科大学开京剧课

2004年，钱旭红刚担任校长，便萌生了一个念头：将京剧国粹系统性地引入华东理工这所理科大学。这个想法得到了学校党委副书记沈炜的支持和响应，在两人的努力之下，第二年，一门名为《京剧艺术赏析与唱腔实践》的课程正式成为选修课。学校除了特邀前上海京剧院二团团长、著名京剧表演教育家施雪怀主讲课程外，还相继邀请尚长荣、张善元、熊志林、陆义萍等知名京剧表演艺术家来校开设讲座和演出，让学生在聆听艺术家们畅谈京剧悠久历史和个人艺术人生的同时，感受国粹魅力、传承京剧文化。

上京剧课的同学有时会发现，不知何时，校长钱旭红也会悄悄坐在课堂上。课程结束，同学们会写下对京剧课的感受，而钱旭红都会亲自看一看。他看到了学生从对京剧的不了解到感兴趣再到成为票友，甚至走上舞台的心路历程。他对记者说："哪怕是一个理科生，也必须接受中国文化的熏陶，这样，他才能对自己的国家、自己的民族树立使命感、责任感，这是科学研究的动力源。"

三、引领学生感悟国粹

华东理工京剧课的魅力还在于，理论与实践的相结合。每年，华东理工都会请上海戏剧学院京剧专业的师生来校讲授课程、交流心得、指导实践，华东理工的学生也经常有机会上台表演。此外，学校相继举办了京剧脸谱、服饰、化妆等一系列展示和实践活动。几年间，京剧艺术已成为华理校园文化的一道风景线。2005 年,新编京剧《王子复仇记》在学校演出,台下座无虚席。今年,历史剧《成败萧何》在华东理工再次成功公演。

一次校内京剧演出,钱校长和数百名学生"票友"一起观赏。落幕时,他问身边一名学生:"感觉怎么样?"学生说:"我没想到,京剧让我有了远胜于卡拉 OK 的享受。"听罢,钱旭红笑了。

(张炯强,《新民晚报》2011 年 12 月 8 日)

论教育与成才

——钱旭红校长与美国加州大学教授钱煦的对话

2012年4月5日下午，中国科学院外籍院士、美国加州大学教授钱煦做客第52期文汇讲堂，主讲《科学与人生的七颗“心”》。中国工程院院士、华东理工大学校长钱旭红受邀出任对话嘉宾。两位院士就教育、人才培养、科研等主题进行了交流。

钱旭红：听了您的演讲非常有感触，有两点对年轻人最有启发，一是如何学会学习，二是如何学会创造。由此我想到，具体的科学研究和个人发展之间有着相通的价值观，比如您讲到血流的直线和弯线，弯线处往往也是人生的分叉点、改变方向之时。一个人的培养来自教育——大学教育、中学教育、小学教育，更离不开家庭教育。您如何看待家庭教育对个人成长的影响？

钱煦：我从家庭教育中受益极多。我曾写过一篇纪念文《爸爸，您是完人》。父亲很少对我们说教，但是，我们做人做事都以他为榜样。相对于父亲的寡言身教，母亲则十分热忱外向。对于我蒙受的家教，我非常感恩。一个人能做多少事，一方面来自先天父母基因的遗传，另一方面也得益于父母后天的言传身教。

钱旭红：从人才培养角度而言，前辈从事音乐研究，后代耳濡目染更容易入门，但也可能有逆反心理而拒绝音乐道路。现在常把社会阶层的流动不畅归咎为负面的家庭教育，比如“官二代”、“富二代”和“穷二代”，您怎么看这些影响?

钱煦：我父亲是学化学的，我们儿辈都没有继承。我学医，我大女儿也没有学医。拿我们杭州钱氏而言，我是第36世后人，“富几代”不重要，可是“学几代”从不同途径对国家、社会、人类有所贡献，这是最重要的。

钱旭红：华人在美国人口中所占的比例不断升高，但对美国社会影响最大的是犹太人，他们影响了美国的政治、文化、经济、学术等方面，这也得益于犹太人的家庭教育。您觉得，华人与犹太人的家庭教育有何区别?

钱煦：您说得很对。犹太人移入美国已经有很多代了，中国人只有两三代。我们这一代人，大部分在科技、工程领域做事，比较容易立足。但从政治、经济方面进入到主流社会的很少。可是我们的下一代，语言和生活习惯都已美化了，与当地的民族已融成一片。他们有自由选择的权利，只要喜欢的话就可以选择从政治、社会、经济、科学研究等不同途径进入主流社会。我想，再过两代，中国人就可以和犹太人分庭抗礼，共享影响力。犹太人和中国人的相同之处是重视对下一代的教育。

钱旭红：我认为言教不如身教，身教不如氛围教育。任何父母都是不完美的，因此也不能要求孩子一定完美，如果孩子根据个人志趣成为他自己，教育就成功了。

钱煦：我内人最反对把自家小孩和别家小孩比较，她会及时阻止别的父母这样做。人均有长短，应尽量表扬孩子优秀的方面，让他有信心。

钱旭红：学生通常希望通过大学学习能找到好工作，这是大学的授业功能。大学的另外一个功能是通过知识传授达到思维的训练，培养更完美的人。您如何看待大学的功能?

钱煦：我认为，大学最重要的功能是让年轻人在思维和行为方面成长、成熟，不仅教授课程里的知识，还要教会学生为人处世的基本原则和方法，具备学习的潜能。不要只将学生的就业作为终极目标。职业和事业不一定相同，如果从基础训练做起，使两者相同最理想。

钱旭红：您怎么看待社会和大学的关系？学生毕业后走上社会，是引领社会，还是被社会引领？比如校园里很多学生跳街舞，如果街舞是大学生发明的，全社会跟随，学生就为社会做了贡献；如果是失业青年发明，却影响了整个校园，那学生在引领文明和创造新的行为方式方面就不如社会。您认为呢？

钱煦：大学生进入社会后要适应整个潮流，一方面要跟大家合在一起，另一方面要体现领导的作用，让社会进步。判断力很重要，就像街舞，是否应该提倡呢？大学要让大家有自己决定的能力。学校可以引导学生怎么做，但最终还是要学生个人能够判断。既要教导，又不能干涉太多，这两者之间的权衡是很微妙的，孩子没有完全成熟前，家里靠家长，学校里靠老师来及时引导。如何和学生有效沟通很重要，一旦学生理解了父母、老师是为他们好，沟通后得出的办法就容易实践。

钱旭红：从大学发展的历史来看，无论是过去以传经为主的欧美大学，还是古代中国教授做人的太学书院，目前都发展到了现代大学，通过知识传授赋予人文精神和科学精神。人文精神的核心是关爱，爱社会、爱自然、爱他人，简单说就是“大爱”。科学精神最重要的就是批判精神，对任何事情首先就是质疑。您怎么看这两点？

钱煦：这两点非常重要，我们是社会的一分子，有了“大爱”，我们才有机会成长。反之，国家和社会也要靠我们每个人，互相之间的关系非常重要。培养大爱，从小就要训练教育，家庭、学校都要努力去做。学文科和做科研的人都是一样的。至于理工科跟人文的关系，做科学的人懂些文学，学会写和说非常重要；做医生的人一定要了解人文社会的关系，学人文社会科学的人也必须了解科技的原理。

质疑是很重要的，科学要依据客观的理论，用实证来判断，以此追求真理。质疑时的态度需对事不对人。

钱旭红：您用工程学的方法理解血液的循环，属于医学的范畴，也是现代科学非常重要的部分。而中华民族的传统文化，比如从道家、《易经》研究出了中医的整体疗法。您认为中国传统文化与现代科学有哪些相似或者不同，对科研有何促进？

钱煦：中国传统文化对我的影响非常大，常身在其中而不察觉。

太阳系中，地球和其他的行星绕着太阳转；另一个极端就是碳原子内电子绕着原子核转移，尽管两者大小差别是10^{22}，可是它们的原理是相似的。有一句话我非常喜欢，“放之则弥六合，退之则卷藏于秘”，放开的话能包含整个宇宙，退回来时看都看不到。这代表天地中无论巨大和渺小都包含的真理。

一年四季周而复始，“夏至一阴生，天时渐短；冬至一阳生，日晷初长”。夏至是日子最长的时候，但从那天起日子就开始越来越短。冬至则相反。这两句话包含很多哲理。我们看任何事情，不能只看现在，而应回顾过去，展望将来。这两句话和“道可道，非常道”一样包含数学（微积分）原理。先贤的这些想法对后人的影响是又早又深远。

钱旭红：科学的要素之一就是重证据、重理性，而宗教信仰的第一条是不可怀疑。您如何看待一个有信仰的科学家，如何看待科学对信仰的批判，以及这两者的关系？

钱煦：宗教是信仰，但是信仰不完全是宗教。有了信仰，就有一种力量来使我们向正确的方向去做，所以有信仰是好的，可是不能迷信。从事科学研究，就不能遵从“不可怀疑”，要合情合理地去怀疑。

钱旭红：信仰就像一个心理医生，使心灵得到安定。一位伟大的哲学家说，如果人们讲的上帝是大自然固有的规律，我相信这个上帝，如果人们所讲的上帝是人格化了，多讲几句好话就跑到你面前，这种上帝我是绝对不相信的。

钱煦：是的。我相信整个世界有一定的原则，这就是我的信仰。

（《文汇报》，2012 年 4 月 11 日）

第二篇 科学研究

近年来，我国在跟踪、模仿创新方面已有重要进展，但代表核心竞争力的原始创新还乏善可陈。其主要原因是我们还缺乏支持原始创新的土壤、环境和条件。具体而言，我们目前仍然缺乏支持原始创新的文化及社会基础，缺乏支持原始创新的制度、机制保证，缺乏独立的观点、思维与精神，缺乏独立的语言、想象与人格。

要让“老树发新芽”

——记国家973计划项目首席科学家、华东理工大学校长钱旭红

这是钱旭红出任华东理工大学校长以来第一次面对媒体，记者日前在他的化学生物学重点实验室里见到了这位年轻的“领军人物”。钱旭红的实验室里一派忙碌景象。

采访时间很紧，因为当天下午钱旭红就要利用周末飞往大连指导那里的科研工作。在过去的四年里，钱旭红曾经来回奔波于上海和大连之间，使两地的科研项目齐头并进；在他二十几年的科研历程中，钱旭红更是同时承担着科研和行政两项工作，在两个研究方向上进行着探索。

一、用哲学思维对待科学

1992年，30岁的钱旭红在美国、德国完成博士后研究，带着美国同行的邀请信和德方的回程机票毅然回到了上海。

曾几何时，“化学农药”成了关注环境和食品安全的人们谈虎色变的话题，以至于“化工”一时也被“株连”。但在喜欢哲学思考的钱旭红看来，不能因此把“化工”一棍子打死，治理化工污染还是需要使用化工手段。

研制农药是一场人类同害虫的战争。传统的化学农药已经使害虫产生了很强的抗药性，要克制“敌人”必须突破传统农药研制中的思维模式，钱旭红提出了“干扰昆虫生长发育行为系统”的农药设计新思路，这

样的农药不会对环境和人体造成危害,即“绿色农药”。

这是一种全新的理念,其中有生物、化学等多学科的交叉,有中国古代兵法的战术思想,也有德、日等国严谨的科研作风影响。在钱旭红的思维方式中,已经融入了中西哲学和文明。

二、 在传统领域寻找突破口

钱旭红特别欣赏英国华威大学的校训:冒险,创新。他认为,自己的科研追求和方向一定程度上是一种冒险。

一直以来,学石油化工出身的钱旭红都在寻求自己的研究方向,希望在“化工”这个传统领域中找到创新的突破口。从精细化工到光电染料,进而再从光敏生物医药染料到光敏农药,最终,他把目标锁定在“光敏医药”和“绿色农药”这两大化学生物学和技术的前沿。他说,传统学科背景的人一定要创新,一定要有“化腐朽为神奇”的力量、“老树发新芽”的创意。

谈话间,他的助手焦急地过来反映:实验中遇到了一个小小的难题——所需要的某些方案在现有的资料中无法找到。钱旭红没有过多地询问,只是半开玩笑地说:“如果资料上都有了,还要我们的研究做什么?”

三、 找到两种角色的平衡点

今年七月初刚被任命为华东理工大学校长的钱旭红,是上海高校中最年轻的校长之一,但此前他已经担任过国家技术研究中心主任、研究所所长、校长助理、副校长等多种职务了。

作为学者,他从回国初的“白手起家”到一手创办研究所和重点实验室,再到获得“上海市科技精英”称号,科研工作一直在层层推进。尤其在担任了四年的华东理工大学副校长后,他于 2000 年辞去了这一职务,回忆当时的决定,钱旭红说:“抉择确实很艰难,但是我想重新投入到科研中去。”

经过四年的“再创业”，钱旭红在大连理工大学培养了又一支科研团队，与上海方面展开长期的科研合作，并于去年赢得国家“973 计划”项目。如今，“恋着上海”的钱旭红再次回到华东理工大学。

在“校长”和“科研带头人”的两种角色间，钱旭红重新寻找着平衡。他把上班时间用来处理行政事务，而早上 9 点之前、傍晚下班之后以及节假日，华东理工的学生总能在实验室看到他们的校长。

作为校长，钱旭红的目标是把华东理工建成类似于美国麻省理工、加州理工这样特色鲜明、世界知名的大学；作为科研领军者，他希望他的“绿色农药”早日问世，早日造福于中国的生态、农业和百姓。

（陈琦芳，《文汇报》2004 年 9 月 6 日）

双管齐下治理科研造假

——钱旭红校长在第三届中外大学校长论坛上的发言（摘要）

我国科技投入不足是制约科技创新的一大瓶颈，并且有限的钱还成了有些科研人员“圈钱”的对象。其原因关键还是与制度不健全有关。科研人员不是在淡化名利，而是在不断强化名利。一些科研单位人员的部分收入直接和科研经费挂钩，一定程度上使得科研人员争先恐后抢夺项目资金。

这涉及学术规范和制度问题，某些规则过于定量、不该细化的规则过细，不能达到分类引导考核工作状态、未来工作前景等目的。“其中很多规则在制定的时候甚至都没有考虑好应该怎么好好执行，漏洞百出，容易被钻空子，同时，有的学术规范还处于缺失状态，没有明确界定，有些甚至还是空白。”很多问题都只有原则，却没有细则，这些都增加了执行上的难度。例如，在对“引用”的具体文字规范方面，监控比较弱。国际学术刊物有明确规定，一般连续 5 句话中，只要有两三句话相同就算是抄袭，而国内刊物尚没有如此明确的成文规定。而在文科和社会科学领域，规范则更少。论文书写格式和语言、如何界定实验数据捏造等，明确的规范都很少。

规则需要不断完善，而实际上更多的情况是，即使有制度也不执行。其实，政府和高校也都有很多制度文件，但不少都存在落实不力、执行不够的问题。这跟审核渠道不畅、监管不严有关。审查机构视而不见的现象很多。上级老师、上级机关“好人主义盛行”。在一步步的审核中，要么审核不严，要么审核出来不说。这其中有评审委员会自身学术能力不够的因素。国外评审严，最重要的原因就是“找到最合适的人”。另外，更重要的原因是，不同利益集团纠缠成一体，已经很难分割。在一些造假行为中，确实还有一部分人因为从中得到了好处，就想捂住。

光靠道德约束已经不可能控制这种情况，更重要的还是要有约束机制。两者要双管齐下，不能单靠哪一个方面。作为大学校长，大家都很希望能积极将造假之风气狠狠地刹住，但同时也希望社会能给高校一个更加客观与宽容的环境，关键是如何将造假可能控制到最低，更不能掩盖事实。

科学院、大学压力很大，如果公开处理一个造假案例，社会以及政府上级部门可能会对机构整体产生怀疑，所以宁可自己捂着掩着。“很多事情要做成，必须自上而下，政府、行政部门也能够客观对待，社会整个评价气氛也应该更理性，该严惩的严惩，该客观的客观，该包容的包容。”

（赵何娟、吴军，《第一财经日报》2006年7月24日）

实验对任何学科都非常之重要

——《实验室研究与探索》夏有为主编对钱旭红校长的采访

一、实验对任何学科都非常重要

1. 要加强实验

夏有为(以下简称“夏”)：本刊今年的封面故事有两期是你们学校的实验室创新成果。创新和实验室紧密相关，钱校长，您也兼任了重点实验室主任。没有实验室，创新是没有基础的，真正的创新源头在实验室。对此大家不一定都能认识到，请就这方面谈谈您的看法。

钱旭红(以下简称“钱”)：好的。我是这么想的，一谈到实验，人们往往认为理科特别是工科很需要实验，似乎文科、商科不需要实验。但现代科学的发展包括现代技术的发展已经表明，文科、商科都需要实验。所以我们在看文科、商科的时候，要看你有没有好的实验室，如果没有好的实验室的话，也就认为你的办学条件是不具备的。为什么说实验重要？第一个我要强调的是，实验对于任何一门学科都非常之重要，它是在一个受控的范围内去训练学生、培养学生的重要手段，也是我们进行科学研究或者人文创新的一个重要手段。第二，从现代科学的发展来看，我个人认为有两个起源：一个是从古希腊，就是现在的希腊、埃及，包括欧洲开始的。这部分科学，有人说是分解合成的还原论，这一种科学在科学历史上占据了主导地位。还有一部分科学是来自我们中国，就是东方的。它在历史发展过程中，曾经很辉煌过，但最后没有成为主导的科学技术。所以我们不能一谈科学技术就认为是现在我们所看到的科学技术，它是有东西方之分的，只是我们已经遗忘了。回想一下我们远古东方的科学技术，为什么最终没有成为主导的技术，不可忽视的一点就是对实验的不够重视。我们更多的是进行形而上的思考，但是对于和形而上比较相关的实验，相对重视不够，而且两者是隔离的，即使有时候做一些实验，也是和理论隔离开的，理论归理论，实验归实验。而西方在这方面就比较突出，就是说他们的理论思考和实验两者是并行的，并且是相互协调的，最后使得欧洲建立了比较完善的科学体系。理论和实验相互验证，并且相互支撑，最后建立了非常强大的工业。这里有一个典型的例子，在瑞士有时候国家搞什么游行活动啊、庆典啊，他们就会把当时的那个钉马掌的锤子拿出来，为什么拿个锤子？因为它支撑着一个国家。怎么支撑呢？是钉马掌的锤培训出一批熟练工，而这些熟练工最后演变成他们的钟表匠，所以他们的经济靠这个钟表匠，由于他们精巧的工艺，使得瑞士的钟表业在全世界占据了主导地位。这方面的技巧和技能以及实验技术转移到了科学研究的方方面面，最后，将瑞士变成了一个非常强的创新型国家。这个例子说明，现代科学的一个重要特征就是科学和实验的相互结合。而我们因为缺乏这方面的传统，所以在现代科学研究中，往往会把两者隔离开来。而且在计算机特别发展的年代，我们可以用计算机作为一个重要的捷径来解决许多问题。这当然是对的，而且国家也在强调以信息化带动工业化，这是我们的一个重要捷径、重要机遇。但是即便如此，也不能忽略实验的重要性。所以从历史和发展传统的角度来讲，我们要有清醒的头脑，本来我们就缺乏实验的传统，而现实告诉我们更需要加强实验。

2. 要提高实验室的利用率

在实验室建设方面，我的一个非常深刻的印象，就是国内大学的实验室和国外大学的实验室有两个非常突出的不同。第一，我们实验仪器设备的利用率极低，而在国外的利用率极高。我们高校早年因为仪器设备比较少，都很珍贵，生怕用坏了，有专门的人维护，而维护的人不一定从事科学研究，他完全是服务型的，只能做常规测试。我们的学生和老师就无法接触到最先进的仪器和设备，在当时来讲可以理解，因为仪器设备少，而现在这种状况已经有了很大改变，我们在仪器装备方面超过了国外的许多大学，但是原来的这种管理模式还是保留了下来。因此，一定要想办法提高仪器的利用率，但是如果想通过仪器使用最后把这个钱赚回来，那是不可能的。因为仪器本身支撑的是一个公益事业，它的任何回报都是以充足的使用机时和丰硕的成果来衡量的，而不是以仪器设备能使用多少年来衡量。仪器设备机时的利用率一定要提高，这可能要花点脑筋。第二，就是在实验室装修和使用当中我们非常喜欢铺大，我把它称为平铺法。进入任何一个实验室，你看到的实验室仪器装备都是平铺分开的。为什么？这虽然从一个侧面可以反映出我们对仪器设备很重视，一台仪器就占了很多空间，但也浪费了很多资源。而国外比较好的实验室的一个特点，就是仪器放置是垂直法，是从上到下放置的。这说明它的空间非常紧凑，同时它的利用率也会比较高。特别是现在我们强调节约资源实现可持续发展的时候更为重要。这体现了一个理念，就是实验室应该怎样去扩充规模，对于规模特别注意的一点，就是要提高利用效率。提高利用效率的一个标准就是不能占据更多的空间，应该是在有限的空间下，最大限度地提高设备的利用率以及缩小它的占地面积。所以我常讲就像看论文一样，一篇论文是否好，如果不是本专业的，我就不看它的内容，只看它的排版。凡是印刷字很小、版面很紧凑的，一般来讲都是好论文；凡是版面很稀疏、字很大的，一般都是差论文。大部分情况，无论是中国的还是国外的，你都会发现这个现象。在一定程度上，我把这个规律同样用于实验室。所以如果一个实验室的实验仪器虽然很多，但都是平铺的，占了很多空间，一般这个实验室的水平不会很高；但是如果一个实验室是很紧凑的，是垂直往空间发展的，实验室的水平一般都相当高。这种情况我在国内国外不同的实验室都得到了验证，所以我想强调的一点就是，如何做好实验室管理来提高它的使用效率。

3. 实验应独立设课

(1) 实验是一门独立的学科。我们学校做的一些工作就是要在本科教学当中强化实验，把实验当作一门单独的课程，而不仅仅是理论课的附庸,但我们要明确一点,就是我们的实验课不是脱离理论课的,它和理论课是平行的、相互支撑的,但是不再是一个简单的验证工具。我们的学生任何时候都能进实验室做实验。有的实验可能理论还没有学到就开始做了,为什么?做完以后将来学理论课就容易理解;有的理论都学完了还没做实验,但是将来做实验你回过头来,理论可能又要复习。我们以前是教一个理论课做一个实验,这在很大程度上是成为演示而不是独立的一门学科,所以我们强调它是一门独立的学科,这是第一个观点。

(2) 建立大实验中心。学校要建立几个大实验中心,就是把相近的专业中共同的实验课程变成实验中心,让它独立运行,来支撑整个教学体系。同样在我们的培养目标中,我们讲"厚基础,强实践",其中实践就包括两项内容:一个是在学校里的实验、实习,还有一个就是走出校门的实践。所以我们把实验室放在一个非常重要的位置。前两天我们碰到一位来自江苏的企业老总,他说他聘用了很多来自不同大学的研究生、本科生,其中华东理工大学的学生实验动手能力很强。他说我不是当面恭维你,我说如果你是夸奖我自己的学生,还可能是恭维,但你是夸奖我们整个学校的,所以我就感到很高兴。往往我们国内的很多高校在有的地方确实是忽视实验了。特别是某些师范院校,这种情况非常之严重,以至于学生是通过纸上谈兵的方式在背实验。虽然他能把实验细节背得非常好,可是一碰到仪器设备,就束手无策了。这就告诉我们作为大学生训练,实验是绝对不能采取这种方式的。

(3) 建立平台,资源共享。我们在科学研究中的实验是这样组织的,就是要求各个系所的仪器都要相对集中,我们建立了三级的仪器平台,即学校、学院和研究所系。系里的实验中心是对本科生开放的,研究所里有专门的仪器平台,是供研究用的。我们建立三级平台的目的就是能够最大限度地使资源共享,同时能够充分地开放,便于大家交流,而且能减少重复仪器的投入。我们不反对重复购买仪器,但是有一个前提,就是要最大限度地提供使用量,在充足的使用量的前提下,重复的仪器购置是可取的,但是在低使用量的情况下,重复购置是不可取的。因此我们通过建立三级平台、建立网络来提升整个学校的仪器设备的使用水平和使用量,这就是我们在科学研究上建立的一套仪器体系,以支撑整个实验教学。

夏:钱校长的考虑,有很多新的想法,讲到了实验的来历及其与科学的关系。请问您是搞哪个专业的?它与实验的关系如何?

钱:我是搞生物有机化学和精细化工的,所以实验对我们来说非常重要,我们的一切都是以实验为主的,当然,有时候也做一些理论计算。我跟学生经常强调,要注意你的计算机使用和理论计算都是实验的工具,比如说进行药物分子设计或者对某一个过程进行分析。有的学生会认为经过软件分析的都是对的,而有的学生则认为分析都是错误的,为什么?都是预测或者是事后的解释。我说那你要注意,这是实验工具,它跟你做的真实的实验不是一回事,它没有用具体的溶剂和试剂,它只是用计算机完成的。真实的实验也是要你用大脑思考的,要你去判断这个实验过程和工具是否正确、思维方式是否正确,当你的思维方式不正确的时候,你得到的结果也就是错误的。所以你不能完全相信计算机,也不能成完全不相信。就像你在做实验一样,你用错了试剂,用错了装备,你得到的结果是错误的,这不是仪器设备的错,而是你大脑的错。所以我们对实验的依赖是非常大的。

夏:现在的学生都很重视计算机,往往对实验不重视,这种倾向值得注意。

钱:是这样的,比如我带的学生里面,绝大部分都是做具体实验的,是设计实验的,只有很少是做计算方面的。但用计算机,我们都有一个强制性要求,必须做设计性的实验,就是说实验量可以少一点,但不能不做。因为我们需要的是大脑思考和动手能力相结合的毕业生,否则培养的人才就会眼高手低,能力不全面。而且,这种毕业生将来寻找工作也缺乏竞争力,所以这两方面都要努力。计算机是一个虚拟的实验工具,不能完全代替实验,对它应采取不能绝对排斥和绝对信赖这两种方式。

二、 建立交叉实验中心

夏:现在“211”、“985”还有各种渠道对实验室投入很多,我们的仪器设备和国外比也不差，在这个基础上，对于实验室队伍的培养，钱校长有什么看法？

钱：从学校来讲，我认为这支队伍应该是独立的，大部分学校包括我们也是这种情况。从教学角度来讲，要维持本科的正常教学工作，将实验室管理队伍独立开来，我觉得还是可取的。因为实验室日常的工作，大部分是重复的实验技巧、实验管理，他们是一支专门的队伍。但是和科研关系较大的队伍如果独立的话，不是最可取的。最好能把这支队伍变成相对独立但又和研究组密切结合的模式，这样才能提高仪器的使用效率，包括真正提高研究水平。现代科学技术发展的一个重要特征就是交叉，我们现在很多时候是嘴上喊交叉，最后就把它落实到教授身上。如果教授愿意交叉还好，如果教授不愿意交叉，就根本无法做到。因此交叉的一个很好的切入点就是仪器装备。就仪器装备来讲我觉得一个很好的形式就是可以采取交叉，比如说我们的研究所就应该设立在一个交叉领域上。非交叉领域没必要设立研究所，因为每个教授都有自己的主攻学科方向，本人很容易发展，他有一种学术上的惯性就是求纯粹、求单一，他很容易往这方面走，但容易忽视的就是交叉，所以研究所应该建立在交叉领域，这是其一。另外，支持研究所和中心进行学科交叉的重要载体就是仪器装备和研究基金。研究基金实际上很简单，主要是投入的问题，可以往这方面投入，可是光有少量的研究经费而没有仪器设备支撑肯定是不行的。因此，仪器设备在科学研究中应该是学校建立的重要支撑，从事交叉研究的研究所和研究中心存在的基础就是仪器设备。有一种做法，就是建立中心，某些国外的大学也是这样做的，比如他们的纳米研究中心。中心里有主任，还有一部分是实验人员，教授、研究人员是遍布全校的，教授用的一切设备都在这里。这些实验人员可以参加不同的研究组，一个人可以参加几个研究组。中心主任是学校和教授协商并以教授决定为主雇来的，主任的任务就是通过行政管理和实验装备管理，来维持整个中心的运转，他的存在就意味着交叉领域的存在，而不是一个虚拟概念的存在。如果做到这一点的话，我想仪器设备的利用率和学术水平就会提高。现在一个很大的问题是我们的教授的合作意愿很差，而且又是仪器设备“私有制”，我叫它“私有制”，结果使其利用效率就更差，这样就必然要重复购置。如果采取这种新模式的话，问题就比较容易解决，因为你再交叉，全校不可能有几十个，比如我们学校也就两三个或者是五六个交叉中心，实验仪器设备全部集中在交叉中心，作为教授的话只能有小型仪器，你要用大型仪器全部在交叉中心，而交叉中心的实验人员他就很明确，我主要的实验研究方向是跟他们相关的。现在主要的形式就在于仪器的共用平台是普适性的，不具有很强的专业性，一提到专业性就是传统的学科专业性，不具有交叉性。这样问题就比较大，而且对学校的学科发展的引导不会很明显，这个过程可能比较艰难，因为你在实施的时候，有些教授会反对，谁都希望实验仪器设备装在自己的实验室里，这样使用最方便。

夏：因为历史的原因和传统的观念，导致实验室里的教师、工作人员地位和待遇比较低。他们觉得到实验室没有出息，通过交叉，可以解决一些问题。在现实的情况下，怎么来调动他们的积极性？

钱：调动积极性，我们学校做了两点：第一是服务，第二是创新。从服务角度来讲，我们实行的是星级等级制度，就是我们对实验人员分等级，一星到五星，凡是工作表现好、服务好的，给他们评星级。这个服务好是指为教学科研服务好，我们最高有五星级的实验人员，所有奖励、晋升都跟它挂钩，这个挂钩不是很严格，但是我们优先考虑这批人，他们是学校的骨干，要使他们安心。因为最难的就是对实验人员工作的定量比较模糊，我们通过这种方式，引进一个竞争机制，来进行定量。随着我们国家新的学术系列、管理人员系列这个等级制的推出，我们也很容易接轨。我们现在要对实验人员进行一定的定量评价，根据服务态度和服务质量确定不同的星级，这是我们学校的做法，我们的实验管理人员分为一二三四五几个星级。

夏：最高五星级吧？是否相当于教授水平了？

钱：五星。我们还没有与教授对应，教授和副教授还是按教师系列评。

夏：那待遇相当于那个地位吧？

钱：没有，我们是单独列，地位没有对应，但地位实质是高了，这是一点。第二，我们在评职称时，对实验人员有个政策，就是不要求他一定要有高学历，而是要求对实验有真实的、明确的贡献，但这个贡献目前来讲仅仅是定性的，没有定量的。一般来说，我们的高聘委包括各基层解决了一些以前实验人员晋升中我们不能解决的问题，即当实验人员创造的仪器装备在全国已形成了辐射作用，或者对某项重大科学研究的突破起了重要作用，那我们就提升。正好您在这里，我想提一个建议，到时候我们学校也可以做一些基础工作，希望得到您的支持，我提出一个概念，现在我们学校既要规模扩张，又要内涵扩大，有些工作还没有太多时间做得非常细致，其中一个就是对实验研究的影响力做定量评价。但是定量评价大家觉得很难，像教学上你很好评价，科研上相对难一点，也能评价，但对实验工作进行评价就很难。举例来说，怎么评价一个实验工作人员的理论创新和研究创新，首先就是看发表的论文里有没有你的名字，这是一种评价方法，是比较简单的。其次，你是不是第一作者或者是合作者，这不重要，难度也不大，因为这跟科研人员完全一样。但有一个非常重要的就是你的实验创新的影响力，绝大多数研究论文，都要写实验步骤、实验仪器、实验方法，并要写明在哪里用的仪器，你学校的这个仪器被引用没有，就像我们在做科学研究的时候，你是否引用了人家的文献一样，被引用一次就说明你对科学做出贡献了，这个是可以计数的。你要升职称，可以，你管的设备在多少篇论文里被引用到了，这是引用次数。另外，在研究的正文当中，有多少内容引用了你的仪器设备的实验结果，比如说核磁，你如果在实验部分说用到了核磁，是华东理工大学的，那就是普通引用、一般性引用。但是如果在正文讨论里面或者实验部分，把你的核磁的图放上去了，对它进行解释了，说明这个核磁对你的工作起到了重要的推动作用。作为第三者对它应该如何评价，这个工作量就非常大。但你如果要升职称，要大家评价你是否属于高水平，你就要收集证据，就好像在法庭上的举证，以前没有规范，这个就可以作为规范。当然你可以举证说核磁的成果总是比别人多，那当然是核磁跟核磁的比，同一类型的类似的仪器比，这样就可以建立一个实验人员的考核规范。我想这么做，但没有时间，如果我们现在实验室管理做研究，你就可以首先做这个，可以合作起来做，或者在实验室杂志推出这个概念，这个概念好在真正承认了实验工作人员的贡献。而且他的贡献实际上在科学技术文献当中是有记载的，但是我们从来没有把它去定量化，这样就可以定量评价了。对某些研究性工作不可能也不适宜公开发表的，可以采用评奖方式，如实验成果奖等。我们国家的整个工业，包括我们的科学研究，需要一些非常熟练的技师，我们这个实验室就有一些技师，我们非常欣赏，你跟他说个什么主意，他马上就能够想到解决的方法，比如像我校的一位工程师是从制药出来的，动手能力非常强，所以我想我们可以为他们做一点工作，就是建立实验室研究和开发人员的一个定量考核规范，这就像一个论文的影响因子、引用次数一样。论文发表的时候重影响因子，但是论文发表以后，引用多少次就更重要了，例如论文发表以后，影响因子很低但引用次数很高，那就是高水平的。就是说实验工作人员就看你的工作影响力，比如说你最初的影响力大不大，就看你在论文当中占多大篇幅，在实验当中写进多少内容，将来你的影响力大不大就看有多少人引用你这个章节，比如说人家特别写到他当时做的那个核磁部分对工作很有启发，那说明你被引用了。简单地说你必须是作者和通讯作者之一，但是那样就会形成一个导向，他也成纯粹的研究人员了，然后，还常常合作不愉快，为什么不愉快呢？别人把他放到最后一名，从研究来讲，无足轻重；你把他作为通讯作者，那个做研究的不开心，至少研究课题里面很多东西不是你的。所以我觉得这里面就像电影评奖一样，你必须把主角的评奖方式和配角的评奖方式有所区分，你的规范有区分，引导就有区分，最后就很容易进行评价。

夏：钱校长给我们出了个题目，可以研究，这是一直没有解决好的问题，实验室人员的劳动成果往往都是融合在教师的论文之中。

钱：对，所以他的地位就显示不出来，这是不合适的。比如说某个研究项目对我们国家的产业或者说科学技术有巨大贡献，获得国家奖了、发明奖了，这里必然要提到实验仪器设备问题的，在他的那个原始报告里，你就可以拿出来证明这是你的东西，如果是公开发表论文了，这里也可以找到你的原始文献，在这里面，我们不要求你是作者。

夏：这就是要研究，怎么给他量化，促使他的实验技术的提高，实验技术的引用，包括仪器设备。对不同的专业、不同的对象怎么来评价，值得探索。

钱：我觉得这些人同样可以称他们为高级实验师，当然可以分为两类：一种高级实验师是按照学历来的，包括学历和后面的贡献；还有一种是破学历的，你要破学历，就必须在实验技巧方面有非常大的贡献，就看你的技术。有一个电视片叫《大国崛起》，讲到荷兰是怎么起飞的，其中就是有一个人发明了一个剖鱼肚子的小刀"飞鱼"，原来他们是要用几种工具做的，后来就用一个工具全部能达到。做了个物体，在人的手上能够弯两下就全部解决了，所以它的整个鱼加工业的产量迅速上升，占领了整个欧洲，就是由于一个很小的工具，这就充分说明了技巧的重要性。

夏：您对实验室整体规划方面，有些什么考虑？

钱：实验室总的宏观建设是这样的，现在有两个国家重点实验室，大概省部级的各种重点实验室有七八个，我们现在正在布点，大概最后做到 11 个左右省部级的，那我们基本的布点就差不多了。此外我们还有军工的，我们在国防材料方面还是比较强的。我们最重要的目的就是把国家的、省部级的重点实验室作为我们科学研究的最重要的基地和最重要的载体，而研究所定位在培养研究生的重要基地，这两者是有区分的。区分在什么地方？就是本科生教育是在系，研究生教育是在研究所，而科学研究的核心基地就是这些重点实验室，那么这些基地一个极其重要的特征就是有很多的实验装备和实验人员。为了保证实验装备和实验人员的正常运作，就要求我们配备专职的副主任，是按照副处级待遇。以前我们往往是给党政部门配常务的副职，像关于政治思想工作的、行政管理的，有人认为做实验室副主任的这些人的级别就明显低，现在我们要求按副处级待遇，它就和行政与党务是一样的。我们已经配一批了，现在正在逐步配，要把它配齐加强。这也体现了我们学校的科学研究基本都是以实验为中心的。

三、没有实验室管理机构不能称为大学

夏：学校的创新、学生的培养、搞科研都要把实验室搞上去，这就有一个管理机构问题。高校实验室工作规程规定，每个学校必须有个专门的实验室管理机构，现在因为各个学校都有自主权，机构合并、设置都由各学校自己定。有的学校有专门管理实验室的部门，有的由资产处来管。对于在大学里面建立专门的实验室管理机构，钱校长你有什么看法？

钱：我觉得这个专门的实验室管理机构绝对不能撤，必须强化。因为评价一所大学有几条标准：师资、装备、学生质量等等，这个装备简单地讲叫 facility，这是最重要的指标之一，而它一般不归入资产管理，资产管理的核心是经济概念，而 facility 是"装备"的概念，是它对整个学校学术竞争力起支撑作用，它更强调设备本身的竞争性，所以这个管理部门是不能撤的。我们可以看到，整个社会和产业方面，比如说资产管理、经济管理方面，做这些方面的机构多得很，但社会上不可能有专门从事实验室装备管理的这种类似的机构。这种机构只能在大学中存在，因为大学的理想是追求真理，因为追求真理，所以我们需要理论和实践两种手段，而两种手段当中的一种就是靠实验装备来支撑的，而这种东西在日常所说的凡夫俗子社会中是不存在的，只有在做一些比如说形而上学啊，做一些理论思考啊，追求真理的人群中才会存在，所以这个只能在大学存在，即使外界什么地方都没有，你大学必须要有。而且我刚刚讲了，文、商科都需要实验，更何况理工科？我们以前就常常忽视了这个，认为文、商科不需要实验，最后就只有一台计算机了，我想这个一定要强化，不能够削弱。如果一个大学里面没有这种机构的话，我认为这个学校不能称为大学，那大学也就基本上成为一般的学校。大学和学校是有很大区别的，因为在学校里这种专门机构是用不着的，实验室基本是附庸式的，比如像中学，它就是附庸式的，实验是属于化学教研组的、物理教研组的，完全就归类了，它不需要专门的机构来管理。而大学的实验室是

面对教学、科研和社会服务的综合实体，它必须有一个专门的管理机构来管理。

夏：现在这个机构管实验教学吗？

钱：管。教务处管做计划，管实验的教学体系，实验室装备处是管实验教学具体的执行，管实验中心，中心是装备最集中的地方。

夏：我们学校以前也是这样，教务处进行目标管理，大纲、计划从那里来，执行过程因为要用设备、用技术，教务处没有这么多精力来管，质量怎么提高，仪器何时维修保养，这一系列的问题，由实验室处管，情况比较好。看来这个机构的职能也需要完善。

钱：对。原来人家定的叫实验室与装备处，这个含义是很正确的，但是英文叫 facility，这个是绝对不能改动的，否则我就认为你不能称为大学。

夏：这个部门实际上是校长的助手，校长的想法由它来贯彻执行，现在有的大学把实验室分散管理，教务处管教学实验室，科研处管科研实验室，实验室与设备处管设备，这对学校发展是很不利的。

钱：那就把设备看成是死的了，这个非常不利，不合适。我们坚持一个机构专门管理，我们这个部门权力是很大的，要权、要财、要物、要房子在这里都有，权力非常大。实际上看一个学校的学生动手能力是否强，看你这个处的架构就可以看出来。因为这个部门一肢解，你的学校不可能强的，你的教师和教学就肯定会弱下去了，教学和科研的仪器装备的相互联系就少了，你下面的学生也必定是弱的。我们学校高度重视这个方面，我们的学生这方面动手能力较强，教师也相对比较强，你看那些弱的学校，保证这个就没了，为什么？在拆的时候，大家都很赞成，就把它拆了，一点都不心疼，我们这里根本不可能拆，大家都会反对。我就是这句话，没有这个机构的大学不能称之为大学，很明确。我们不但有个实验室装备处，我们还有个现代教育技术中心，它对教学、实验室、装备也管，所以我们不止一个部门，当然权力最大的还是实验室与装备处。

夏：这个集中部门，它还有一个协调作用。它对实验室与教务处、科研处，包括基建、后勤、人事部门进行协调。

钱：集中一个部门，那个是带专业性的，配合它也是专业性的，它有很大的人事权与决定权。

夏：这说明咱们华东理工大学非常重视这项工作，这对学校的创新和人才的培养都是很有利的。

钱：我们现在招收研究生是一件苦恼的事。常常有某些学校考来的学生，分数高得不得了，但是根本就不会做实验，按照原来的研究生录取方法，我们又不能把他裁掉，可是只要招进来，所有的老师都骂，这就是因为这些学校非常不重视实验。

夏：动手能力、实践能力，现在我们的学生缺的就是这个。

钱：对，而且一个人的仔细的观察能力也是通过实验锻炼出来的，这个是不可能从理论感悟出来的，因为它是从无数次的失败中感悟出来的。创新来自对实验现象的独特而仔细的观察，这是只有实验才能锻炼出来而理论锻炼不出来的。创新很大程度上是建立在实验基础上的，特别是讲到化学、化工、生物、制药，都是如此，绝对离不开实验，这是一个基本手段。而在有些领域，我们说一些发展非常完善的领域，它的实验已经不是特别重要了，一般这个领域已经走上这个学科发展的黄昏期，就是因为这种专业已经逐步变成一个不重要的领域。我举一个非常简单的例子，比如像建筑，它可以按标准设计了，它预先做了大量的实验，现在很多不用做了。但是当它设计大型建筑时还要做风洞实验的。因为当一切过程全部精确把握了，其在科学技术上却不值钱了。所有的科学技术面前，必须跟科学实验紧密相关，这就是我的一个观点，哪怕你就是做理论物理的，最后验证你的理论正确与否，也是靠实验完成的。比如你搞设计，设计很简单，要做一个沙发，预先设计好图纸，按照图纸就可以简单而迅速地完成，实验验证已无多少探索性，已经完全是它的附庸了，因为它本身在科学技术上已经没有意义了。

四、 要抓好过程管理

夏：刚才谈得比较突出的还是实验室和创新的关系，从宏观上您对高等学校的实验教学有些什么看法?

钱:最后我结合我们学校一直强调的教育思想来谈谈这个问题,这是学科发展和教学思想中我们非常注意的一些特色。我们强调的一点就是“过程工程与全面工程”。在学科发展中,重视具有过程工程特色的学科,这是第一点。第二,我们在教育思想中重视过程思想和过程工程思想,包括重视全面工程思想。我解释一下,这和前面所讲的是非常相关的。

1. 过程工程

什么叫过程工程思想?在教育中,我们认为人的成长和人的培养都是靠过程来完成的,就是人生是一个过程,教育更重视过程。在现代社会里,我们为什么重视?现在常常说,为了达到目标不择手段,过程并不重要。实际上很多时候,目的的存在正确与否依赖于过程。举一个很简单的例子,比如说要发家致富,通过正常手段来发家致富是合法的,那是正当的发家致富;而通过做小偷得到了钱,也达到了发家致富的目的,但这是错误的。因为这个目标和过程是相关的,你的过程不正确,说明你的目标就不正确,没办法解决问题,因此过程非常重要。而实验教学,它是一个重要的过程,这个过程是不能省略的,因为通过这个过程的失败和成功完成了整个一个教学环节,而这样一个教学环节如果你把它省了,它就失去了这个过程,那么这个人整个的培养没有完成,所以我们特别强调过程的重要性。人就是一个例子,你生下来是一个小孩,如果时间不长就老了,可能是因为得了一种病,叫早老症,就是他的器官已经老化了,各种器官已经相当于 80 岁的人了,过一段时间,这个人就死了,这样的人生是非常悲惨的人生。他在很短的时间跨越了一个人生的整个过程,他这个过程是不正常的,你要真正有一个正常的人生,必须要经历这样一个过程,比如你要长大、要升学、要成家、要生孩子,最后才可能对人生有一个真正正确的、完整的感悟。如果没有经过这个过程的任何感悟,那是荒唐的。就像让一个十几岁的小孩写人生感悟的小说,你能相信吗?你不可能相信,因为他没经历这个过程,这个就是过程的重要性。所以我们特别强调过程的重要性。那么实验教学和实验科学研究的实验部分就是整个科学研究必不可少的一个过程。我们往往特别重视目标，而忽略了过程，比如说我们评先进，其目的是为了激发大家对先进的一个共同的价值理念，以及调动工作的积极性，所以评先进这个目标的本身不是最为重要，而最为重要的是这个过程，因为通过这个过程，大家形成了统一的理念和价值观。而有的地方要评先进了，就让大家选举吧，这些原来通过一个月进行的过程，现在变成两个小时完成了，因此它的教育效果也就两个小时，提炼效果也是两个小时，而经过一个月的，那就不一样了，所以过程还跟时间有关系，在一定程度上教育过程时间是不可压缩的，这有一个过程。实验也是如此。

2. 全面工程

全面工程是什么意思呢？我们往往认为只有理工科的学生才需要有动手能力，才需要有实验思想，这不全面。所以我们讲，文、商科也需要实验，这是因为我们现在的社会要求理工科的学生要有人文知识和人文精神，所以我们要大量培养理工科的学生具有人文知识、美学观点、美学修养。可是别忘了，我们大量培养的人文社科的学生往往是眼高手低，甚至于逻辑思维不够完整、不够完善，而他们的工作，很多会影响到我们社会的进程。如果这样的人去做方案，对我们社会可能是灾难性的，怎么办？我们就希望他们有工程的概念，这个就叫全面工程。你们也要学一点工程上的东西，要有点科学思想、科学思维，而这当中实验就非常之重要，使学生知道如何避免眼高手低，如何使他的方案理想和想法有一定的可操作性，为大众所接受。大家可能想到，我们的国家在做很多方案时，都讲要做什么什么工程。比如做安全工作的，有金盾工程；有关党建的，有党建工程；包括我们高校现在做的“211 工程”。为什么用“工程”这两个字？它反映了工程本身已经渗透到我们社会的方方面面，但是我们在很多方面还仍然对其视而不见，搞数理的人要多学点人文知识和人文精神，没错。搞人文的也要学点工程的东西，不要弄得人文出来的看不懂计算机，看不懂 DNA，对相关的知识一点都没有。因为今天科学技术已经成为一种强势文化，什么叫强势文化？就是它已经成为支撑一个国家竞争力的核心支柱。在早年，科学家和专家仅仅从个人兴趣出发，而今天从事研究已经完全不一样了。一个国家只要它科学技术强大，它就完全可以影响全世界，它比一部电影或者一本小说产生的影响力还要大，这是因为它提供的是物质力量，而且这种力量影响了我们整个社会能力和社会发展，这一点现在可以从克隆人开始，从所谓的黑洞这些宇宙观、宇宙的起源等等开始，这就是我们讲的全面工程。所以我们对实验的重视一个是有我们的传统，还有跟我们的教育思想是相关的。

夏：这很重要，有了目标，过程如果不抓，目标也很难实现。如果抓得好，目标比你预期的还要好。

钱：不抓过程，即使你达到了目标，那目标也有可能是错误的，这方面的例子有很多。所以要在过程当中去调整、修改，提升你的目标。

夏：培养学生也是这样，您刚才把实验作为这个过程的重要内容。

钱：是最重要的环节，对，最重要的环节。我们人生也是通过一定的实践过来的，像我们的人生体验，通过体验形成了一个完整的人生，而不是通过看小说。学生动手能力、创新能力的培养，同样如此。所以比较好的大学都是很重视实验室的。

夏：好，谢谢钱校长百忙中的接待。

钱：欢迎常来指导我们的工作。因为你做这方面的工作，编这个杂志，对各校经验的了解肯定比较多。

夏：信息多一点，我们可以多交流，谢谢。

（《实验室研究与探索》第 26 卷第 8、9 期）

活的染料，能否让传统产业新生

——荧光分子传感器研发者的担忧与期盼

在华东理工大学药学院，刚刚捧得上海市自然科学一等奖的荧光分子传感器，看起来只是实验室里普通的一瓶瓶试剂，而主持这项研究的华东理工大学教授钱旭红说，瓶子里的液滴是一个个"智慧的生命体"，它们懂得在何时、何地发光，被称为"活的染料"。这种"聪明"的染料，可能帮助染料业这一传统产业获得新生。

任何一个所谓的"夕阳产业"，都可能孕育出一个新的"朝阳产业"，科学发现与技术创新始终具有这种化腐朽为神奇的能力。长期以来，产业与研究的脱节，使得国内一些传统产业逐渐失去自我进化能力，但愿"活的染料"不会成为我们一些产业进化链条断裂的又一个牺牲品。

看家本领——先"潜伏"后"发报"

这恐怕是世界上埋藏最深的"谍报员"：人类哪怕凭借第六感，也无法感知它的存在，更难查清其底细。因为，它"潜伏"在只有高倍电子显微镜才能观察到的亚细胞器里。

在一群活细胞中滴几滴试剂，"谍报员"出发了。到达生物体内最最"基层"的组织——亚细胞器后，它们悄悄"潜伏"起来，直至"敌人"出现。每个"谍报员"的身材小到只有十几个埃(1 埃＝1/10 纳米)。

科研人员对"谍报员"采用了极简设计：一排长眼睛的"触角"＋一只

带开关的“信号灯”，当然，还要赋予它“侦查”的智慧。“利用某些特定分子间一对一的相互作用，‘触角’一旦发现‘敌人’就会奋不顾身地扑上去，抓住它，并随即点亮‘信号灯’。”钱旭红形象地解释“谍报员”如何工作：“抓坏人”的动作既可以是受体与蛋白的结合，也可以是发生在硫与汞之间的化学反应，这些都是精心设计的结果。

适应岗位——诊断、监测出奇制胜

尽管同属“特工”队伍，不同的“谍报员”却是“术业有专攻”。从疾病的早期诊断到环境监测、食品安全等领域，个个都能出奇制胜。比如，汞中毒往往是一个长期、缓慢的过程，早期很难察觉。但只要“捉汞队”的“谍报员”一出马，即使细胞尚处于中毒早期，也能被逮个正着。更绝的是，根据“谍报员”发出的光信号，医生们即可对中毒部位精确定位，甚至将整个中毒过程动态还原。

经过十年研究，课题组目前已成功设计出一批灵敏度高、专一性强的重金属检测传感器，尤其在汞离子传感器领域发表了多篇高质量论文。钱旭红告诉记者，将来还可为“谍报员”配一把“匕首”——让它载药或自己变身为药，准确无误地“喋血”病灶。当然，要将“谍报员”派遣至人体内的“一线”工作，还要做包括生物安全性在内的验证研究。

未来使命——助传统产业“进化变形”

手捧鲜红的获奖证书，钱旭红的内心却怀有遗憾。曾经风光无限的上海染料业随着纺织业的转移、彩色胶片业的萎缩，几乎成了被人遗忘的角落。“上海原来的染料一厂到十五厂，还有彩色胶片厂，现在几乎都消失了。如果没了产业基础，‘活的染料’何以生根发芽?”钱旭红说，他并不希望十多年的心血，最终换来的只是几篇论文和一堆证书。

实际上，经过多年“自我进化”和“变形”，染料已经新生出许多匪夷所思的形态和应用领域。比如，“谍报员”随身携带的“信号灯”由各类荧光发射团制成，它与 2008 年度诺贝尔化学奖“得主”绿色荧光蛋白(GFP)的核心发光物质——色素，同属于染料大家族。如今，这些五彩标记物，已成为全球每个生命科学实验室的必备耗材，可惜的是，目前我国全部依赖进口。而在一种模拟光合作用的染料敏化太阳能电池中，染料充当着“捕光手”，其成本仅相当于多晶硅电池的 1/10。

钱旭红告诉记者，与一二十万元一吨的传统染料相比，新型染料的附加值极高，最贵的卖到 250 美元/毫克。据统计，在我国蓬勃兴起的基因芯片、基因测序等领域，约 1/3 的科研经费付给了国外荧光染料生产商。更让人遗憾的是，一些源自上海科学家论文灵感的荧光分子传感器，已被美国公司成功开发成商品，并投入生物医药领域应用。

（任荃，《文汇报》2009 年 3 月 30 日）

让大众领略和吸收科学精神

科学精神的基本内容包括：大胆质疑，谨慎求证，独立判断，尊重事实，服从真理，谦虚坦诚，等等。在新时期的精神诉求下，科学人文类作品应该承担起重任，培养人们的科学精神，激发自由思想，鼓励人们去创新、创造，去发现。

科学知识、科学事实不等于科学精神。长期以来，我们注重科学知识的传授，却忽略了科学精神的传授与培养——其实后者是人们正确运用已有知识进而发现新知识的源泉，而前者恰恰是后者的载体。三年来，上海文艺出版总社推出的科学人文杂志《新发现》以多视角的、符合科学规范的方式解说科学知识，潜移默化地让读者领略和吸收科学精神，这是它超越传统科普的特点及价值所在。

借艺术反衬科学，对认知提出挑战

第一次看到《新发现》，惊喜于它的精美图片。每一期杂志都带给读者许多精美新奇、具有视觉冲击力的科学照片，无论生物的还是化学的、地理的还是天文的，均给人开阔眼界的享受。这与我们通常所见的科普著作中那些简陋的图示有很大反差。

当阅读其中的文字时，则发现它不同于其他科普读物的艰涩难懂，几乎可以无障碍地和不同领域的专家作远程交流，令人不由赞赏编者高水准的科学素养和驾驭语言的能力。尤其这里体现着前沿知识性。它摒弃了通常科普著作常出现的以扫盲为目的的经典概念介绍，以及过时或死板的静态描述，内容的重心放在介绍国际著名科学期刊上刚发表的最新知识与概念，让人感受到科学前进的脉搏，有速度感、现场感，更对人们的认知具有挑战性。

艺术性的排版及图片运用，与严谨而简明的科学语言形成了强烈对比，我以为，这能让人们拥有对科学的基本理解与体验。艺术体验基于个人感受，而科学则强调客观。要让大众理解科学，不妨借艺术表达方式来衬托或反衬，以更好更快地达到效果。而优秀的科学作品，还需通过许许多多耐心讲述的故事，使人们熟悉科学创造的基本步骤，明白这是一项独特的工作：从业者既要敢于像巫师那样大胆推测、幻想设想，又要像工匠那样小心推敲求证，缺其一就不可能成就科学与科学家。

呈现事物不同面，激发质疑与审慎

自然是人类迄今无法超越的伟大著作，揭开自然之谜的不懈努力，源于人类对这部宏伟巨著的好奇。正是这一内在的动力，促进了科学发现和科技进步。《新发现》深谙其中道理，更试图通过呈现事物的不同面，激发人们对事物的质疑与审慎。他们的做法常常是集中于某一领域或课题，针对同一个科学概念，从不同角度甚至多角度做分析报道，中立地描述不同的或者对立的论点，客观审慎地报道新科学事实及新规律发现，启迪人的智慧，使人的思想水平得到升华。

如果说科学技术是第一生产力，那么质疑则是科学进步的第一生产力。为什么要质疑？因为一切事实、真理、规律都有其适用或存在的边界条件，在日常生活中许多边界条件是隐含的，或者由于习惯性思维被视而不见或被忽略掉了。比如地球上的人们只能看到月亮的正面，而难以见到月球背面，原因在于特殊的公转；又如冷胀热缩的水之体积变化，在这种不同于一般热胀冷缩现象的背后，起关键作用的角色是氢键。而科学精神，恰恰能提醒人们在正反事例的冲突中，发现传统的或惯性的或僵化的思维的不足，进而更谨慎客观地看待事物、探索规律。

只有不断了解许多正在进行中的挑战现有传统概念的科学研究，人们才能切实感受到科学精神的基本内容：大胆质疑，谨慎求证，独立判断，尊重事实，服从真理，谦虚坦诚，等等。《新发现》上的诸多文章着重介绍科学研究的最新进展和成果，环环相扣并层层推进，提醒着人们去审视容易忽略、却是最可宝贵的科学精神。

科学精神，使思想深刻、认识深化

通过对"科学精神"这四个字的反复理解，通过比较与反差，能使思想深刻、认识深化；更能认识到科学的发展不仅包括渐变，而且包括突变。科学精神，在解决学生学习兴趣不足方面同样有重要作用。我们常常痴迷于闭门苦读去贮存具体知识，而忽略了思想交流——围绕概念的讨论与争辩，而这个环节的不可替代性已经被无数科学事实证明，其存在比老师的存在还要重要，唯有它能激发起真正的学习动力与对专业的兴趣。科学精神注重理解并运用新事物新规律的能力，自由的思想与不同的观点交锋正是其重要切入点，而僵化的思想，只会告诉人们依葫芦画瓢，进而发展成依瓢画瓢，而后拷贝走样，最终发展到"四不像"。

我们需要能独立解决问题的人、尊重事实寻找规律的人，能在同中求异、在异中找规律的人。在这些新时期的精神诉求下，科学人文类作品应该承担起重任，培养人们的科学精神，激发自由思想，鼓励人们去创新、创造，去发现。

尽管今日科学已成为强势文化，但科学研究却依然是艰苦并幸福的历险，常常要面对目瞪口呆的事实与幻想的破灭，需要以最坚韧和质朴的心去等待奇迹，所以，如果说《新发现》有何可改进之处，那就是应进一步体现人文精神与人文关怀，适当关切科学工作者特别是本土科学家的喜怒哀乐。

（钱旭红，《文汇报》2009 年 4 月 7 日）

制约校企合作的四个瓶颈

近年来，随着科教兴国和人才强国战略的提出、《国家中长期科学和技术发展规划纲要》的颁布、“985 工程”和“211 工程”的实施，大学的科技创新能力得到明显提升。但是，面对当前世界经济社会科技发展的新趋势，今天的大学如何更加自觉地站在自主创新的前沿，真正当好自主创新的生力军？就这一问题记者日前在南京举办的第四届中外大学校长论坛上采访了国内外知名大学的校长。

……

早在 20 世纪 90 年代初，教育部、中科院和原国家经贸委就启动实施了“产学研联合开发工程”，这是政府推动产学研结合的最早尝试。二十多年过去了，产学研结合极大地促进了我国高校科技成果的转化与应用。仅以 2008 年为例，全国高校共签订技术转让合同 8 408 项，当年实际收入 19.8 亿元。

“产学研结合确实益处多多，但实践起来却又困难重重，效率和效益不够高。”在采访中，记者发现这成了当前很多大学校长备感头疼的难题。

作为全国 6 所首批建设国家技术转移中心高校之一的华东理工大学的校长钱旭红坦言，现阶段产学研合作中还存在着一些制约其发展的瓶颈：一是来自高校和研究院所的科技成果，受人力、物力、财力和场所的限制，大多没有经过中间放大实验，技术有待进一步孵化成熟；二是现有的技术储备中，单元技术、阶段性成果多，行业共性的关键成套技术相对较少,部分科技成果与市场需求脱节,技术指标与经济指标脱节;三是大学教授擅长过程研究,缺乏工程设计经验,工程研究的滞后甚至缺失势必在后续的工程设计施工中留下许多漏洞和隐患,这种现象在过程工业中尤其明显,花费巨资建设的生产装置,常常因材料和装备的不适当选择而无法运转,增加了社会资本投入制造业的风险,困扰了校企间技术转移的有效实施;四是知识产权保护成本过高,技术转移的主体和受体之间存在诚信危机;五是整个社会对工程研究经费投入不足。

哈尔滨工业大学校长王树国在韩国出席学术会议期间,抽空走访了韩国三所著名的理工科大学,惊讶地发现这三所大学都有一个非常现代的半导体工程中心。原来韩国政府希望在半导体的国际市场上占据领先地位,便出资在这三所高校各建了一个中心,研发费用则来自韩国国内大企业。

“这与我们用产学研结合的方式进行自主创新的路数看起来很相似,但是又完全不同。”王树国说,国内很多地方在搞产学研结合时缺乏深谋远虑:学校把企业的一个项目做了,企业暂时解决了自己发展中遇到的问题,双方也就是一锤子买卖,无论是对企业产业的影响,还是学校在该领域中的积累,都上升不到更高的层次。产学研结合需要一个有效载体,把利益捆绑在一起,非常明确地体现国家意志。大连理工大学校长欧进萍表示,产学研结合模式不能总是停留在最初的技术成果转化,包括为企业解决技术难题的层面。随着经济社会的发展,现在需要解决企业长期可持续发展问题。“这方面我觉得中国的大学应该面向我们本土企业积极合作,和他们共建研发机构,同时又吸引我们高层次人才在这些研发机构中发挥作用,支撑企业的可持续创新。如果我们自己的本土企业没有可持续创新实体,只靠大学技术转移,解决技术难题,不可能获得更高更远的发展。”

(杨忠阳,《经济日报》2010 年 5 月 26 日,节选)

原始创新需要合适的土壤

近年来，我国在跟踪、模仿创新方面已有重要进展，但代表核心竞争力的原始创新还乏善可陈。其主要原因，是我们还缺乏支持原始创新的土壤、环境和条件。甚至许多人连跟踪创新与原始创新都分不清，上上下下常常表现出不应有的自我陶醉。

以下具体列出 9 方面的创新障碍和化解之道：

1. 创新需要完整继承、发扬优秀的中华文明与西方文明，其核心在于"完整"，不能断章取义。

2. 创新需要从知识传授进化到思维传授、精神传授。但现在连尽职的知识传授都未做到，谈何思维传授、精神传授？即使某些方面的知识传授做得不错，却并没有认识到：知识传授仅仅是工具。

3. 创新需要人文与科学在精神层次上的交融，而不仅仅是人文知识与科学知识的堆积。要十分注重科学中的人文、人文中的科学。人文精神的首义是关爱，基础是主观的感受与理解；科学精神的首义是质疑，基础是客观的事实与规律。

4. 创新需要真正的思想(思维力与想象力)，而不是墨守成规的认识统一。《西游记》与《阿凡达》，前者是几百年前古人的贡献，影响至今，后者是今日令人惊叹的科幻篇章。大胆想象与严谨求证的结合是原始创新的起源，大胆想象是前提，严谨求证是途径，原始创新则是结果。

5. 创新需要真正的革命性的原理创新。强调原理，无形者，可形无尽。要尊重技术与工程对原理的回馈哺育。理念引导与问题引导所导致的创新途径与结果是不同的：基于原理及基础理念创新所导致的应用，必将是原创的技术突破；基于实际问题解决，可能是原创的技术突破，也可能是跟踪性质的技术创新。

6. 需要观点的创新。科学创新，来自思维的创新，思维的创新来自观点的创新，要容纳不同的观点。纳米与宏观、经典牛顿力学与现代量子力学、分子化学与超分子化学等均是典型的例子。

7. 需要大学的创新文化。校园的创新文化来自师生的独立精神。建立在“教授自治”基础上的学术独立，建立在“学生自治”基础上的法制、民主实践，是培养独立精神的根本基石。消除大话、套话横行的求同思维，打击剽窃、造假以及对智慧产权的不尊重。用魔术兴趣、乐趣引导孩子学好数理化，用挑战和使命感激发大学生的创造力。

8. 学术无疆界、应用有规则，如转基因、生命克隆。对纯学术研究要给予最大的包容、最大的自由与最大的保障，鼓励挑战传统、挑战权威；要给予勤奋求真者最大的包容、最大的自由与最大的保障；给弄虚作假者最小的容忍。

9. 原始创新需要合适的土壤、环境和条件。目前仍然缺乏支持原始创新的文化及社会基础，缺乏支持原始创新的制度、机制保证；缺乏独立的观点、思维与精神，缺乏独立的语言、想象与人格。现状是诚信普遍缺乏，虚假公然横行。当造假低成本高效益时，求真就是高成本低效益。浮躁功利的心态必然冲击原始创新所需要的宁静环境，因为忙者无智。

（钱旭红，《文汇报》2011 年 1 年 14 日）

“头奖大户”：华理有啥成功秘笈

——牵头一等奖项目占七分之一，科研成果转化率高出平均水平两三倍

2010 年度上海市科学技术奖昨天颁奖，有人惊讶地发现：在一等奖榜单的 49 个项目中，以“华东理工大学”为第一完成单位的竟有 7 个，占全市七分之一。不少同行笑称，今年华东理工是“黑马”。

其实，华理历年来获国家和市级奖不曾间断，科研成果转化率高达 55%，比国内高校 16%的平均水平高出两三倍。播下去的种子一半以上都开了花、结了果，此番集中收获大奖也非偶然。那么，这个“头奖大户”的成功秘笈是什么？

“学科链”就是“转化链”

各大院校历来是上海科技奖专业户，由高校牵头完成的获奖项目往往最多。不过，今年高校牵头奖项只占全市的 33.7%，企业牵头奖项则占 42.1%，这是高校得奖比重第一次低于企业。不可否认，高校科研立项数多于企业，但科研成果转化为现实生产力的成功率却仍处于较低水平。在考量项目经济和社会效益的评奖标尺下，未能转化或转化不佳的科研项目自然无法摘金夺银。

大幅提高成果转化率还得追根探源。学科是大学的细胞，学科专业结构是大学的基本结构。当下，国内大学依然习惯于按照既有学科格局

来组织科研活动，而不善于从面向经济社会需求、解决实际问题的角度，来组织整合学科、优化科研布局。

对此，华东理工大学校长钱旭红自信地说，华理不少学科都是链式发展，一条“学科链”就是一条“产业链”、“转化链”。譬如，华东理工的优势学科是化工，这次获一等奖的项目大多与之相关。不过，华理的化工学科不是单科发展，而是向上游、下游延伸出一条相关链条——向上，有更重基础研究的化学学科；向下，则有大量化工相关学科，如材料、机械、环境等学科。

在这样一条“学科链”上，科研项目也可顺水推舟、滚动转化。以新药创制为例，前段属于化学学科的药物化学，中段属于化工学科的制药，后段还有几门学科作为支撑，甚至连原料管道、压力容器等药物生产设备的研发，都有学科与之对应。

钱旭红认为，学科的原始划分具有局限性，学校反对学科“纯洁化”，强制学科“交叉化”，不停分解或综合为新学科。比如不仅要有化学、物理学科，还要有物理化学、化学物理学科，因为这些链条之间的交叉点往往是成果转化的薄弱环节，也是自主创新的突破口。

学做更高端的“绿林好汉”

企业有生产难题，找大学教授解决。这种思路和做法至今流行。可以说，这是以应用为导向、产学研结合的原始动因。不少大学都在与企业合作，就每个具体项目或生产环节，进行技术攻关。

然而，华东理工大学的教授们不只是如此简单的“绿林好汉”。他们有时也从问题出发，为企业拔刀相助；而有时，他们会从理念出发，跳出问题，抬高眼界，取得更高层面的科技进步。

不少企业都希望化工原料能够低毒甚至无毒，同时减少挥发。因此，攻关重点往往是化工原料本身。可田恒水教授获得的一等奖项目则与众不同。科研人员在化工原料生产过程中，引入了企业人员不敢想的反应物：二氧化碳，利用特殊的技术方法，让稳定的二氧化碳变得活跃，合成出绿色化学品——碳酸二甲酯。这样一来，边生产边消耗二氧化碳，不仅彻底替代了剧毒的光气，还同时减排了温室气体。仅现有的12家应用企业，每年就可减排二氧化碳约220万吨，减排废水千万吨。这个项目也由此跳出了化工原料的小范畴，成为"二氧化碳减排与资源化绿色利用关键技术开发及应用"项目。

在这些摘得头奖的第一完成人看来，从问题出发解决问题固然重要，而从理念出发解决问题，往往需要发现一种全新的方法，这种方法也具有更大的革命性和普遍性，由此形成的产学研项目才能体现出大学的原始创新能力。

记者为华东理工7个一等奖项目算了笔账。它们最近两三年来，为企业新增产值少则2亿多元，多则20多亿元，总体达到60多亿元，平均每项带来直接效益8.7亿元。可以说，其中带有理念创新的奖项含金量更高，成为一等奖的评选热门。

技术转移不妨多跨前一步

酒香不怕巷子深？大学庭院深深，不可孤芳自赏。等企业、靠立项、要经费，都不是大学服务经济社会、促进成果转化的办法。

作为全国首批6家"国家技术转移中心"之一，华东理工大学每年开办科研成果宣讲会、推介会100场以上，并在一两千项成果的基础上，精选出200条左右成果，汇编成册，供企业"选秀"。同时，学校也会选择有消化和吸收能力的企业进行成果转化，确保较高的成功率。

事实上，技术转移并不是把成果"卖"出去，而是要把成果真正转化到现实中去。不少大企业常常愿意和大学搞联合攻关，推出新品、占领市场；可毕竟有一些研发能力较弱的企业，尽管非常看好某些科研成果，却还是力不从心，缺乏"试错"资本，只好放弃接手。

为此，大学需要再主动前移一步，帮企业再多做点事情。华东理工大学国家技术转移中心的架构内，设有企业编制的华理工程设计研究院有限公司，对从实验室走出来的科研成果，再进一步进行工程化设计和研究。同时，中心还拥有一个大型模型中心，上千平方米面积内，容得下较大的工业装置，让这些科研成果在校内便能进入某种"实战"状态。此外，中心还配有一些分析测试、安全评价、环境评价、超级计算等机构和设施，把成果转化之路尽可能铺平，避免中间有断层。

这看似多走的"一步棋"，往往是大学与地方、与企业供需对接的关键一步。华理国家技术转移中心副主任张武平介绍，此次获得市科技进步一等奖的"西部盐湖钾镁资源高效利用关键工程技术与装备"项目，历时整整10年，从小试、中试到工业应用提供一条龙服务，再加上环境安全评价等配套服务，才得以在青藏高原的察尔汗盐湖成功落地，直接推动了西部地区钾肥等资源的开发利用。

（徐瑞哲，《解放日报》2011年4月28日）

科研最高境界在获得自由

——访华东理工大学钱旭红教授

49 岁的华东理工大学校长钱旭红教授得知自己被新增为中国工程院院士时，正在会议室里听学生交流课题。对于当选院士，他很感慨："其实我的学术水平不会因为评上院士而提高，只是我也许可以进入相对自由的阶段。就像我刚刚接到一位英国院士发来的邮件，他的第一句话就是'祝贺你以后可以不受限制地从事你的研究工作了'，这也是我的心声。"钱旭红教授说："有人批评某些院士或学者，总说'这人除了自己的专业不懂，其他什么都懂'，我非常不愿意成为那样的人。有时间的话，我更愿意和学生、同事在一起。"

"人生需要不断变化"

钱旭红是土生土长的华东理工大学博士。本科时学的是基本有机化工；硕士和博士期间学的是精细有机化工，从事染料研究。后到美国和德国从事博士后研究，领域是生物活性的芳香杂环和氟化物研究，回国后又开拓了新的研究方向——绿色农药。

研究之路就是不断地更换方向，对此，钱旭红有自己的看法："很多年轻人一换方向就害怕。其实知识都有新陈代谢，只有蕴含在知识中的思维才有长远生命力，才能给予追求真理的自由。经常熟悉不同的思维模式，会使内心和大脑变得强大。我们常给思维维度和疆域作了无形限制而不自知。为了激发学生思维的多样性，我常要求他们从分子化学、元素化学等不同角度回答问题；或从牛顿力学、量子力学角度出发，考虑如何解决问题。其实人生遇到的任何问题，都有许多种解决方法，人生就该有很多种可能。"

曾为追求学术乐趣辞去副校长

16 岁考入华东理工大学的钱旭红，34 岁时已成长为华理副校长。但副校长干了才 4 年，钱旭红却辞职到大连理工大学当一名普通教授。钱旭红说："每个选择都只有一个目标，我不能离开喜爱的科研。"当年，在担任几年行政职务后，钱旭红发现自己学术上的积淀差不多被消耗光了，"在科研中无法分清哪些是前沿的，甚至分不清东南西北。我很担心自己会被科研彻底甩在身后。"2000 年，38 岁的钱旭红选择辞职，去大连理工担任教职。"我所在的研究领域，国内有 3 所高校比较接近，华东理工大学、大连理工大学和天津大学。当时作为在职副校长，我不合适申请本校的长江学者，否则也不公平。"钱旭红在大连理工大学担任了长江学者特聘教授，每天做课题，并给研究生上课。2004 年夏，钱旭红被任命为华东理工大学校长，成为中国最年轻的大学校长之一。

希望超越自我，更多地支持年轻人

"从博士到助教，再到副教授、教授，不仅是各种头衔和待遇在改变，更重要的是自由程度在增加。希望我能自由探索新的理论方法和技术，可以超越自我，更多地支持年轻人。"身为国家自然科学基金会咨询委员，钱旭红希望能为年轻的科研人员提供更好的条件。"近年来，中国教育和科研领域的投入增长速度很快，但效率很低。很大程度上只有规模扩大，没有结构调整——在眼下这个人情社会，结构调整很容易得罪人。希望未来会有越来越多的变化。"

（姜澎，《文汇报》2012 年 4 月 6 日）

我们的家园

钱旭红院士的校长言谈和新闻选录

第三篇

办学思想

教育离不开知识，却不能只传授知识。从根本上讲，教育是关乎人的精神世界的事业，人文精神和科学精神的塑造是教育之本。对研究型大学而言，精神的塑造尤其重要：发扬光大大学精神是提高教育质量、培养创新人才的治本之策，是不可推卸的社会责任。大学精神有着变化与不变的内涵，是共性与个性的统一。当前，特别要强调充分尊重教育对象，贯彻落实启发式教学原则，让教师在高水平研究与高质量教学的良性循环中，发扬光大大学精神；让学生在自主选择的过程中，通往学习自由与创新创业之路。

華理大校

充分尊重教育对象　发扬光大大学精神

——大学精神的塑造与研究型大学本科教学改革初探

从"学校定位"与"办学思想"的角度分析，研究型大学如何提高教育教学质量，以培养出符合时代要求的创新人才，是我们时常思考的问题。不同的学校可以有不同的探索，但其中至关重要的一点，就是正确处理知识传递与精神塑造的关系。对此，近年来，我们在实践中进行了大胆的探索，初步形成一些共识。这就是，本科教育必须充分尊重教育对象，在注重传授具体知识的同时，更要强调大学精神（包括科学精神、人文精神等方面）的塑造。

一、发扬光大大学精神是研究型大学的社会责任

教育离不开知识，却不能只传授知识。从根本上讲，教育是关乎人的精神世界的事业，人文精神和科学精神的塑造是教育之本。知识的积累有助于素质的养成，素质的外显展示人的精神，因此，知识只是精神的载体，精神才是教育的出发点和最终归宿。在本科教育过程中，坚持知识传递与精神塑造并重、以精神塑造为主的培养目标，乃是研究型大学不可推卸的社会责任。

只有正确处理知识传递与精神塑造的相互关系，研究型大学才能提高教育教学质量，不辱神圣的使命。这是因为，没有大学精神的支撑，只有某些零散的知识，教师就缺乏创造力，培养出来的学生也很难在创造

力方面得到基本的训练，难于承担创新、创业的重任，这与研究型大学的地位是不协调的。为了改变这种不协调的状况，当务之急，就是强化大学精神的塑造。

当前，高等教育质量成为全社会共同关注的核心问题，而大学精神的缺乏，严重制约着教育质量的提升，大学毕业生就业率低、创业力弱，进一步加剧了人们对教育质量的疑虑。2004 年 9 月初，全国普通高校应届毕业生平均就业率为 73%，2004 年底，就业率达到 84%。但从总体上看，全国范围内大学生就业难已成为不争的事实。这既有社会的因素，也有大学的问题。多数毕业生成了就业机会的单纯消耗者，而不是就业机会的积极创造者。其根本原因是我们本科教育的质量还跟不上社会、经济快速变化发展的现实，我们的教师尚未能真正传授给学生善于创新、独步天下的本领。强化大学精神，是本科教育改革必须突破的瓶颈之一。

二、 大学精神的共性与个性

“精神”一词抽象却富有魅力，大学的魅力正在于大学的精神。如何界定“大学精神”？大学精神的内涵是什么？这是研究型大学教育改革过程中不可回避而必须首先回答的问题。在林林总总的大学中，几乎每一所大学都能非常明确地告诉你，它具有什么样的办学理念、特色和成绩，但只有一部分大学有自己独特的“精神”。这种大学精神是难以言说的，但又是具体可触的。它能将具有不同思想、文化、专业背景的知识分子凝聚在一个目标下，在大学遭遇艰难曲折时升华为一种顽强的亲和力和奋斗力。在这样的大学受过教育的人，会长久地怀念它。这就意味着，大学精神本身蕴含着丰富的内涵。

一般而言，以下两个方面是大学精神必不可少的内涵：第一，探究高深学问(advanced knowledge)的学术精神。大学是研究高深学问的地方。关于高等教育存在的理由的种种诠释，都没有也无法否定大学的根本目的是为了探索和应用高深学问。自 19 世纪洪堡创建柏林大学以来，学术进入大学殿堂，科研在大学生活中占据着越来越重要的地位，崇高的学术声望已成为知名大学的“通行证”。大学之高深、大学之广博、大学的发展，都是因为大学具有探究学术的精神。像“大学者非谓有大楼之谓也，有大师之谓也”、“与柏拉图为友，与亚里士多德为友，更重要的是，与真理为友”，以及诸如此类的说法，都是大学学术精神的写照。第二，社会的良心(social conscience)。大学是社会的良心[1]。大学是社会道德与理性的凝聚之所，具有高雅的文化品位和卓尔不群的气质，能够出淤泥而不染，并对教育理想孜孜以求。大学不仅对社会产生潜移默化的影响，更能以积极的姿态投入到服务社会、改造社会的潮流之中。

笔者认为，在不同的国家(地区)、不同的时代、不同的学校，大学精神还有一些独特的内涵；在不同的学科、不同的专业、不同的教学环节，大学精神也有不同的具体表现。大学人士常常追求的科学精神、人文精神、民主精神、自由精神等等，都是大学精神的具体表现。对此，结合近年来的探索，对大学精神，还可进行以下诠释。

1. 大学精神意味着“大学之道”。许多学校都很重视“大学之道”的承传。以华东理工大学为例，该校在显要位置铭刻着《大学》中体现中国大学精神的这一千年古训——大学之道，在明明德，在亲民，在止于至善。半个多世纪以来，大学之道在该校薪火相传。该校培养的一些优秀人才，如今在社会的各个领域承传着大学精神，正为国家和社会做出重要贡献。今天，重新提出并落实大学精神的塑造，将体现研究型大学独自的办学理念和独特的定位策略，其中长期发展目标是建设国际知名、特色鲜明、多学科高水平的研究型大学。

2. 大学精神要求人才规格上“君子不器”。只有那种具有独特精神的，有丰富且自成体系的知识的人，做到“君子不器”的人，才算得上是未来社会需要的创新型人才。在这方面，不少研究型大学有长期相关人才的培养经验和积累，其本科教育的培养目标，应该是培养“厚基础、强实践、具有创新精神的人才和社会精英”。如果教育不传授精神，培养出来的学生只会成为工具，这与“君子不器”相去甚远，本科教育的培养目标就很难实现。知识传授是精神塑造的载体，精神塑造是知识传授的核心。没有知识的传授，就谈不上精神的传授；有了人文知识与科学知识，却不一定表明就拥有了人文精神和科学精神。综合多学科的知识，才能内化为个体身心两方面的素质结构，素质结构释放其潜在的功能，精神才得以彰显，大学教育的目标才得以实现。

3. 大学精神强调“要成家，先成人”。从教育目的上看，做人与做事的矛盾，是教育学至今未能很好解决的理论难题，也是大学精神的追求者无法回避的大问题。根据我们对大学精神的理解，研究型大学本科教育必须强调：要成“家”，先成“人”。知识会随着时代的变迁而更新和老化，然而其所蕴含的先哲们的伟大精神和深邃智慧，今日仍然光彩照人，指导着我们的行为实践。教师应该引导学生，使学生通过在精神上与先哲们的对话，通过学富五车而成为自己精神世界的主人，成为懂“物理”、辨“事理”、明“人理”的社会精英。

三、 承传大学精神必须尊重教育对象

学生是承传大学精神的主体。为承传大学精神，就必须充分尊重教育对象，以行动证明一切为了学生。尤其是要尊重学生在受教育过程中的选择权，为学生的大学生涯提供多种选择的机会。

当前，学生主体地位日益凸显，教育对象的权益意识正在增强，社会强烈要求大学教育培养具有创造素质和创新能力的人才，强烈要求“潜心树魂，构建研究型、人性化的本科教育体系”。所谓人性化，就是要尊重学生的个体差异性，并因势利导，塑造知识、能力和美德协调发展的社会英才，达成高深知识、综合能力、高尚人格“三位一体”的课程目标。[2]

教育对象不同于工业产品，其显著差别就是个体差异性。如果对具有个体差异性的学生群体，采用统一的教学模式，采取格式化教育，这对教师和学生而言都可能是无尽的悲哀。差异性既是挑战，又是机会。个体特征可能是优点，也可能是缺点，其能否发扬光大或修正缺点决定于教师的耐心和爱心，取决于学生的追求和自我定位。为了充分尊重教育对象，就必须讲究师生互动，发挥学生学习的主动性，并为学生提供更大

的选择机会，在课程、专业、表达意愿等方面，都应该为学生提供更多的选择，在教育方法上强调教与学的结合，而不能简单地用“因材施教”去表达。

尊重教育对象，还必须提升课程综合化程度。在课程设置上，必须致力于实现自然科学和人文艺术的结合，科学与技术的结合，理论与实际的结合，技术与管理的结合，知识、能力与伦理的结合，并将创新思想融入课堂。目前，我们的课程体系还远远谈不上先进，在一个专业方向上，课程的综合化程度较低，学生常常只见树木而不见森林，导致学生解决问题的能力不足；在教学模块中，对人文和社会科学的教育不足（或者教学内容陈旧），导致毕业生在后期的领先能力（leadership）不足。[3] 因此，加大课程体系改造的力度，在一定时期内更多地引进国外优秀教材，是增加学生选择机会的现实策略。

四、 尊重教育对象必然要遵循启发式教学原则

为了精神的塑造，学校需要一批“既能提供优质的课程和服务，又能成为高水平教育研究专家”的教师和管理人员；需要认真贯彻启发式教学原则，推进研究与教学的融合，大胆进行教学方式的创新和改革。

其实，大学精神的传承，丝毫离不开启发式教学原则的贯彻。启发式教学应该是任何层次的教育都应该坚持的。大学启发式教育的落脚点应该是以创新型人才培养为目的的探究式、研究型的自主学习模式。高校工作要以教育对象为中心，这就要求我们在教学中要为学生着想，对学生负责，创造一种探究式、研究型的自主学习模式。研究型大学应当把重点放在建构研究型的教学体系之上。

这种教学体系的建构，包括课程内容、教授方法、学习方式等多方面的内容。在课程内容上，应以高水平的科学研究成果来支撑。启发式教育不一定完全排斥课堂讲授，只要教师讲授的内容是以高水平的科研成果来支撑的，这种研究创新的思路肯定能够吸引学生，引起研究兴趣，有利于研究型、创新型人才的培养。这也是启发式教学。在教授方法上，

必须以研究型、探究式的理念来贯彻各种教学方法。在学习方式上，则应创建以鼓励创新能力、创新意识为目的的学生自主学习机制。

具体而言，在我们的研究视野和教改行动中，研究型大学贯彻启发式教学原则包括以下主要内涵：

首先，有一流的研究，才有一流的教学。贯彻启发式教学原则，就是为了推进研究与教学的融合，将研究的优势延伸到教学，并促进教学、反哺教学，要让获得社会公认的研究成果在教育思想、教材编写、教学实践和方法手段中得到充分体现。教师要把教学作为科学研究来同等对待。这种对待不是对现状的认可，而是反思和超越。教师在开展教学实践的同时，还要开展同等水平的教学研究和教育研究，并将研究成果运用于实际教学活动及相关探索。学校应在观念、政策、队伍、教材建设方面促进科研和教学的一体化，通过政策杠杆推进教学，让教师明确，研究水平与能力是胜任大学本科教学所必不可少的。

其次，必须重视学生能力的培养。随着我国大学素质教育的发展，重视学生能力培养的问题，也已经成为全国上下关注的焦点。目前这方面有所探索，但还很不够。对系统知识较为重视，对实验环节、动手能力、解决实际问题的能力重视不够。要在抓精品课程和名师工程建设的同时，强化实验实践教学，辅之以信息化技术，实现跨越式发展。

第三，贯彻启发式教学原则，应重点进行并实现课堂教育方法改革。提倡以社会或自然的热点问题及案例进行启发教学和思维方式的训练，从知识的传授逐步过渡到方法的传授和精神的塑造，把教书育人的理念贯穿到课堂教学的全过程之中。

第四，贯彻启发式教学原则，还要让学生充分掌握学习的主动权。应建立更加灵活的学分制，推行弹性学制；改革课程设置，建立三级课程平台，通过课程建设保证教学质量的提高，以激发学生的学习主动性；推行按大类招生，给学生以更大的选择专业的自主权。

第五，贯彻启发式教学原则，人是关键的因素。目前，有两个问题需引起特别的重视：一是一讲到投入，大家往往首先想到的就是硬件的投入，却忽视了精神的投入；二是投下去了有没有见到效益的问题。讲投入，人比经费更重要。只有当人的积极性得到充分调动，只有当有能力、有忧患意识的人得到大胆使用时，教学经费的投入才能产生最大的效益。在人的因素中，教师是关键。要对全校的教学资源进行整合重组，避免画地为牢、重复购置现象的发生，就需要教师的支持与配合；把善于创新、独步天下的本领真正传授给学生，让其成为就业机会的创造者，也需要教师的全情投入；学生毕业实习碰到了诸多问题，如何改变现有实习模式以适应社会的需求，更需要教师动足脑筋，下足功夫。可以说，启发式教学原则的贯彻，丝毫离不开教师积极性的发挥。

参考文献：

[1] 布鲁贝克. 高等教育哲学[M]. 郑继伟等，译. 杭州：浙江教育出版社，1987.

[2] 何仁龙等. 基础性、实践性、国际性——转型期课程目标的发展倾向及其启示[J]. 清华大学教育研究，2003(01)：101.

[3] 涂善东. 经济全球化下的高等工程教育——从国际化公司的吁求看高等工程教育的改革[J]. 教育发展研究，2005(01)：84.

（钱旭红等，《中国高教研究》2006 年第 4 期）

大学之道：求学问是，树人铸魂，引领未来

——反思大学的服务职能

——钱旭红校长在第三届中外大学校长论坛上的讲话

作为独特的社会组织，作为社会分工的产物，大学必须为社会服务。但通过什么方式、通过培养什么样的人才能为社会服务，却是一个很有争议的重大理论问题。当前，中高级技术工人严重匮乏、社会急需职业技术人才，国家大力发展职业技术教育很有必要，大学拥有相对优越的教育资源，可以有所贡献。然而，大学毕竟不是职业技术养成所，大学应全力以赴的，是通过培养创新型人才来服务社会。正如邓小平同志曾经思考的："大学究竟起什么作用？培养什么人？有些大学只是中等技术学校水平，何必办成大学？"（《邓小平文选》第二卷第33—34页）以"大学创新与服务"为主题的第三届中外大学校长论坛，反响强烈，正是国家和社会深切关注这一问题的重要体现。在一些大学职业化倾向不断凸显的今日，从社会分工与大学性质的角度，重新审视这样的问题，抓住机遇，创造机遇，革新我们的大学，实乃当务之急。

一、大学不是技工学校

在社会各种组织、各种机构、各种产业中，准确的定位与分工，是获得快速发展的根基。如果分工模糊或分工不当，势必效率低下。据此分析，大学的现状不容乐观。

单从管理层面看，对大学职能的认识就没有到位。一句口头禅是“齐抓共管”，事实上却是眉毛胡子一把抓，抓得大学无所不包，什么都办，却忘记了大学的职能也有主次之分、轻重之别。如果不以培育创新人才为根基和灵魂，大学与工厂、商店、科研机构、机关还有什么区别？多年前，大学办公司的热潮，就已模糊了大学与公司的合理分工，导致大学越位竞争，校办企业垮了，大学的分内职能却日益弱化。这方面，国外大学有经验可寻。美国的硅谷很有名，常人只看到硅谷依托大学的一面，以为是大学在办硅谷。其实不然。在先后两次的大学校长论坛上，斯坦福大学校长都告诉我们，硅谷是大学教师们自己干出来的，大学是不管硅谷的。试想，学校成为企业，企业干什么？

再从学校本身来看，我国大学内部分工已经很不合理，政府化、社会化倾向严重，影响了办学质量和效益。教授、助教、秘书比例失调，教师、职员比例失衡，结果，教授经常干着秘书的活。人员分工的消失使得大学效率低下；定位不准、分工不明的流弊，更是积重难返。一些大学就像技工学校，只热衷于所谓的热门专业，先后举办过公关班、文秘班、财会班、电脑班、冰箱班、空调班、汽车班、夜大班、电大班、自考助读班等，还有包括研究生学历教育在内的五花八门的函授班。这些看似应有尽有的“花色品种”，其实只会加剧而无助于医治大学的沉疴，大学的出路，不能简单化为头疼医头、脚疼医脚，而须开拓治本之策。大学以育人为核心，技校以培训为己任，两者的分工本来相当明确。如果大学成为技校，那技校干什么？如此下去，大学什么都干，就是不育人；大学里什么都有，就是缺少应该有的！

大学是社会分工的产物，是“高深知识”(advanced knowledge，又译高深学问或真理)积累的产物。农民与农具打交道，工人与机器打交道，士兵与武器打交道，与此相似，社会让大学与高深知识打交道。大学是知识密集型组织，大学师生的主要活动围绕高深知识而展开，图书馆、课堂、演讲、提供直接的社会服务等，大学的工作对象都是高深知识。大学展开的一些基本活动，如保存知识、传授知识、创造知识、培养人才、应用知识、社会批判与监督等，都是围绕高深知识而展开的。大学必须站在知识的前沿，必须能够理解、把握和引导最为先进的知识的进程，这是大学发挥好一切功能的基础和前提。否则，大学的追求就没有依据，就会落空，大学就有成为技工学校的危险。

事实上，高深学问是大学产生和发展的逻辑起点，是大学人才培养活动的核心要素，也是大学教育的重要出发点和归宿之一。学生进来求学，必有一定的宗旨，学生必须明白，“大学者，研究高深学问者也”(蔡元培)。这种理念，在很多教育家的理论与实践中都有体现。公元前 362 年柏拉图创办的“学园”，就强调高深知识的传授与探究，强调使人的心灵从感性世界转向精神世界。当然，人们也有过长期而激烈的争论，主流的意见是：大学就是探索和传播高深学问的机构，大学的职能是培养具有高深知识的专业人才，而不是培养职业人才。培养职业人才的任务也很重要，但严格地说那不是大学的职能，而是职业院校和社会培训机构的任务。职业院校更多地是面对目前、面对现在，而大学面对的是未来。这样的认识和价值取向，曾经是许多教育家和大学改革者执着追求的大学理想，也是当代大学应对社会竞争、满足社会创新之需的现实选择。

近代以来，德国的洪堡是较早阐述和实践这种大学理念的教育家，他要求把大学办成高等学术机构，促进教学和研究的统一。那时，一些单科学校培养出一批能解决实际问题的职业技术人才，受到社会的欢迎。这种情况给大学的宁静带来很大的冲击，不少有影响的意见都要求改大学为单科性高教机构。对此，洪堡坚持认为，大学不是高级中学，也不是专科学校，支配大学的原则有两条：一是自由，二是宁静。自由才能创新，宁静才能致远，自由与宁静确实是做好学问的重要前提。这种自由探索的教育理想直逼资产阶级功利主义的浮躁行为。因此，当时的学者们极为认同，并认为这是他们所向往的，是他们的心灵正在寻找的理想。事实上，没有对这种理想的追求，柏林大学就不可能创新教育制度，更不可能开创大学教育的新纪元。

19 世纪上半叶之前，美国的高等教育完全继承了欧洲尤其是英国的传统，其大学理念集中体现在著名的《耶鲁报告》(The Yale Report of

1828)之中。针对当时实用主义、功利主义和技术主义大行其道的状况，该报告认识到大学滑向职业性的危险，并有针对性地强调了高深知识在精神上的无可比拟的价值，认为“没有什么东西比好的理论更为实际，没有什么东西比人文教育更为有用，‘大学里为本科生所开设的教学课程不包括职业学习’。”后来，以市场导向为特征的美国高教领域，尽管存在着“全世界最差的大学”对高深知识的背离，却也有一批“全世界最好的大学”在求学问是，在继承和发展高深知识。

二、 引领未来是大学的灵魂

一般认为，大学职能的演变，依次经历了育人、科研与“服务”三大职能相继凸显的过程，如今的大学处于多种职能并存的局面，早有“多元化巨型大学”(multiversity)之谓。大学似乎无所不包，无所不能，却又危机四伏，成了众矢之的。这表明，大学必须革新，大学必须回归大学的职能，必须正视可能与应该的社会责任。可以说，从社会分工的角度看，一种新的社会职能已凸显于大学面前，那就是，大学必须引领未来。大学应该且只能通过“求学问是，树人铸魂，引领未来”而实现服务社会的职能。求学问是，是大学与技工学校等其他教育机构的根本区别；树人铸魂，是大学区别于其他社会机构的核心要素，而引领未来，是“教育必须面向未来”这一原理在大学领域的体现。

“引领未来”作为大学的新职能，有悠久的传统根源。历史上，真正的大学都是以引领潮流为己任的。中世纪的大学成为那个时代的火炬或灯塔，而北京大学对中国人行动方向的指引，更是典型一例。近现代中国的思想潮流，都少不了北大人士的领导与宣传；近现代中华民族的解放运动，尤其像“五四”运动那类影响现代中国发展方向的全国性运动，直接发源于北大；而对现代生活方式，尤其是对介入公共生活领域的热情的鼓动与引导，也与北大师生具有紧密的关联。北大对公共事务的积极参与，对国家大事的热情关注，对公共政治问题的敏感性，无不对中国社会的发展产生了重要的影响。因此，北大至今享有“现代中国的思想库”、“现代运动的发源地”和“现代生活观念的生产商”等盛誉。

实际上，关于高等教育存在理由的种种诠释，包括“认识论”和“政治论”，都没有也无法否定大学的根本性质是为了通过求学问是、通过“探索和应用高深学问”以实现培养新人的目的。不然，确实没有必要办大学，或者如邓小平所说，没有必要把它们办成大学。大学必须站在知识的前沿，必须能够理解、掌握和领导知识的发展，这是大学教育发挥好它应有的各种功能的前提。也许正因为如此，经过蔡元培等人对北京大学的改造，西方大学的传统融入中国大学之中，并形成了中国大学教育的新境界：不为资格而为学术、具有独立不惧的苏格拉底式的精神、兼容并包。根据这三个境界，作为研究高深知识的场地，大学就应成为培养创新型人才的圣地，就应该用新的理想与信念、新的思维和方法，去反省批判和引导社会，在引领社会潮流的过程中服务社会。

在儒家传统中，“大学之道，在明明德，在亲民，在止于至善”。这是大学精神在中国的体现。大学必须致力于精神的培育，而不仅仅是知识的灌输。教育离不开知识，却不能只传授知识。从根本上讲，教育是关乎人的精神世界的事业，人文精神和科学精神的塑造是教育之本。知识的积累有助于素质的养成，素质的外显展示人的精神，因此，知识只是精神的载体，要通过传授知识实现精神的传授与提升。精神才是教育的出发点和最终归宿。没有大学精神的支撑，只有某些零散的知识，教师就缺乏创造力，培养出来的学生也很难在创造力方面得到基本的训练，难于承担创新、创业的重任。（钱旭红《充分尊重教育对象，发扬光大大学精神》，《中国高教研究》2006 年第 2 期）

当然，大学“引领未来”这一职能在总体上的明朗，还是今日的事情。社会分工高度发达的当代社会，赋予了大学全新的职能——引领未来，这是大学传统的当代化、中国化。大学曾经处于社会的边缘，如今进入社会的中心，在很大程度上已经融入社会细胞之中。但从当前社会分工的需要上看，这还不够，大学还必须本着超脱的姿态和高度的社会责任感，引领未来社会的发展。换言之，这一职能的凸显，也有着深厚的现实基础。首先，教育必须面向未来，而大学作为教育的顶层组织，不能一般地定位于“面向”未来，还必须具有引领未来的气魄和实力。其次，社会分工决定，社会离不开大学的反省、批判和引导。国家的未来在大学，正如蔡元培所说，欲知明日之社会，先看今日之校园。也只有引领未来，大学才能找到存在的理由。再次，大学定位在引领未来，才能摆脱目前面临的质量、效益等诸多困境，优质高效地服务于当代社会。一句话，引领未来，是大学服务职能的真义所在。

三、 职业化是大学的误区

为什么要办大学？这是人们面对大学教育偏离“高深知识”而一再提出的疑问。按一般的社会分工，知识分子以探求未知为己任，职业技术人员主要根据规程进行程序化操作，如果将大学教育局限于职业技术，久而久之，职业功利主义便会扼杀其创造性和批判精神。这就是说，大学教育必须面向未来，培育未来社会需要的人才而实现其服务职能，而不是纷纷迎合职业化潮流。

但近年来，社会似乎更重视学生的“动手能力”和“短期适应能力”，对学生在未来社会中的发展后劲和创新能力，则表现出日益轻视的倾向。结果，理论家的意见没有引起实践领域足够的重视，大学教育的职业化倾向反而日益明显起来。职业化给大学带来了某些暂时的好处，如办学经费的缓解、办学条件的改善、竞争力的加强等。但这些“好处”，绝对不是大学发展的机遇，而是潜藏的危机，职业化最多只是权宜之计。1987 年，卡内基基金会主席波伊尔在《学院：美国本科教育的经验》一书中，就将大学内部严重的职业主义看成大学发展“最主要的敌人”之一。现在的情况表明，波伊尔的话绝非危言耸听。

许多大学的情况都表明，职业化行为的增多，必然助长办学过程中的功利主义倾向，使大学行为染上浓厚的功利色彩，从而阻碍大学服务职能的发挥。以美国为例，课程设置的商业化、实用化倾向，就显示出这样的趋势。早在 20 世纪 80 年代中期，就有 75％的大学不要求被授予学士学位的毕业生掌握欧洲史，77％的大学不开设美国文学课或美国历史课,82%的大学不开设古希腊和古罗马文明史课程。从1970年以来,把哲学列为主修科目的大学比以前减少了41%,把历史列为主修科目的大学减少了62%,把现代语言列为主修科目的大学减少了50%。(陈列《市场经济与高等教育》,第83页)大学教育职业化的必然结果是,在某种虚假的"服务"名誉之下,使滥发文凭、兜售文凭的低质量教学充斥大学校园,使大学批量生产的片面发展的"空心人"(有些科技知识而缺乏人文素质者)、"边缘人"(有些人文知识而不懂科学技术者)或"单面人"充斥社会。

西方大学教育职业化、技工学校化的危险,值得我们反思,而我国准职业化的、培养"螺丝钉"的单科院校的发展模式也值得反思。20世纪50年代,我国采取"一边倒"的政策,模仿苏联的单科性学院教育模式,虽然大大促进了工业化进程,但其代价也是昂贵的:按产业或社会岗位设置专业,将理论学科与应用学科分割开来,综合大学只保留"基础学科",工科大学只有"应用学科",使得理论与实践之间、各个学科之间难以相互受益,这极大地削弱了大学的育人职能,给人才的素质结构带来了许多问题。大学教养的因素日趋减少,训练的因素不断强化,许多所谓的人才却"小型化、空心化、畸形化、格式化",既无大智慧又缺乏起码的人格教养。不少学生参加高考只是为了争取到某种职业训练的机会,大学也似乎并非人才成长的真正摇篮,而是职业养成所罢了。结果,全社会"专业"技术队伍壮大了,社会却正在失去独特的创造力,社会正面临创新型人才奇缺的严重危机。

本来,在中国大学的诸多任务中,培养创新型人才是其首要任务,职业训练式或技工学校化的教育难当此任。职业训练式的教育是人才格式化的继续,如会计,为了获得会计资格,每一个人都必须进行标准化训练,按所谓的标准答案解答问题。这种训练输出的只能是螺丝钉,而当今中国需要适应和支撑社会与产业、引领社会及产业发展的"变形金刚"——创新型人才。20世纪三四十年代,美国化工的强大,不是得益于培养出了比欧洲更多的化学工程师,更主要的是创造了与源自欧洲的化学并列的、影响至今的化学工程学,并产生或培养了掌握这一理论的创新人才。大学培养的新人，是新知识的创造者、新技术的发明者、新学科的创建者，是科技新突破、发展新途径的引领者和开拓者，是国家发展的宝贵战略资源。创新型人才是就业岗位的创造者，而不是现有就业岗位的消费者。比尔·盖茨等人开创的 IT 行业、英国领先全球的创意产业，就是这些创新型人才为缓解日益增长的就业压力做出的巨大贡献。

应该看到，技工学校化的教训是惨痛的。借用第三届中外大学校长论坛上众多校长的说法，“再不回归教育的本质，将追悔莫及”。著名经济学家舒尔茨曾经说过，经济主导的教育肯定不是完整的教育，不是以人为本的教育，更不是成功的教育。正因为看到了大学职业化的危险，发达国家的教育改革才一浪高过一浪。以至于工程教育也一改传统，强化着以高深知识为基础的通识教育。法国工程师学校享誉全球，而这些学校的使命，早已变得“不一定是扩大学生的科学知识，而是要培养他们的创新精神，给予他们一种通才式的教育”。而在瑞典，将技术视为对自然科学的应用，也早已成为过时且狭隘的观点。

四、 求学问是才能树人铸魂

引领未来需要新人，塑造新人离不开求学问是。然而，在第三届中外大学校长论坛上，许多大学校长都已谈到，大学生创新能力不足，独立思考不足，问题甚至到了难以补救的地步。澳大利亚国立大学校长伊安·洽博问道：“教育为什么让五六岁的人把无限可能的头脑变成与我一样的人?”在我国，大学生创新精神和创造能力的培养也是一个长期存在的薄弱环节，其根源是大学自身对其传统认识不够、社会对大学的理解偏差。这主要表现为，学生素质的格式化和大学教育的职业化。

首先，我们的学生从幼儿园到大学都被“格式化”了，缺乏创新素质。形象地说，在教学过程中，教师就像电脑操作员，学生就好比一张张的磁盘。经过格式化处理之后，原有的个性特质消失，教师再给这些磁盘里填入相同的内容，这就完成了对学生素质的格式化处理。笔者与自己带的博士生、硕士生刚开始接触时，就发现，他们可能是被格式化的一代。

至少在最初的半年时间内，不少人每谈论一个话题，设计一个题目，只知道把别人的观点和学报上的观点摊出来，只知道将书本上看来的或听来的观点拿来讲一番，没有自己的见解。即使见到与现有理论矛盾的反常实验现象，也硬用现有理论去辩解，去说明其合理性或正常性。他们在导师面前，不敢提出自己的见解，从来不怀疑导师观点的对错，只会服从导师的权威。后来，我们费尽心思，才终于有了点办法：经常找一些最极端的反例来驳斥学生。经过反复、不断的强化训练，渐渐地，学生开始放大胆子，开始尝试从不同的角度看问题，少年时代的好奇心才又回来了。

其次，大学正在变成技工学校，正在背离高深学问的性质。本来，大学重视实践能力是无可厚非的。学生在大学阶段应该学习操作原理，体验关键操作，而不是重复每个程序化的细小环节。然而，最让人担心的是，现在越是热门的专业越有技工化的倾向。比如说 IT 专业，几乎所有的大学都开办了这个最热门的专业，可并不是所有的学校都具备合格的师资。IT 专业的基础是应用数学，一个有潜力的 IT 人才必须能很好地掌握这门知识。然而，很多学校并不具备合格的应用数学教师，不少学生也认为这门课没多少用。一个相对极端的例子是，某些 IT 专业的导师招来了研究生，就直接送到公司实习，让他们在公司接受训练。从短期看，这部分学生的确上手很快，但是时间长了，他们后劲明显不足。据加州大学圣塔巴巴拉分校校长杨祖佑说，以前美国有关部门曾经出台过一个比较研究型大学与技术型大学毕业学生潜力的报告。报告说，两种类型学校的学生在开始工作时表现差不多，甚至技术型大学学生的表现还要更好一些，因为他们上手非常快。有的工厂甚至表示更希望用技术型大学的毕业生。但是时间长了差别就出来了：研究型大学的学生有创新潜力，而技术型大学的学生则慢慢被淘汰了。我国的情况(潘艺林《大学的精神状况》第 197 页)，与之极为相似。

当然，大学有大学的苦衷。学生就业难，就成为当前变革大学的最大制约，近几年始终是社会的焦点话题。是什么原因造成了今天如此严重的大学生就业难现象？说法很多，但实际上，这主要源于社会人才资源的配置协调问题——社会能否提供那么多岗位，大学生能否创造那么多的就业岗位。大学生面临就业难,有着深刻的社会因素。就业难题的解决,涉及许多复杂的社会问题,在此无法讨论清楚。但对大学而言,解决就业难的问题,不是通过技工学校化,而应通过变革教学教育模式、培养创新人才来实现。大学生不能仅仅成为就业机会的消耗者,更要成为就业机会的创造者。大学必须培育新人,创造新的职业,而不是将学生格式化为现有的职业人。这就要求大学实现教育哲学意义上的根本性转向,即要求大学从适应性教育、守成性教育向引导性教育、超越性教育转向,从格式化教育、技工学校式的教育向个性化、人性化和求学问是教育转向。

大学培养的人才,应该是未来 5～10 年所需要的人才,不能简单地跟着流行的社会风气走。恰如弗莱克斯纳所说,大学不是温度计,不是风向标,不可能对社会每一种流行风尚都作出反应。大学必须经常带给社会一些东西,这些东西并不是社会的欲求,但却是社会的需要。这段广为我国学者引用的名言,是弗莱克斯纳针对哥伦比亚大学、芝加哥大学等校当时存在的过分功利主义、职业主义行为而提出的,这对当今大学的发展,显然具有警示作用。大学必须具备独立精神,求学问是,必须探究高深知识,而不应因个人的趣味或癖性去赶时髦,去见风转舵。中国社会真正需要大学做出贡献的,不是职业化,而是通过求学问是,通过高深知识的自由探究,以创新的方式培育服务国家战略的创新人才。一句话,治本之策,就是要回归高深知识,坚决反对学生素质的格式化,反对大学教育的职业化。

五、 大胆探索，开拓大学革新之路

将引领未来作为当代大学的服务职能,旨在正视社会分工,正视高深知识的重要性,而更为重要的,还在于面对建设创新型国家的现实需要,正视大学的社会责任,正视大学精神的弘扬和创造。因为,创新既是政府的责任,又是社会的责任,也是大学的责任,建设创新型国家离不开大学培养高素质的创新型人才。从我国政府的层面看,高水平大学建设工作，为大学探究高深学问提供了新的历史机遇。作为国家创新体系的重要组成部分，大学如何革新，如何抓住机遇，创造机遇，的确是当前我们需要认真思考和解决的问题。

根据各自的历史文化积淀、学科分布，每所大学应该有自己独特的教育思想、办学思维和办学特色，并对创新型人才有独特的理解。笔者以为，创新型人才是具有独特精神，有自成体系并按个人领悟重组过的渊博知识的人，是实现了知识的个性化、结构化(知识的个性结构化)的人，是能做到"君子不器"的人。知识的个性化，才有特色，才有不可替代性，而知识的结构化才能释放功能，才能创新。据此，华东理工大学这个"化学工程师的摇篮"，已逐步定位为"培养厚基础、强实践、高素质、具有创新精神的产业、学科和社会精英"的高水平大学。"勤奋求实、励志明德"成为我们的共识，尤其是，对"过程工程与过程思想"的思考和探索，已初步成为我校求学问是、改革创新的基本思路。

"过程思想"是在我校的学科建设与办学理念的演进过程中逐步形成的，是我校主动服务国家战略的现实选择。强化过程，是学校发展的基本传统与现实定位。我校的发展，经历了由单科型学院"化学工程"，到研究型大学"过程工程"，再到"过程思想"的学科与理念进化。化工是典型的过程工程学科。根据国家战略需求和学科前沿布局，我校首先在学科发展上从化工走向过程工程，并以此建立优势学科体系。之后，根据过程工程的共性规律，将其中蕴含的过程思想拓展至商、文等门类的学科领域。如今多学科发展的我校，渗透着强烈的过程思想。这不是表层，而是一个深层次的办学思路的拓展。重视学科中的过程研究、重视过程思想对教育、教学过程的渗透，是我校教育、教学与研究的特质所在。过程思想的具体内涵，主要由以下七个方面构成。第一，在人类活动中，过程与目标同等的重要。第二，成才是"从做中学"的过程，人才素质在过程中养成，业界精英在实践中塑造。第三，重视确定目标后的过程，重视理论引导下的实践。第四，强调关于过程的思想、理论、方法、技术、策略、工程等方面的研究、训练与教学。如：放大、制程、调控、集成、组装、优化、发展与评估、社会工作学、金融物理、数模、语言技巧等领域，都在“过程”理念的统摄之下，逐步发展起来。第五，“化工”是促进社会、工业、农业、环境生态协调发展的核心基础产业，而“过程”是促进目标、理念、价值、兴趣实现的关键基础步骤。第六，过程思想凸显过程及其操作在目标实现中的重要性，强调人的体验及实践在人生定位中的重要性。第七，过程影响目标，实践丰富理念，千里之行始于足下，细节决定成败。

对过程思想的重视，是对当代社会只重目标的极端功利主义行为的校正，是我们的教育实践对高深知识的回归。随之而来的，将是大“过程工程”、“全面工程教育”(TEE)等理念向我校更多学科领域的渗透，将是人性化、个性化教育实践在我校的深入展开。有的学校注重人类活动目标方面的研究与教育，我校则更注重人类活动过程方面的研究与教育，并明确强调以“过程工程与过程思想”为基础，建立优势学科体系，加强学科的交叉融合，加速新兴学科发展，在过程中训练、在实践中培养具有“勤奋求实、励志明德”鲜明特色的一代创新人才。

（钱旭红、潘艺林，《中国教育报》2006 年 9 月 22 日）

论大学学术环境的基本内核

中国的大学能否培育创新人才？这个问题已经成为社会各界关注的焦点。土壤肥沃与否，直接关系到庄稼长势的好坏。要丰收，先要从改良土壤入手。创新人才的培养也是这样，离不开优化的学术环境，良好的学术环境是创新人才成长的沃土，而学术环境的优化，必须从大学内部入手。只有大学内部建立了优化的学术环境，创新人才的培养与成长才有基本的保障。可以说，创造良好的学术环境，是大学培育创新人才的关键环节。我认为，当前大学内部可以从培育怀疑精神、强化宽容意识、保护少数、和而不同四个方面，致力于优化大学的学术环境。这四个方面也应该是现代大学内部学术环境的基本内核。

一、弘扬大学的批判精神，鼓励师生大胆质疑

创新始于问题，而问题产生于好奇与质疑，大胆质疑正是大学批判精神的重要表现。如果大学内部的教师和学生，还不能、不愿或不敢承担批判精神，那么，社会政治、经济、体制和科技文化诸方面的创新，势必丧失学术根基。没有根基，空中楼阁只能是虚幻的。人们常说，发现问题是解决问题的一半。这种说法，深刻地揭示了批判精神与大胆质疑对于创新人才培养的关键所在。

“创新”这个词的基本意义，可以体现创新人才对大学批判精神的依赖性。创新与创造有着内在的联系，而创造指“首创前所未有的事物”，

同“创”字一样，其基本意思是“创始、首创”，表现为行动上的“首创”与行动结果的“前所未有”。对受过高等教育的人所从事的复杂脑力劳动而言，其行动是否是首创，行动的结果是否属于前所未有，不经批判与质疑，是无法断定的。从这种意义上，就可以说创新人才的培养有赖于批判精神的弘扬，有赖于对大胆质疑的鼓励。

我们提倡师生大胆质疑，其内在依据就是高等教育的批判功能和大学的批判精神。大学要在培育创新人才的过程中有所作为，就必须充分发挥高等教育的批判功能，大力弘扬大学的批判精神。学术界倡导的批判，是一种不因权威与流行而认同、也不必然站在其对立面的文化活动。现代大学的批判精神，是对历史上高等教育批判功能的继承和发展，包括中世纪以来大学的批判精神，也包括我国教育史上那些远胜于西方自由知识分子的批判精神。它表现在大学教师身上，则是由以独立人格为基础的批判精神、批判意识、批判能力等要素构成的综合素质，其核心就是马克思学说的批判意识。这种意识，是创新人才的首要素质。

1921 年，经济学家约瑟夫·熊彼特将“创新”概念引入经济学，提出“创新理论”，由此，“创新”逐步成为一个经济学专业名词，其基本含义是制造“不同”的东西。“不同”就意味着多样性、个性和独立性。没有这些特征，就不会有创造，也就谈不上创新人才的培养。心理学界的研究结果，也能支持这一观点。英国心理学家戴维斯于 1980 年在第 22 届国际心理学大会上将一般的创新人格特点概括为十个方面：独立性强、自信心强、敢于冒风险、具有好奇心、有理想抱负、不轻易听他人的意见、易于被复杂奇怪的事物所吸引、具有艺术上的审美观、富有幽默感；兴趣爱好既广泛又专一。

对照上述研究结果，个体的独立思考、个人的独立见解是创新人才必备的品质。而要保持思想的独立性，就要鼓励怀疑，没有怀疑就没有创造。众所周知，如果没有对牛顿力学的怀疑，就不可能建立相对论；没有对玻耳原子模型的怀疑，就不可能建立现代量子力学；没有对物种不变论的怀疑，就不可能建立生物进化论……我们不敢想象，如果没有怀疑，世界将会是什么样子，人类还有没有未来。而这种怀疑精神，恰恰是我们的文化、我们的教育中所缺乏的。

与这种怀疑精神相对的是，我们的文化、我们的教育中有太多保守、顽固、形式主义、僵化教条、唯书唯上的东西。当前，为鼓励大学师生的怀疑精神、创造精神、独立思想，在教育领域我们首先要克服的障碍是“唯上”、“唯书”、“唯师”的思想惯性与做法。为了培育创新型人才，我们就要鼓励学生的独立思考，哪怕学生的思考还很幼稚；为了优化学术环境，我们就要鼓励教师大胆提出与其研究领域的学术权威不同的见解，哪怕这些质疑被证明是不当的。

二、 建构宽容的大学氛围，容忍不同见解

海纳百川，有容乃大。大国之为大、大学之为大、大师之为大，就在于其能够包容一切、化解一切的胸怀和气度。以高深知识为基础理解宽容、倾向宽容与实践宽容，是大学的理性选择，是繁荣大学文化的方法论，是大学应建立的一种品格。涵养这样的宽容，将增加大学人的勇气、动力、尊严，将使大学的政策与管理更为明智，将使大学更好地履行自己的使命。

蔡元培在任北京大学校长时，对北大的学术发展便采取了“兼容并包”的政策。正是蔡元培在学术发展中采取了兼容并包的政策，当时的北京大学云集了许多中国优秀的学者和教授，虽然他们的学术观点从激进主义到保守主义各不相同，但北京大学毫不例外地为他们的学术争鸣提供了一个自由的场所。

当前，我国不少大学正在争创世界一流，而一流大学的师资培养成为当前人们关注的焦点。如果没有兼容并包的学术态度，不能够容忍学术中的不同意见，谈什么学术的进步与发展？谈什么创新？即使一流的师资也会被改造成末流。就当前而论，大学学者所缺少的和我国社会发展所需要的，不是沉默，不是一致同意，而是百家争鸣。学说的冲突从来都不是创新型人才的灾难，而是创新型人才得以成长的必要机会。

三、 克服功利主义思想，保护少数和特立独行者

创新人才培养的关键在教师。在 2006 年的中外大学校长论坛上，“把什么样的教师队伍引入未来”始终成为论坛热议的主题。斯坦福大学校长约翰·亨尼斯尖锐地指出：“扩招比较容易，但对一流教师的孕育与培养至少需要 20 年至 30 年的时间，一点也急不得。”拥有 5 位诺贝尔奖得主的加州大学圣塔巴巴拉分校校长杨祖佑总被中国同行问及“靠什么吸引到这些世界级大师”的问题，而杨祖佑则一再提醒，当初引进时，他们还不是诺贝尔奖获得者。这样的回答并非自夸自己卓越的眼光，而是想说明一流教师除了引进，更在于培养，在于大学内部优化的学术环境对创新人才的保护。

与国外大学内部的学术环境相比，当前在我国大学内部，在人才培养上可以说存在着较为严重的急功近利的思想。社会转型时期市场经济的冲击，导致社会对大学的各种评估方式、大学对教师的评价指标、教师的职称晋升制度等，普遍通行着快捷的、量化程度很高的评价方式，集中表现在追求成果的数量上。如只有在一定级别的刊物上发表一定数量的文章才能得到承认，论文的质量是由发表论文的刊物的级别决定的。在要求短期效益的制度下，无功利的探索、长期的研究计划成为泡影。政府投入不足、经费来源的多元化趋势，使教师为了得到充足的研究经费，到处争取项目，热衷于立竿见影的应用课题，对需要长期努力的基础研究望而却步。经济改革走向市场，我们的学术却成了“计划性学术”、“量化学术”，我们的教授成了“达标教授”、“立项教授”、“课题教授”、“填表教授”。这种情况，对创新型人才的成长形成了一定的制约，必须从大学内部机制上加快革新的步伐。

其实，大学的最大优势，就在于能够给创新型人才提供一种安全且有保障的学术环境。大学不像企业，要求自己的投入必须立竿见影地转化为成果。根据我国国情，首先应该甄别或确认教师是否具有强烈的事业心与敬业精神，即教师是否具有学术就是生命、甚至胜于生命的精神

追求。对这样的教师,大学可以让他们在较长的时间里,静心地开展研究;可以通过教师智慧的"集群",让灵感闪现;即使他的研究终告失败,也应该得到宽容与谅解,以及提供允许重新尝试的条件。这才是形成创新型队伍的原动力。而上述种种急功近利的做法,实际上已经大大损害了大学教师进行学术原创的积极性,损害了学术研究人员可能具有的创新精神。因此,大学对那些不迎合主流、埋头治学的教师应给以一种宽容的态度,而不是急功近利式的拔苗助长。学者的工作是极为复杂的脑力劳动,他们的主观能动性,在监督减少到最低限度的自治条件下,反而能得到最充分的发挥。当今世界的高等教育已经越来越多地卷入各种复杂的社会力量的网络之中,如何抵制包括经济利益在内的各种力量对学术发展的损害、保持学术的独立性,是尤其值得妥善处理的问题。处理不当,将成为创新人才培养和成长的障碍。

四、坚持"和而不同"的原则,构建学术自主机制

在大学师生之间,为人操守提倡平和,提倡和睦相处,而在学术观点与立场上,则要提倡各抒己见,形成学术自主的氛围与机制,保持学术思维与观点的多样性,保护学术生态。孔子在《论语·子路》中的观点"君子和而不同,小人同而不和",很有启发。君子和人相处,心地是平和的,而意见不一定相同;小人和人相处,常常随声赞同,可是利之所在,心地是不和的。可见,君子与小人在操守与学问态度上,是大不一样的。

当前,我们可以把"和而不同"理解为一种多样性的统一状态,可以用于处理学术与政治、学术与经济、各种不同的学术派别之间的关系,还可以用来处理不同意见之间的关系,即各种观点和睦相处但又不盲目苟同。一方面,当代大学已经置身于各种复杂的社会力量的作用范围之中,如何抵制或减少政治、宗教、经济利益对学术健康发展的损害,如何保持学术的独立性,是创新型人才培养和成长过程中必须妥善处理的问题;另一方面,完全意义上的学术自治从来也不存在,完全的自治要求、完全的经费独立,这种程度的独立根本不可能,问题就在于,为了给创新

人才的成长提供优化的学术环境，大学管理层如何理解保持学者团体独立思考的意义，以及如何进行管理，才能在政治、经济与学术发展之间保持有益的平衡。

用和而不同的原则处理大学内部的不同意见和做法，在于尊重个体的独立思考，保持个体思想上的独立性，与不同的意见和谐相处。大学管理层应善于协调大学内部有关各方的关系，特别要保护少数和弱势师生。杰出创新人才只能是少数，他们可能在许多方面表现得柔弱，对他们的保护，是优化学术环境的重要内涵。总之，和而不同的原则，是保护和培育创新型人才、构建和谐校园、优化大学内部学术环境必不可少的条件，也是大学学术环境的基本特征。

（钱旭红，《中国高等教育》2007 年第 2 期）

创新文化，引领未来，探寻大学职能新境界

社会组织都有为社会服务的职能，但不同的组织、服务的内容与方式都有差别，准确定位与分工，是所有组织获得快速发展的根基。如果分工模糊或分工不当，势必职能错位，效率低下。从社会分工的角度探讨，我们对研究型大学（以下简称“大学”）的职能会有新的理解，对大学与公司企业、职业院校和中小学等其他社会组织的不同职能也会有更加深入的认识。以大学精神为魂，大学文化为基，创新文化，引领未来，这就是我们对大学职能的崭新认识。

一、 社会分工赋予大学的独特职能

众所周知，育人是大学的天职，大学通过育人为社会服务。这种职能使大学成其为教育组织，也使大学与产业泾渭分明。多年前，大学办公司的热潮模糊了大学与公司的合理分工，导致大学越位竞争，结果大学的分内职能日益弱化。这方面，国外大学有经验可寻。美国的硅谷很有名，常人只看到硅谷依托大学的一面，以为是大学在办硅谷。其实不然，硅谷是大学教师们自己干出来的，大学是不管硅谷的。如果学校成了企业，那企业干什么？

大学不同于产业，也有别于中小学和职业院校。尽管中小学也是育人组织，但社会需要不同层次的人才，社会分工要求不同的教育组织培

养不同层次的人才。在社会分工中,大学是“高深学问”积累的产物,是知识密集型组织,大学师生的主要活动都围绕高深知识而展开。大学的工作对象是高深知识,大学所展开的一些基本活动,如保存知识、传授知识、创造知识、培养人才、应用知识、社会批判与监督等,都是围绕高深知识而展开的。实际上,关于高等教育存在理由的种种解释,包括“认识论”和“政治论”,都没有也无法否定大学的根本性质是为了通过求学问是、通过“探索和应用高深知识”以实现培养新人的目的。不然,确实没有必要办大学。可见,高深知识是大学产生和发展的逻辑起点,是大学人才培养活动的核心要素。这一要素,使大学与中小学、职业院校等其他教育机构明显不同。学生求学,必须明白,“大学者,研究高深学问者也”。

职业院校也要育人,但大学与之不同,不能“职业化”,而应培养拥有高深学问的专门人才。为什么要办大学? 这是当前人们面对大学教育偏离“高深学问”而一再提出的疑问。按一般的社会分工,知识分子以探求未知为己任,职业技术人员主要根据规程进行程序化操作,如果将大学教育局限于单纯的职业技术教育,久而久之,职业功利主义便会扼杀其创造性和批判精神。可见,大学教育不应该纷纷迎合快速变化的职业化潮流,而必须面向未来,通过培育未来社会所需要的人才来实现其服务社会的基本职能。

近年来,社会用人越来越重视人才的“动手能力”和“短期适应能力”,为了适应社会的这种需求,大学更加重视对学生实用能力的培养。这本无可厚非,但一些大学对学生在未来社会中的发展后劲和创新能力,也表现出日益轻视的倾向,则是不可取的。结果,职业化倾向给办学带来了某些暂时的好处,如办学经费的缓解、办学条件的改善、竞争力的加强等。但这些“好处”,绝对不是大学发展的机遇,而是潜藏的危机。这是因为,职业化行为的增多,必然助长办学过程中的功利主义倾向,使大学组织染上浓厚的功利色彩,从而阻碍大学服务职能的发挥。在美国,大学课程设置的商业化、实用化倾向,就显示出这样的趋势。早在20世纪80年代中期,就有75%的大学不要求被授予学士学位的毕业生掌握欧洲史,77%的大学不开设美国文学课或美国历史课,82%的大学不开设古希腊和古罗马文明史课程。从1970年以来,把哲学列为主修科目的大学比以前减少了41%,把历史列为主修科目的大学减少了62%,把现代语言列为主修科目的大学减少了50%(陈列《市场经济与高等教育》,第83页)。大学教育职业化的必然结果是,在某种虚假的"服务"名誉之下,使违法违规办学和低质量教学充斥某些大学校园,使大学批量生产的"空心人"、"边缘人"或"单面人"流入社会。大学教养的因素日趋减少,训练的因素不断强化,使许多所谓的人才小型化、空心化、畸形化、格式化,既无大智慧又缺乏起码的人格教养。大学似乎并非人才成长的真正摇篮,而成为职业养成所。结果,全社会"专业"技术队伍壮大了,社会却正在失去独特的创造力,社会正面临创新型人才奇缺的严重局面。

二、 培养创新型人才是大学的首要职能

将大学定位于育人,定位于教育组织,问题并未完全解决,大学还必须根据社会的具体需要,明确培养什么样的人才和怎样培养人才的问题。

当前,在大学的所有职能中,培养创新人才居于首位,而过分职业训练式或技工学校式的教育难当此任。职业训练式的教育是人才格式化的继续。如会计,为了获得会计资格,每一个人都必须进行严格的标准化训练,按所谓的标准答案解答问题。这种训练输出的,只能是螺丝钉,而当今中国需要的是大批适应和支撑社会与产业、引领社会及产业发展的创新型人才。事实上,20世纪三四十年代,美国化工的强大,不是得益于培养了比欧洲更多的化学工程师,而更主要的是创造了与源自欧洲的化学并列的、影响至今的化学工程学,并产生或培养了掌握这一理论的创新型人才。大学培养的新人,应是新知识的创造者、新技术的发明者、新学科的创建者,是科技新突破、发展新途径的引领者和开拓者,是国家发展的宝贵战略资源。创新型人才是就业岗位的创造者,而不是现有就业岗位的消费者。

著名经济学家舒尔茨曾经说过，经济主导的教育肯定不是完整的教育，不是以人为本的教育，更不是成功的教育。一流大学发展的经验和教训是值得我们反思的。正因为看到了大学职业化的危险，发达国家的教育改革才一浪高过一浪。以至于工程教育也一改传统，强化以高深知识为基础的通识教育。在瑞典，将技术视为对自然科学的应用，早已成为过时且狭隘的观点。法国工程师学校享誉全球，而这些学校的使命，早已变得不是扩大学生的科学知识，而是要培养他们的创新精神，给予他们一种通才式的教育。

为培养创新人才，就得有创新的文化氛围，就得改变扼制学生创新素质的格式化倾向。当今的学生从幼儿园到大学都被"格式化"了，缺乏多样化的创新素质。在教学过程中，教师就像电脑操作员，首先将学生大脑经过格式化处理，填入相同的内容，让学生本该具有的丰富个性所剩无几。笔者与自己带的博士生、硕士生刚开始接触时，就发现他们被格式化的痕迹非常明显。至少在最初的半年时间内，不少人每谈论一个话题、设计一个题目，只知道将书本上看来的或听来的观点拿来讲一番，缺少自己的见解。即使见到与现有理论矛盾的反常实验现象，也硬用现有理论去辩解、去说明其合理性或正常性。他们在导师面前，不敢提出自己的见解，从来不怀疑导师观点，只会服从导师的权威。针对这种情况，我们改变了以往的教育方式，经常找一些最极端的反例来驳斥学生，反复、不断地强化训练他们，引导学生从不同的角度看问题。这样，少年时代的好奇心才又回到了教育过程之中。

为培养创新型人才，大学在重视实践能力的同时，还必须强调理论探索的重要性。创新型人才不是空谈的"理论家"，他们应该掌握操作原理，体验关键操作，但绝不是重复每个程序化的细小环节。然而，让人担心的是，现在越是热门的专业越有技工化的倾向。比如，几乎所有的大学都开办 IT 这个最热门的专业，可并不是所有的学校都具备合格的师资。IT 行业的最高层次人才的基础是应用数学，一个有潜力的 IT 人才必须能很好地掌握这门知识。然而，很多学校并不具备合格的应用数学教师，不少学生也认为这门课没多少用。一个相对极端的例子是，某些

IT专业的导师招来了研究生，就直接送到公司实习，让他们在公司接受训练。从短期看，这部分学生的确上手很快，但是时间长了，他们后劲明显不足。据以前美国有关部门曾经出台过的一个比较研究型大学与应用型大学毕业学生潜力的报告说，两类学校的学生在开始工作时表现差不多，甚至技术型大学学生的表现还要更好一些。因为他们上手非常快。有的工厂甚至表示更希望用技术型大学的毕业生。但时间一长，差别就出来了：研究型大学的学生有创新潜力，而技术型大学的学生则慢慢被淘汰了。这种教训，值得吸取。

三、创新文化，引领未来，是大学职能的新境界

大学先后经历了育人、科研与“服务”三大职能相继凸显的过程。如今的大学处于多种职能并存的局面，早有“多元化巨型大学”(multiversity)之谓。大学似乎无所不包，无所不能，却又危机四伏，成了众矢之的。这表明，大学必须革新，必须回归现代社会赋予大学的基本职能。

当然，大学职能的回归，绝不是简单重复历史上出现过的育人、科研等任何一种职能。从社会分工的角度看，业已凸显于大学面前的这种新职能就是“创新文化，引领未来”。凸显这一职能的依据，主要体现在三个方面：首先，教育必须面向未来。大学作为探索和传播高深知识的机构，既要面对现在，更要面向未来。而且，作为教育的顶层组织，大学不能一般地定位于“面向”未来，还必须具有引领未来的气魄和实力。其次，社会分工决定，社会离不开大学的反省、批判和引导。国家的未来在大学，正如蔡元培所说，欲知明日之社会，先看今日之校园。只有引领未来，大学才能找到存在的理由。再次，大学定位在创新文化，引领未来，才能摆脱目前面临的质量、效益等诸多困境，优质高效地服务于当代社会，一展大学服务社会的真正风采。

“创新文化，引领未来”作为大学的新职能，有久远的传统根源，它既是许多教育家和大学改革者执着追求的大学理想，也是大学应对社会竞

争、满足社会创新之需的现实选择。历史上，真正的大学都是以引领潮流为己任的。中世纪的大学成为那个时代的火炬或灯塔，而北京大学对中国人行动方向的指引，更是典型范例。近现代中国的思想潮流，都少不了北大仁人志士的引领与宣传，尤其像"五四"运动那类影响现代中国发展方向的全国性运动，直接发源于北大；而对现代生活方式，尤其是对介入公共生活领域的热情的鼓动与引导，也与北大师生具有紧密的关联。北大对公共事务的积极参与，对国家大事的热情关注，对公共政治问题的敏感性，无不对中国社会的行动产生了重要的影响。因此，北大至今享有"现代中国的思想库"、"现代运动的发源地"和"现代生活观念的生产商"等盛誉。

在儒家传统中，"大学之道，在明明德，在亲民，在止于至善"，这是大学精神在中国的体现。大学必须致力于精神的培育和文化的创新，而不仅仅是知识的灌输。教育离不开知识和文化，但大学不能只传授和继承知识与文化。从根本上讲，教育是关乎人的精神、文化世界的事业，人文精神和科学精神的塑造是大学之本。知识的积累有助于素质的养成，素质的外显展示人的精神，因此，知识只是精神和文化的载体，要通过传授知识实现精神、文化的传授与提升，精神和文化才是教育的出发点和最终归宿。没有大学精神和大学文化的支撑，只有某些零散的知识，教师就缺乏创造力，培养出来的学生也很难在创造力方面得到基本的训练，难于承担创新、创业的重任。

社会分工高度发达的当代社会，赋予大学全新的职能——创新文化、引领未来，这是大学传统的当代化、中国化。大学曾经处于社会的边缘，如今进入社会的中心，在很大程度上已经融入社会细胞之中。但从当前社会分工的需要上看，这还远远不够，大学还必须本着超脱的姿态和高度的社会责任感，引领未来社会的发展。大学培养的人才必须站在知识的前沿，必须能够理解、把握和引导最为先进的知识和文化的进程，这是大学发挥好一切功能的基础和前提。否则，大学的追求就没有依据。也许正因为如此，经过蔡元培等人对北京大学的改造，西方大学的传统融入中国大学之中，才形成了中国大学教育的新境界：不为资格而为学术、具有独立不惧的苏格拉底式的精神、兼容并包。根据这种境界，作为研究高深学问的场地，大学就应成为创新文化的圣地，就应该用新的理想与信念、新的思维与方法，去反省批判和引导社会，在引领社会潮流的过程中服务社会。

创新文化、引领未来需要新人，要求大学为社会培养未来5—10年所需要的人才，而不能简单地跟着流行的社会风气走。恰如弗莱克斯纳所说，大学不是温度计，不是风向标，不可能对社会每一种流行风尚都作出反应。大学必须经常带给社会一些东西，这些东西并不是社会的欲求，但却是社会的需要。这段广为我国学者引用的名言，是弗莱克斯纳针对哥伦比亚大学、芝加哥大学等校当时存在的过分功利主义、职业主义行为而提出的，这对当今大学的发展，显然具有警示作用。大学必须具备独立精神，求学问是，必须探究高深知识，而不应因个人的趣味或癖性去赶时髦，去见风转舵。中国社会真正需要大学做出贡献的，是通过求学问是，通过文化、特别是创新文化的建设与辐射，通过高深知识的自由探究，以创新的方式培育服务国家战略的创新人才。这是治本之策。

在我国，大学生创新精神和创造能力的培养是一个长期存在的薄弱环节，其根源主要在于大学自身对其传统认识不够、社会对大学的理解偏差，在于文化积淀不够，特别是创新文化建设乏力。大学的苦衷主要来自学生就业难，这是当前变革大学的最大制约，也是多年来社会的一个焦点话题。那么，是什么原因造成了今天如此严重的大学生就业难现象？说法很多，但实际上，这主要源于社会人才资源的配置协调问题——社会能否提供那么多岗位，大学生能否创造那么多的就业岗位。大学生面临就业难，有着深刻的社会因素。就业难题的解决，涉及许多复杂的社会问题，在此无法讨论清楚。但对大学本身而言，解决就业难的问题，不通过变革教学教育模式，培养创新型人才就难于实现。大学必须培育新人，创造新的职业，而不是将学生格式化为现有的职业人。这就是要求大学实现教育哲学意义上的根本性转向，即要求大学从适应性教育、守成性教育向引导性教育、超越性教育转向，从格式化教育向个性化、人性化和求学问的教育转向。

四、 革新大学才能更好服务社会

将创新文化、引领未来作为当代大学的服务职能，旨在正视社会分工赋予大学的基本职能，正视高深知识的重要性，努力探寻革新之路。在这方面，华东理工大学的指导思想已经明确，这就是：注重过程，勤奋求实。建校初期在简陋校舍的办学、20 世纪 60 年代支持国家三线建设的内迁工程、20 世纪 80 年代的改革创新、20 世纪 90 年代的调整与扩展、近年来的思考与实践，都充分展示了我校勤奋求实的传统。对“过程思想”的思考和探索，则体现了学校办学指导思想的不断丰富与拓展。

“过程思想”的具体内涵相当丰富，其中最为主要的是：第一，在人类活动(包括大学教育活动)中，过程与目标同等重要，目标依托过程而存在，人才素质在教育过程中养成。因此，学校强调与过程相关的思想、理论、方法、技术、策略、工程等方面的研究、训练与教学。第二，英才的培养是从实践中提高的过程，人才素质在实践活动中养成，业界英才在实际活动中塑造。为此，学校特别重视目标确定后的过程，重视理论引导下的实践，强调“做中学”这一进步主义教育哲学的基本主张。第三，对过程思想的重视，是对重目标、轻过程的社会现状的纠正，也是我们主动创新校本文化的产物。我们认为，大学要创新文化、引领未来，一要自由，二要宁静。自由才能创新，宁静才能致远。这种自由探索的教育理想是过程思想极为重要的理论依据。没有对这种理想的追求，过程思想就难于深入拓展。

随着办学思想的拓展，人性化、个性化教育实践得到深入推进，“全面工程教育”(TEE)思想得以明确提出，并将向更多的学科领域渗透。全面工程教育包括整个工程教育和专业教育培养体系。学校认为，实施全面工程教育，是提升国家未来领先力的重要途径，它所涉及的关键性问题包括三个方面(涂善东《全面工程教育引论》英文稿，发表于《Global Journal of Engineering Education》2006 年第 2 期)：第一，对不同层次和专业的学生进行的通识性工程教育，使学生受到工程思维、工程文化的基本熏陶。第二，与产业界的合作教育，更好地发挥产业界对人才培养的积极作用。第三，为适应技术前沿发展与全球化要求的课程改革，创新教育和教师队伍建设等。

当然，根据各自的历史文化积淀、学科分布，每所大学应该有自己独特的教育思想、办学思维和办学特色，并对创新文化、引领未来这一职能作出独特的理解。55 年的实践和探索，使我们对大学的基本职能与现实使命有了深刻的理解，我们这个“化学工程师的摇篮”，正致力于培养“厚基础、强实践、高素质、具有创新精神和国际视野的社会英才”。这样的人才，才能创新文化、引领未来，才能将大学的服务职能导向新的境界。在今后的发展中，学校将更加重视有关人类活动过程方面的研究与教育，更加强调以创新文化和“过程思想”为基础，勤奋求实、励志明德，在过程中训练英才，在实践中培育英才。

（钱旭红、潘艺林，《中国高等教育》2007 年第 7 期）

把握个性与共性，
探索大学的科学发展

大学是人类的精神家园，在人的培养中，在大学发展中，如何把握个性与共性的关系，转化弱势为优势，实现科学发展、和谐发展，建立起自己的优势与特色，发挥每个人的创造性，是需要长期面对的课题。

一、 人与大学：个性与共性、结构与能力

大学以培养人为目的。面对一个多元化的社会，大学在自身发展和人才培养过程中，必须处理好个性与共性的关系问题。这是每所大学都必须面对的重要任务。任何事物只有形成合理的或逻辑性的结构，才能发挥功能。对人与大学而言，只有处理好个性与共性的关系，实现知识学科、能力行政的结构合理化，才有可能发挥创造意识与效能。

个性化要有特色和不可替代性，结构化才能有功能、才能创造……就人而言，学生掌握的知识只有经过合理的结构化，才能发挥作用，否则再多的杂乱知识都是废物。掌握杂乱知识的学生只会变成知识的仓库。人与工业化产品、机械产品等的显著差别就是个体差异。大学只有充分尊重人的差异性，引导学生实现知识的个性结构化，才可能培养出有创新意识与创新能力的人。有了创新意识与创新能力并不就是创新型人才，还要有独特精神，有自成体系并按个人领悟重组过的渊博知识或高深学问，才算得上是创新型人才。

实现知识的个性结构化所经历的“过程”因人而异。大学生要完成个性结构化，主要通过教师的引导、实践的验证、自我的领悟和提升，最终形成在实际工作中发挥个体及知识的功能。这就要求大学在知识传授与学生在知识学习过程中做到“少而精，博而通”，以形成每个学生各具特色的并指导其行动及知识应用的世界观与方法论。

知识的个性结构化需要人文精神和科学精神的支撑。没有知识的传授，就谈不上精神的传授，具备了人文知识与科学知识，不一定就表明拥有了人文精神和科学精神。知识会随着时代的变迁而更新和老化，而历经考验的思想、理论、方法，会时刻指导着我们的行为实践。因此，大学需要兼容并蓄、由表及里、去粗取精地传授与掌握知识中所负载的精神内容。

对大学而言，每所大学既要有与人的共性培养相对应的共有特征，又要有与人的个性培养相对应的个性特征，即大学一定要有根据各自的历史文化积淀、学科分布所形成的独特学科与教育思想、思维和特色……

20 世纪 50 年代的院系调整，20 世纪 90 年代的合并与共建，都是我国在特定的历史发展时期在大学的个性与共性方面所作的积极探索。今日的大学，只有尊重历史、面对现实、多样竞争、独辟蹊径，才能开拓未来。

二、把握弱势与优势的转换，探索大学的科学发展

在大学发展中，个性与共性是相对的，弱势与优势也是相对的，而合理把握好两者之间的关系，确保大学科学发展才是绝对重要的。以华东理工大学为例，多年来，为促进与实现学校的科学发展，在把握个性与共性、弱势与优势关系方面一直进行着积极的探索。

1952 年，根据新中国建设的需要，国家对高等教育进行了大规模的院系调整，在这次结构调整中，交通大学（上海）、震旦大学（上海）、大同大学（上海）、东吴大学（苏州）、江南大学（无锡）等 5 所大学的化工系合

并在一起建立了华东化工学院。此后在学校发展的一个相当长的时期内，化工学科就是学校的全部。在计划经济条件下，面向企业、以培养工程师为目标的单科性大学反映了早期(1952—1966，单科阶段)高等教育的定位及学科发展的历史状况。

1978年，随着社会发展的需要和改革开放政策的实施，为了适应经济与社会发展的转型、培养"合格加特色"复合型人才的需要，越来越多的单科性大学开始向多科性大学拓展，经过十多年的发展，一批多科性大学的基础明显加强，纷纷改掉以学科命名的校名，冠以综合的名称。20世纪90年代初期，华东化工学院确定了"调整学科结构，提高学科水平"的办学目标，提出了"化工特色、工理商结合、多科发展"的发展战略。随着学校更名为"华东理工大学"，"化工"虽从校名字面上被略去但内容仍然保留，并确定了建设成为一所以工为主，学科特色鲜明，工、理、经、管、文等协调发展的多科性重点大学的办学方向，努力将学校建成为国家人才培养、科学研究、科技成果转化和社会服务的重要基地。

从以上的发展进程中我们就可以清晰看出高等学校化弱势为优势的轨迹。在学校半个多世纪的发展进程中，最大的优势曾经是化工单科性，最弱的地方也是化工单科性。化工学科虽强，但在很长的时间内化学学科却很弱，更谈不上其他的理工类学科和非理工类学科，这样的状况长期存在，对人才培养、学校发展都很不利，与学校所处的地位和发展定位很不相称。单科性大学要发展，必须正确处理单科与多科、与理工农医法的学科关系，正确处理继承与发展的关系。这是摆在学校面前不能回避的问题。我认为，不能简单地认为单科性大学就不好，其实无论是国内还是国外都有一些单科院校发展很好的实例，不过像过去那种单纯发展一门学科专业的做法实不可取，这样做的后果是化工自身将无法发展。随着社会的发展和技术的进步，化工这类传统学科的内涵也已发生深刻的变化。一方面，如果不是多学科协调发展，培养的人才就不能适应现代化工发展的需要；另一方面，如果放弃重点发展原有学科，只强调多科性全面发展，一切从头开始，这样一所多年积累的单科学校也就失去特色优势，成了无源之水。

那么，单科性大学成为多科性大学，其特色优势是怎样显露出来的呢？从华东理工大学的学科发展看，早期，单科型的化工迅速发展(包括石化、制药学科，属于典型的过程工业)；后来，和化工相关的多学科逐渐发展，校内出现了许多包含“过程”的科研教育实体(如生物过程工程、环境过程工程、材料加工、过程机械、过程自动化与控制)，过程工业与工程的理念不断得以凸显。同样，由于学校的工科背景及重视操作、实践与技术的特点，在实现与过程相关的多学科发展的同时，形成了对过程训练、教育、实践十分重视的办学特色，这一特色后来又逐渐融入人文、社会等学科发展中，如社会工作、语言、经济管理等。“过程工程与过程思想”成为学校学科与教育发展的一个基本脉络，是在学校的学科建设、教育发展与办学理念的演进过程中逐步形成的，并已作为办学基本思路得以确立。

劣势和优势是可以相互转化的，现在学校的主体学科以及理、农、医学科都是从20世纪50年代原化工系科衍生而来的，学校的文法、经济、管理、艺术基本是从80年代原社会科学系衍生而来的。源自同一系科，适当的分工定向衍生，实现多科性发展目标；正是共同的渊源及联系，共同的“过程工程与过程思想”学科与教育发展理念，使得学校在发展中有可能通过整合协调而产生强大的竞争力。

人才培养是学科建设的核心，学科建设是人才培养的基础平台。自2004年开始，学校在学科建设中强调：实现与完成化工优势的延伸，如加强生物工程、能源、制药、轻工、材料、石油化工等优势学科的建设；充分利用学科优势，进一步强化过程工程特色，大力支持信息、机械、环境等特色学科的建设。实现优势学科向对应的基础学科源头的拓展，真正实现理工结合，如推进生物学、药学、化学、数学等理学基础学科的发展；借鉴“过程工程与过程思想”构建特色鲜明的人文社会科学学科体系，促进社会工作学及社会学等领域的发展。同时，为防止盲目铺张的全面发展，实现可持续发展，学校始终控制并逐步减少某些文科、工科硕士点，并对今后少量的拟增加博士点的发展作出限制性规划，力戒无限扩张。在人才培养过程中，学校意识到现有的课堂教学、以终考成绩为目标的应试教育均忽略了教育“过程与体验”的重要性。因此,学校对课堂外活动高度重视,通过团队型、体验型、竞争型、服务型、创造型等学生活动的蓬勃开展,有力地支撑了研究型、人性化本科教育体系的建立。同时,学校将对过程的重视视为对当今社会只重目标不问过程的极端功利主义、浮躁行为的矫正。

三、 注重优化结构,探索大学事业的协调和谐发展

结构决定功能,个性决定特色。在日常管理中,学校开始根据面对的问题、自身的传统和未来的发展目标,进行一系列的政策与措施调整。

长期以来,我国大学的领导与行政管理层,往往将最多的精力花费在具体的“事”与“物”上,无法真正集中在“人”上。大学的核心是培养人——学生,培养人的重任也在于人——教职员工。因此,应通过培养与引进,选拔与使用优秀的科研、教学及管理人才,实现大学的高效管理,将本应由教授们决定的学科建设、教育教学、科学研究方面“事”与“物”的具体工作归还给教授,将以具体的“事”、“物”导向的大学领导与管理转变为以“队伍建设”为导向的大学领导与管理。实现这一条,首先需要有学校发展的“顶层设计”,如事业发展规划、校园发展规划、学科发展规划及师资队伍规划等,这是整个学校发展规模和各项工作的边界制约条件。在学校发展中,那些起源于单科性学院的大学,特别需要解决的是学科的结构分布与师资队伍结构分布在发展中的吻合协调。

学科的变革转型及人才的新老更替是不可抗拒的历史规律。学科的结构生态分布,如果没有人才的结构生态分布所支撑,也就成为没有根基的浮萍。依托单一学科发展起来的多科性大学,如果不注重学科的生态分布,不注重其相互支撑与相互联系,不注重学科体系可持续的、科学的发展,如果不能防止单一分支学术方向的人员过于集中,优势学科的衰败、特色学科的消失就不可避免。因此,岗位设置给人才队伍的结构分布与学科结构分布相吻合提供了重要机遇。根据人才队伍结构分布与学科结构分布,培养与引进并举,并创造特殊的人才培养与引进措

施，建立起人才流入与孵化机制，实现"扶需，扶特，扶优"。

大学要发展，必须高度重视内涵建设，保持学科发展的规模、结构、效益和水平协调可持续发展。必须在稳定规模的基础上，使规模与水平、结构分布与人才队伍结构分布相对应。要本着突出不同发展阶段的问题，着力推进以解决这些问题为中心的改革与发展，找准突破口，以重点突破带动全局。我认为，在学科发展中，应适当发展"平原"学科，大力发展"高原"学科，全力铸造"高峰"学科。通过不断凝练学术方向，突出优势和特色，促进交叉，使学科学术方向相对集中和稳定，特色更加鲜明，有领先的优势、强劲的学术冲击力、较大的发展空间和明朗的发展前景。

除了学科的结构分布与师资队伍结构分布以外，在学校其他工作中，其结构与功能的发挥也非常重要。

(1) 权力运行结构。为保证学术权力与行政权力的适当分离，使教授有更多的话语权，我们在不断调整与优化管理队伍的同时，建立运转了数个学校层面的教授会，使他们分别就科研、教学、队伍建设、校园发展及各行政机构的工作状态进行经常性评议与决策建议，并在学校的日常教育评估中发挥出积极作用。

(2) 资金使用结构。为避免经济预算见物见事不见人的倾向，将日常经费与专项经费单列，将事物经费与人员经费单列，预算中一直坚持日常行政经费"零"增长，行政工作内涵大大增加，但工作效率明显提高。将学校的业绩津贴从日常行政费用中单列出来，将合理的津贴更多地投向教学科研第一线人员，投向优秀拔尖人员，大大提高了教职员工的积极性。

(3) 行政管理结构。为实现对学校人员的分类管理和分类指导，提高工作效率，将校内的人员及机构的工作性质分成战斗队、后勤队、督战队，力求多跟踪、少开会。每周监察部门呈交不公开的校内绩效考察报告，每年进行公开的绩效考察测评，有效地促进了重点任务的完成。

(4) 校区结构分布与功能定位。根据学校"十一五"期间事业发展规模，校区规模的扩大势在必行。多校区的管理和建设是近几年大学管理的热点和难点问题。多年来，消除校区间条块分割带来的人才培养、文化建设等方面的差异一直是我们致力解决的问题。经过启动和实施校区结构分布与功能定位，初步实现了各校区的重新定位与特色化发展。徐汇校区以研究为中心，定位为精品、研究型校园，主要容纳三、四年级的本科生与研究生；奉贤校区以教育为中心，定位为生态、数字、健康的校园，主要容纳一、二年级的本科生；金山园区以社会服务为中心，容纳学校的国家技术转移中心与国家大学科技园，包括中试基地及军工基地等。

（钱旭红，《中国高等教育》2007 年第 23 期）

大学自治　教授自治　学生自治

——华东理工大学校长钱旭红畅谈办学理念

探索高校体育发展新路径

记者：第26届世界大学生运动会正在深圳举行，听说你们有学生参加此次盛会。

钱旭红：我们是有学生参加大运会。在大运会乒乓球国内选拔赛上，华东理工大学女队勇夺冠军，获得了大运会的参赛资格。女子乒乓球是华东理工大学体育教育的拳头队伍，一直为全国大学生乒协的主席单位，多次在世界大学生运动会、世界大学生乒乓球锦标赛上夺冠，此次深圳大运会上也担负着夺标的任务。

我校作为全国知名的体教结合典范单位，有6支高水平运动队在全国名列前茅，包括乒乓球、网球、篮球、田径、武术、射击项目等。另外，华东理工大学的网球、田径等个人项目也有国内高校体育界的顶尖选手。我特别要介绍的是，华东理工大学的这些高水平运动员，全部都是通过了文化考试之后正常入学的学生运动员。在他们的大学生涯中，学习和训练同等重要，如果文化课达不到要求也无法顺利毕业。前乒乓球国家队总教练许绍发曾经赞许我们的学生打的是"文化球"、"聪明球"，这反映了华东理工大学体育与教育相结合的特色。

记者：您刚才介绍了华东理工大学高水平运动队的特色，请问贵校普通学生的体育锻炼情况如何呢？

钱旭红：华东理工大学对普通学生的体育锻炼也很重视，被评为全国群众体育先进集体。在校期间，每个学生都需要修满一定的体育学分，并掌握一门体育运动的基本技能。以我自己为例，我并没有运动的天分，也不是特别热衷于此。但我在华东理工大学就读期间，在学校的要求下学会了打羽毛球，我至今仍为此感谢学校，体育运动确实使我受益匪浅。

体育锻炼对大学生的益处，我觉得主要有几个方面：一个当然是促进身体健康，而身体是事业的基础；除了身体健康，体育也能塑造人的心理健康，我认为运动是最好的心理药，许多负面的情绪都可以通过运动发泄出来；还有就是对个人品格的塑造，教学生学会面对成败。不同的运动项目也有各自的特点，有些强调团队合作，有些彰显个人英雄主义，如果能比较好地结合起来，对大学生成长为社会人才是颇有益处的。

记者：我注意到一个细节，和一些高校不同，华东理工大学没有单独的体育学院，而是叫体育科学与工程学院。这样设置的原因是什么？

钱旭红：之所以叫体育科学与工程学院，反映了华东理工体育与专业相结合的理念，这也是我校探索高校体育发展新路径的两大举措之一。华东理工大学的前身是华东化工学院，虽然现在已经发展成为多学科协调发展的研究型全国重点大学，但工程技术仍然是我校的优势学科。在体育产业化蓬勃发展的当今社会，华东理工大学结合自身优势，发展体育工程、体育材料专业。例如我校和泰山体育产业集团共建的体育新材料研发中心，是全国首家类似机构；与亚洲田径联合会合作的合成跑道检测实验室，可以检测符合国际比赛要求的比赛场地……这些专业机构的研究成果，可以在校内外得到应用，既有益于科研开发，也促进了学校体育的发展。

第二个举措则是探索高校体育的市场化运作。华东理工大学体育与工程学院的经费，学校不出一分钱，而是通过成立俱乐部，将其推向市场，通过市场化的运作筹集资金。早在 1991 年，学校的乒乓球俱乐部就找到了一年 5 万元的赞助，这在国内高校中是非常超前的。发展到现在，山西大土河冠名的华东理工大学女子乒乓球俱乐部已经是中国超级联赛的职业队伍，每年的赞助费用高达数百万元人民币，实现了俱乐部运作的良性循环。在中超乒乓球 8 个俱乐部中，我校有两个俱乐部，都是采取市场化运作。

不讲“天书”求实效

记者：从您刚才的介绍，可以看出华东理工大学是一个在体育方面很有特色的学校。那么在教育教学方面，华东理工大学有什么样的风格呢？

钱旭红：华东理工大学历史上是一所具有化工特色的学校，尽管现在已经发展成为多学科协调发展的综合性大学，但历史上形成的一些风格和特色仍然沿袭下来。我们学校的人才培养目标是“厚基础、强实践、高素质、具有创新精神的社会英才”，特别强调实践的重要性。从对学生培养的角度来说，有了实践之后，学生独立进行学习、研究的能力会比较强；而从研究的角度说，科学研究需要实证的支持，无法通过实践验证的东西，我们不能相信它是真理。这种风格不仅体现在我们的理工科，也体现在人文社科方面。比如应用于全国文明城市和先进城市评估的相关模型、“全国首个评价城市和谐发展指数”的数据模型、2009 年首次发布的我国“公众节约指数”都是华东理工大学做的。华东理工大学的社会学也着重进行定量的、可操作的实证研究，例如“中国的三农问题的研究”、“重大灾后社会重建和社会工作的研究”、“社会政策研究”和“社会工作与社会管理的研究”等等。

有的高校可以“讲天书”，高谈思想、理论，华东理工大学不行，“讲天书”没有人听。所以我们只有实际去做，做成功了人家才说“你有道理，这个学校有能力”。所以华东理工大学在招生的时候，除了书本上的理论知识，也很看重考生的动手能力。在自主招生时，特别是研究生考试中会让考生做一个实验，看考生如何采集数据、如何处理，以此来评价其实践能力。另外，我们对学生在校期间的社会实践也很看重。

记者：华东理工大学的目标是培养社会英才，如何定义“社会英才”？

您如何看待关于我们的教育为什么培养不出顶尖帅才的“钱学森之问”？

钱旭红：我们所谓的英才就是社会的中坚力量。华东理工大学不苛求学生一定能成为非常著名的领袖人物，但希望他们能在自己所在的地方为社会发展做出坚实的贡献，是中坚。

对于培养不出顶尖帅才的问题，根本上说是因为在违反教育规律办教育。不仅仅是高等教育，而是从家庭教育开始，教育的各个环节都存在违反规律办教育的现象。有人说我们中国的教育是“幼儿园学小学该学的，小学学初中的……到大学返回来学幼儿园的东西”。不要一谈到培养帅才就谈到大学，认为大学是万能的。这就像造房子一样，一开始土坯就做坏了，要到最后一道工序来返工，那就很难了。

就说最开始的家庭教育，我们中国有太多家庭教育采取的是独裁方式、独裁培养，最后造就的是一批又一批叛逆者。我们提倡民主的家庭教育，这不是彻底放手，而是在家长把握大原则的同时，尊重孩子独立的个人兴趣。独裁教育的根本原因是把孩子当工具。有多少家长会对孩子说，“你要好好读书，将来光宗耀祖”，这不是把孩子当工具是什么？有多少家长会对孩子说，“你要好好读书，有了知识和能力之后，你的生活会更快乐、更幸福，能欣赏以前不能欣赏的东西”？我估计连1%都没有。把孩子当工具的后果，一是孩子逆反，二是不注意道德。像近段时间引起社会关注的药加鑫案件，我想可能就与他从小的家庭教育模式有很大关系，突破了道德的底线。民族的素质取决于孩子，孩子的素质取决于家长。现在很多家长，自己远没有达到完美，却苛刻地要求孩子完成自己心目中的“完美”，结果就是扼杀孩子。

通过“三个自治”创建一流大学

记者：那就中国的高校来说，应该从何处着手改变不按教育规律办事的现状，创建一流大学？

钱旭红：简单来说就是“三个自治”：大学自治、教授自治、学生自治。大学自治是外部环境，政府把握宏观的大学管理方向，其他细节不应多关心，让高校有自主权。政府部门要明确高校是干什么的。现代意义上的大学，一般认为是从德国洪堡大学开始的。在这之前的大学，最早是传经的地方，后来才开始传授知识，但它很少做研究。从洪堡大学开始，强调大学有两个责任——研究和教学，这也就是现代大学的基本功能。之后美国的大学又多加了一条社会服务功能。去年国家出台《国家中长期教育改革和发展规划纲要》，对高等教育提出的目标和这几条也是一致的，只要把握住这个大方向就可以。问题是现在政府的教育部门太喜欢管细节，有大学校长说："领导懂教育懂得越多，教育的问题就越多。"如果领导真的懂教育，就该来当校长。不在其位就不要谋其政，没有在大学的切身体验就不应该管得太细。教授自治就是由优秀的学术团体来对教学和科研事务进行民主决策，它是针对行政体系而言的，就是行政不干涉学术事务。学生自治则是针对行政和教授，是指在课堂外应给予学生大量的自治时间，通过学生社团、学生组织来管理学生事务。教授自治和学生自治是高校内部的实践，相对来说步子应该迈得更大一些，各所高校都在作各自的尝试。但是这两点受制于大学自治，高校只能在现有框架下尽量做得更好。

如果能做到这三个"自治"，大学就很容易培养出好的人才。高校要有管理，但应该符合教育规律，这也不准做，那也不准动，学生的创造能力肯定会下降。

记者：您讲得很有道理，那么华东理工大学在这些方面有没有进行改革的尝试？

钱旭红：我们正逐步在做。比如说教授自治，我们希望对学术权力和行政权力进行调整，把追求学术卓越放在第一位，让优秀的教师发挥作用。但这也需要国家的人事制度进行改革。在现在的规则下，公立大学没有对教师进行淘汰的权力，所以一些"庸师"可以在大学里面混日子。

教授自治的理想状态是，将教授的招聘与淘汰与所在的专业学科紧密结合。某些先进的国外大学每隔四五年就进行一次专业调整，一般有1%到5%，最多有10%的专业学科会被调整掉，专业学科办不好，里面的教授统统解聘。而在专业学科内部,则由教授民主决策。比如一共 7 位教授,分别教授 7 个方向的课程,考核的时候发现 6 个方向都办得不错,只有一个拖后腿,那就由教授们自己投票决定把拖后腿的教授赶走,再找一个回来。这就是自我进化机制,就是教授自治。

国内现在的情况则是建专业容易,撤销专业难,罕见专业学科淘汰,50 年前办的老化专业现在还在办。还有就是教授来了之后,说起来是有教学任务,但他自己做研究,专业好不好、学生好不好跟他没关系。重视科研,不重视教学;重视能出成果的研究生当劳力,不重视本科生的教育。那怎么办呢?我们正在改变,就是把每个教授都挂到专业学科里去,由教授委员会来进行评价,没做好排名就下降。而学校要给考核排名靠后的教师停发津贴,只拿基本工资,让他感觉自己可有可无,自动离开学校。这个事情需要缓慢而持续地进行,我们不希望像闪电一样来一阵就没了。

记者:那么学生自治呢?有什么举措?

钱旭红:学生自治其实就是两条:民主实践和法制实践。民主实践就是学生的自我管理,自己推选班长、学生会主席。你搞推选也行,搞海选也可以,只要给不同的人以均等的机会。这个机会不仅仅是当领导的机会,也有被领导的机会。领导和被领导的角色要经常转换,不能多年不变,(学生处于)成长期,可塑性强,需要的是历练。比如说在班里是班长,到社团里可能就是个小兵;班里的普通学生,也能到社团当个头。高校里的学生大多处在青春期,很容易有逆反心理。他没当过头就会一直逆反,但做了一次领导之后就知道:“哦,人家也不容易,应该互相理解。”哪怕他对当领导不感兴趣,他也会是个优秀的被领导者。我们要培养的不仅是优秀的领导者,也要培养优秀的被领导者,而不是说因为不优秀才被领导。科学、艺术需要更多的特立独行的个人创见。学生在大学 4 年中角色转换的背景越复杂、人生经历越多,将来的独立能力就会越强。

法制实践更好理解。学生遇到问题,吵架、抄袭、剽窃、利益纷争,现在的方式是行政处罚,从班主任开始一级级往上报,最后学校决定给予一个处分。这样做不能说没有效果,但这是外在制约,不是内在制约。

在学生看来，这是惩罚不是教育，你不听我的我就惩罚你，导致逆反心理，觉得“你们这些大人就这样”，等他成了大人也这样。华东理工大学正在做的是尝试建立学生法庭，大家一起讨论校规校纪，定好之后就交给学生。出现违纪现象，由学生法庭决定该受到什么处罚，要求情也可以，拿出事实依据来，校方不再是决定者，仅仅是最后的认可。这样学生对学生进行教育，能真正起到教育作用，学校也减轻很多工作压力。

当然学生自治需要一个过程，借用孙中山先生的话，目前华东理工大学还处在“训政”阶段。学生自治不是说把他往海里一扔，撒手不管，那不是自治，那是淹死他。你要完全放开，学生讨论之后决定说考试作弊是正常的，学校怎么办？我们希望看到的自治是逐步建立一个完善的学生自我管理体制，然后慢慢放手，最后彻底交给学生来做。大人教育小孩最好的方式就是远远地看着他、适时关爱他，但不要时时操纵他，这是我们希望达到的目标。

没有国际化就没有好大学

记者：深圳南方科技大学前不久正式开学，它有异于现有的高等教育体系，目标是在较短时间内建立国际一流大学。不知您对此有何看法？

钱旭红：我很敬佩南科大的尝试，非常勇敢，值得提倡。创建一流大学并不一定需要很长时间，关键是机制和资源。南科大的榜样——香港科技大学，从零开始 20 年就办出了一流大学。这不是特例，许多国家都有类似的例子。英国华威大学，建校不到 50 年，现在排名英国第四。能不能办好大学很大程度上取决于经济、社会机制，深圳作为特区，创造过很多新的模式，教育上也可以创造新的模式。

记者：现在国内许多高校非常重视国际交流，将国际化作为提升高校教育水平的重要手段。您对此如何看待？

钱旭红：大学本来就是多文化交流的场所，没有国际化就没有好大学。国际化可以获得最大限度的文明多样性，通过多样性促进人的创新思维。国际化有两步：自己走出去，别人走进来，而不是请进来，实现多文化交流。现在我们实现了第一步，自己能走出去，但还不能和人家平等交流，没能吸引人家大规模走进来。现在来的主要是学习语言，等到我们方方面面人家都愿意学的时候，才是真正的国际化。

华东理工大学的国际交流也日益增多，与多所国外高校进行师生交换，规模也比较大，每次数十人。另外我们也有和国外高校商谈合作办大学，但目前还未最终确定。

加强与深圳的产学研合作

记者：华东理工大学 1996 年进入国家“211 工程”重点建设行列，2008 年获准建设“985 创新平台”。华东理工大学是以理工为传统和特色的高校，而深圳则是我国的重要工业城市，华东理工大学是否会加强与深圳的合作？

钱旭红：一定会。华东理工大学 2001 年成立了深圳研究院，在深圳培养生物制药、计算机技术等人才，目前已培养了数百名研究生。我校还入驻深圳虚拟大学园，将科研成果在深圳转化为现实生产力。

下一步我们希望能与深圳更密切地进行产学研合作，在深圳建立研发和技术转移平台，借助深圳的市场化优势，实现技术的产业化。另外，我们也希望做大人才培养平台，为深圳的继续发展做出贡献。

（卢羽华，《深圳特区报》2011 年 8 月 15 日）

我们的家园

钱旭红院士的校长言谈和新闻选录

第四篇

治校实践

面对世界和中国正在发生的广泛而深刻的变化，面对迅猛发展的科学技术和日益激烈的人才竞争，如何适应新的形势，迎接新的挑战，已成为每个华理人必须思考的问题。我们必须励志明德，着眼未来，以科学发展促进内涵提升；凝练聚焦，追求卓越，引导学科实现跨越式发展；跨地域、跨国界联合开放，扩大影响开阔视野；加强产学研合作，服务社会，建设创新型高校；传承弘扬特色文化，升华大学精神。

華理大校

凸显办学特色　提高竞争能力
探索强校之路

——钱旭红校长在全体教职工大会上的讲话(摘要)

民生

安居才能乐业,如何提高教职员工的收入及尽早实现商品住房补贴,成为新任领导经常性的重要议题,无力充分关心员工的民生问题是校领导的心头之痛。

学校内外有债,也很少有国家重点建设的大笔资金的投入,单单房贴就需要数亿元,即使借款,也只有转换成收入才可以用于分配。天上不会掉馅饼,困难只有靠开源节流来解决。学校不可能马上就普遍提高所有人的收入,但可以通过收入与绩效挂钩,逐步提高教职工的津贴收入。

学校将充分利用学校的优势,结合上海南站建设,抢抓桂林南路开发机遇以扩大学校的现金收入,增强房贴启动后的资金支付能力。梅陇地区也有些最后的机遇可供利用,学校期望通过建房置换套现获得启动房改的"第一桶金"。由于时机的丧失,上海房价居高不下,学校只有通过各种渠道增加收入才能解决这一问题,而员工们的实际困难和迫切心情都表明留给学校应对和准备的时间已经不多。现在,校园内外及地上地下都是学校挖潜增收的可能着眼点。学校领导班子多次讨论,经过认真调查研究,精心设计,想方设法,决心尽快正式实现房贴。

此外,学校已经要求有关职能部门尽快购买空调通勤车,以解决住在校外教职工的上下班劳顿之苦。

竞争力

在关注民生问题的同时,更要关心学校的竞争力。暑期的学校似乎进入了一个半停顿、接近休眠的状态,犹如一个隔绝于热火朝天、日新月异的大上海以外的封闭怡人的世外桃源。但愿这种状况是换届期间的短暂现象。要知道美国大学的教授是只发 9 个月工资的。大连理工与大连化物所的差异、华东理工与上海有机所的差异更能说明勤奋的重要性。勤能补拙,业精于勤。如果一个人不够特别聪明,又不特别努力,在竞争的社会中,只能在被淘汰或领取下岗津贴之间进行选择。一所学校同样如此。大学只有雇员和学生,大学不是为全体人员提供服务的区域政府,而是以培养高级人才为己任的高等学府,学术、学习永远是第一位的。没有学术、学习方面的竞争力,师生员工的民生问题就没有实力去解决,就无从谈起。如何让学校高效、满负荷运转是学校必须解决的重大课题。

考核与管理

为了使学校尽快进入高效、正常的运转,假期里学校分别进行了业务和党政骨干人员三年业绩的公开、严格的分类考核,为本学期新的聘任提供依据。为建立与师生员工的密切联系,不受干扰地获得来自基层的各种信息和关心群众疾苦,设立并运转了校长电子信箱。不久,学校将调整、缩减学校的委员会总数目并进行分类,设立具有相当权力的以骨干教授为主体的 6～8 个民主管理职能委员会,它们将与学校行政管理职能部门共同运转,相互支持、相互制约,提高校部决策的科学性。但事关学校全面工作及员工的生活福利今后将主要听取教代会及工会的意见。为提高工作效率,将大力加强行政管理的信息化建设,加强与改善校内外信息交流与沟通,赋予监察部门对校内所有组织与个人工作绩效的跟踪职能。

这些措施主要是向全体人员提供这样的信息：为提高学校竞争力，公平、公开、公正将成为学校行政运转的原则，学术权力与行政权力分离与相互尊重将成为学校文化的规范。

发展策略

客观、正确地评价学校是开拓发展的重要前提。为听取和了解外部对学校的建议和想法，暑假中，沈伟国书记和钱旭红校长等到北京分四次集中看望了广大校友，拜访的校友有：全国人大副委员长成思危，中共北京市委副书记阳安江，中国石油化工股份有限公司总裁王基铭、副总裁章建华，国家食品药品监督管理局副局长任德权，国家自然科学基金会副主任朱道本院士，中国石化经济技术规划研究院党委书记朱煜，教育部人事司副司长许涛以及舒心田院士等。校友们就母校的办学特色及历史、学科建设、专业设置、校企合作、发展方向等学校建设中的重大问题，都发表了许多重要、中肯、感人至深的想法和建议。

校外校内的呼声都表明，学校不能在自己的一亩三分地里自鸣得意，否则将危机四伏。我们要站在上海、全国、国际的视角去审视学校已做的和即将做的一切。学校不能消极、被动地跟随变化的世界，而必须主动、积极地应对变化的世界直至引领变化的潮流。

我们的创新探索不是为了提供可供媒体宣传、可供他校照搬的富强经验，我们的创新是为了培育我校独享特有的优势。

学校特色与发展举措

华东理工大学的特色体现在学科特色和办学特色上。学校的学科特色是化工与生工等优势学科，办学特色是坚持产学研结合的道路。学校将创造条件，扶持、建设出若干个国内一流、闻名遐迩乃至称雄的著名学院（如化工、化药、生工、材料、资环、信息），学校要汇聚、培养出一批国内一流、国际知名的杰出学者。为密切与位于全球500强前列的中石化以及似浦东般崛起的上海化工区的联系，学校将恢复“石油加工系”并加强“国家技术转移中心”的建设。与此同时，在暑期，学校启动了与上海地区的中国科学院的强强紧密合作，经过充分协商并签署了合作协议，决定启动申请筹建化学化工方面的国家实验室（华东理工大学与中科院上海有机化学研究所合作），集团引进由基因到药物国家973首席科学家领衔的团队，组建“华东理工大学药学院”（华东理工大学与中科院上海药物研究所合作），国家医药局副局长任德权校友将出任名誉院长。这些行动得到了上海市和教育部的肯定与关注，有关方面表示会给予一定的支持。同时，学校必须关注学科的平衡发展，将慎选切入口，强化、改善对人文、社会、管理、经济、艺术学科及人才建设，超越已有的模式与方向，建立学校自己的特色。为强化非化学化工类、非理工类学科的影响力，并强调与现有优势学科的联系，不日学校将正式宣布聘请在管理、金融、证券方面有很深造诣的原化工部副部长、国家自然科学基金会管理学部主任、全国人大副委员长成思危校友担任我校名誉校长。此外，学校将抓紧时机，进行学科的适当调整，让研究生教育与本科教育适当分离，在全校实现学科交叉和资源利用最大化，实现博士点数目大规模上升。同时，强调学科前沿及社会需求，增加对考生的专业吸引力，拟考虑增设化学生物学、中药学等本科专业。

国际影响

弱国无外交，弱校无朋友。时至今日，虽然我校是一所老重点大学，但在国外几乎没有一所关系紧密、地位相当的姊妹学校。今后学校将以优势的国际合作科学研究为纽带定点强化校际联系，鼓励人员互换，扩大学校的国际学术影响力。学校正在探讨在适当时候成立自己的国际交流学院欧亚学院的可能性。它以阿拉伯语系的外国留学生的汉语与专业教育为重点，其理由在于该地区因石油而富裕，有充足生源可扩大学校的影响与收入，其石油对我国国家经济安全十分重要，且我校有相关的阿拉伯语师资、优势的石油及化工学科以及背靠中石化、上海国际大都市及国际位列第三的上海化工区的特点。在中东和阿拉伯世界站稳脚跟，将会对提升我校在欧亚及美洲的影响有许多帮助。

校园建设

尽管全国高校的圈地扩建高潮已经过去，但校园建设与发展规划仍是我校今后几年的工作重点之一，此对学校的长远、跨越式发展有重要意义。我们要科学规划、合理定位、重点突出地建设好三个校区。对学校而言，从不嫌地多，无论是赠送的还是优惠的都想要，关键是如何使用好，功能上如何正确划分。学校的人力资源、社会资源、物质资源都不多，因此，为我所用、灵活应变、追求实效是应该牢记的。奉贤校区由于受全国宏观调控影响暂时搁置，将会在年底前解冻投入建设。

人才第一

学校要发挥、调动一切积极因素，打破常规使用人才是学校的首要任务。在学校的创新团队建设中、职务职称聘任中既要关注屡有贡献的学校功臣，也要关心、扶持脱颖而出的“黑马”，为他们留道，为他们铺路(如能够或经常获得国家自然科学基金者要予以关注，如有条件地取消博导上岗的职称限制)。只要有海纳百川的胸怀，学校就会成为大师云集的学府。

一切工作围绕人才培养是学校的特点。教学上要不断推进课内教育与课外教育的变革，在日常教育工作中强化和改善对学生及研究生的创造素质教育与人文素质教育，培养社会、市场、未来所需要的领军人物和中坚人才。在科学研究和学科建设中，要涌现出对国家科技与知识创新体系建设、支柱产业升级、经济繁荣及社会进步具有重要作用和影响力的学术大师。在党政管理与学生思政工作中，通过选拔促进培养，要有计划、有组织地向各级政府部门、社会机构输送优秀领导干部。要关心校友而不是索取，要有“藏富于民”的心态，支持国内外校友的自主团体活动，使学校成为校友永远的家，使其形成对学校的向心力，让校友成为学校在当地的“亲善大使”和“利益代表”，扩大学校对整个社会的影响力。特别要指出的是，学校的各级组织将对在学校历史上做出突出贡献的老前辈，如建校时的党委书记余仁、原党委书记蒋凌域、原校长陈敏恒、刚卸任的党委书记徐凤云、刚卸任的校长王行愚等给予生活上的关心、工作上的支持、重大场合的礼遇。尊重历史才能开拓未来。

（2004 年 8 月 31 日）

困境　机遇　优势

——钱旭红校长在学校三年行动纲要动员大会上的讲话

进入新世纪,我国高等教育发展取得了历史性巨变,其主要标志是高等教育进入了大众化阶段。规模拓展、学科整合、教职员工收入较大幅度提高等是这一时期各个高校发展的重要趋势。一批“985 工程”和“211 工程”重点建设学校,利用这一机会,大大增强了办学实力。

对大学而言,我们正处在一个特殊的时期:多年不变的大学的地位及排名在急剧变化。我校在此时以怎样的心态、精神、行动面对竞争,将对学校今后数十年的发展产生重要影响。

困境

当前,机遇与挑战并存。一方面,在激烈的竞争中,我校优势学科的地位受到挑战,新的高峰学科尚未形成,多学科的协调发展仍未成形。另一方面,较低的津贴收入和至今尚未兑现的房贴政策使教职员工的生活压力和实际困难加大。不进则退,慢进也是退,落后就是退。我校已没有后退和回旋的余地,也没有可以等待、观望和抱怨的时间。为凝聚人心,树立共同的事业目标,校部要求各单位、机构制订实现“年年变样,三年富强”的行动纲要。这既是全校师生员工、干部群众和广大校友的迫切愿望,也是关系全校师生员工切身利益的重大任务。

客观、正确地评价学校发展面临的内外环境是开拓发展的重要前提。“985”院校由于可以获取国家的大量输血，争创国际一流蔚然成风；我们显然由于缺乏强硬的实力和把握机会创造机遇能力的先天不足，只能望洋兴叹；各式各样隶属地方或行业的学校各领风骚，独占一方，拼命拓展，显然我校无此天命，难有靠山，只能穷于应付，心有不平，偶有抱怨。上不着天、下不着地，既不甘于落魄又疏于自强是我校现状的真实写照。从办学历史来看，华东理工大学的发展是一个在竞争中不断衰退的过程。也就是说从纵向上看，学校始终在不断发展，但从横向的比较看，学校则是在不断退步。因此以服务求发展，抢抓机遇、乘势而上是我们唯一的选择。

尽管我校在前几年事业取得了相当的发展，如进行了“211 工程”建设、建立了研究生院等，但是在未来的三年中，我们必须进行许多兄弟院校已经完成了的工作，包括校区拓展、多校区功能定位及其平稳运行、学科整合和水平提高、教职员工的住房解决和待遇提高等重大问题。这就意味着在新时期的发展中，学校将面临一个特殊的态势：在一个时期内，将承担多个历史时期积淀下来的任务。

机遇

学校面临诸多困境，但实现跨越式发展并不是没有希望。国家、地方和家庭对高等教育的强烈需求，有利的区位优势，学校自身的传统都给我们创造了一定的机遇。

以上海为中心的长江三角洲地区是世界六大都市圈之一，也是中国经济最活跃、最发达的地区之一。2010 年前上海将建成亚洲规模最大、最集中、技术水平最高的世界一流石油化工基地，而中国石化的发展目标是建成具有国际竞争力的世界级一体化能源化工企业。富有活力的城市经济与社会基础对我校人才培养、科技创新提出了强烈的需求，提供了广阔的市场，也为我校吸引高层次人才、筹措学校发展所需资源提供了广阔的施展空间。与我校毗邻的上海火车南站，作为上海南大门的标志性建筑将在 2005 年底前全面建成，以南站立体交通枢纽为纽带的商业圈的兴起对我校周边的综合开发及经济将产生重要的辐射作用。

优势

自1960年以来,我校一直是教育部直属全国重点大学,建有研究生院,靠自己的力量,我校的学位授权点覆盖理、工、农、医、文、法、经、管等11个门类、34个一级学科;在狭窄的化工领域拥有7个国家级重点科研基地(其中国家重点实验室2个、国家工程技术研究中心3个、国家技术转移中心1个、国家动员中心1个)和10个省部级科学研究基地;聚集了包括2名中科院与中国工程院院士、3名国家“973计划”项目首席科学家、6名国家杰出青年科学基金获得者和5名教育部长江学者特聘教授获得者在内的一大批优秀学科带头人。

当前,化工和石油化工已是国家经济发展的基础和支柱产业。在美国,化学化工的人才占总科技人才的45%～50%。2003年,中国石油和化学工业产值已接近国内GDP总量的10%,成为中国的第一大产业。我校仅在2003—2004年间,就主持承担了3项国家“973计划”项目;“十五”“863计划”项目研究总经费已名列全国高校第九名,两年内获得了5项国家科技进步二等奖和45项省部级科学技术奖;国家发明专利量和国际学术论文引文量一直位居上海市高校第三名。近三年来,华东理工大学参与承担了“九五”中国石化重点科技攻关十条龙中的六条。

我校所获得的国家投入是很少的,然而所创造的效益是众多大学不能比拟的。

目标、思路、参照

在机构、干部、人员调整与聘任工作结束、岗位津贴制度修订及其实施以后,校区定位及建设大局也基本确定以后,制订一个既切合实际又适当超前的学校近期发展行动纲要,将是当前第一位的任务。用纲要统一思想、凝聚人心、鼓舞士气,用纲要作为批评与自我批评的依据,用纲要确定速度、督察工作、考核成果。一切行动要围绕纲要确定的目标。

目标

1. 把解决教职员工的民生问题放在首位，明显改善教职员工的待遇，提升教职员工的生活质量。

2. 切实加强优势学科建设，快速发展学科特色。显著提高学校在国内外的声誉和知名度。让人们感受到在我校读书是一种荣耀，在我校工作是一种体面，作为我校毕业生是一种自豪。

3. 努力拓展学校办学资源，以奉贤校区建设为契机，高水准建设好三个校区，科学合理地确定三个校区的功能定位，并实现多校区稳定运行。

思路

以高水平的师资队伍建设做保证，以学科水平提高为主题，坚持产学研紧密结合的办学之路，通过不断创新，努力扩充办学资源、筹措办学资金，为实现跨越式发展奠定基础。行动进度：可预计的各项指标应实现年均30%的增长或改进，三年后学校的学科及经济实力应翻一番。实现一年一个样，三年大变样。工作方法：明确奋斗目标，确定中外参照，找出明显差距，制订阶段措施。依此确定每学期、每年的日常工作计划。

参照

学校发展的目标太近，缺少理想的魅力；目标太远，又容易让人望尘莫及。英国华威大学(The University of Warwick)和国内的天津大学可作为我校的发展参照。华威大学创建于1965年，至今只有40年的办学历史，但已经名列英国十大著名学府之中，其后来居上的发展道路值得借鉴。天津大学是教育部所属以工为主、理工结合，经济、管理、人文、法律、教育学科协调发展的多科性重点大学，在国内各种大学排行中居于15名左右，是我校应该借鉴的参照。

举措、速度、方针

1. 坚持以人为本

一切工作都要把人放在首位。要坚持实施“人才强校”战略，通过培养、选拔、引进人才实现跨越式发展。要以海纳百川的胸怀、惊天动地的气魄,汇聚与使用有利于学校发展的“奇才”、“怪才”。同时,学校的一切工作也是为了人,为了全体教职员工的民生改善,为了名师的脱颖而出,为了全体学生素质与能力的全面发展,为了所有毕业校友的殷切期盼。

2. 强化服务意识

全体人员(教学科研、党政管理和教学辅助)要以“感动上天”的精神做好服务,进而引导或促进事业发展。要明确树立服务意识,明确服务对象,了解服务对象的真实需求及其变化方向。要以服务对象的满意程度作为衡量工作绩效的重要标准。要通过换思想、换作风、换岗位、换人或撤机构等方式,切实提高工作效率,消除不思进取的工作作风。要以服务求发展,以服务换支持。

3. 注重优势和特色

打破常规,出奇制胜。要结合学校实际探索适合我校特点的发展道路,既不照搬照抄别校经验,也不追求仅供别人参观考察借鉴的形象工程、发展模式。我们的探索是为了塑造学校独享独有的优势或特色,提升学校的核心竞争力。各系统、各单位要明确自己的优势或特色,适当超前定位。

4. 必须敢为人先

力戒平庸保守、消极被动、安于现状。消除“不求有功,但求无过”的“鸵鸟”心态,处理不作为、无原则、怕得罪人的老好人。同时也要打击阳奉阴违、欺上瞒下的个人与行为。要确立“无功即是过”的共识。积极主动地应对社会发展的现实需要,在适应中争取引领变化的潮流。要勤奋求实、思危自强、开拓创新、独辟蹊径、敢为人先。鼓励、肯定首创精神。如果亦步亦趋地跟在社会发展实践后面,实现跨越式发展就是一句空话。

5. 以速度求平衡

我们不需要没有速度的八仙桌式的四平八稳的平衡,我们需要有加速度的自行车式的动态不对称平衡,在处理下属问题时需要有新模式、有特点、有速度的新平衡。

(1) 学科建设中继承和发展的关系、优势与特色的关系、科研与教学的关系、知识传授与潜心铸魂的关系。

化工学科是我们的传统优势学科,如果没有新的发展,化工学科将萎缩,如果没有新的高峰学科生长点,我们将一直守着单科学校的学科格局。今后若干年学科建设的重要任务是在保持原有特色的基础上创造新的以化工为核心的石油化工、生物工程、能源工程、制药工程、化学以及轻工等学科特色,形成新的高峰和优势,并促进其他学科的发展。同时,我们将重点发展以社会学为代表的人文社会学科的学科特色,从而实现多学科协调发展。

在教学教育上,增加非智力因素教育和创造学教学,强化学生的创造能力和创造意识,重视对文科学生的科学精神和理工科学生的人文精神的传授。培养学生独立思考能力和批判精神,弥补现有的以知识传授为基础的教育教学体系的严重不足。

(2) 队伍与人才建设中团队与个人、名师与骨干的关系,学术与管理的关系。在工科和部分理科专业,以"创新团队"建设为载体,造就若干在国内外享有很高声誉的优秀人才高地。在人文社会学科和纯理科专业,鼓励优秀拔尖人才的"个人英雄主义",吸引并培养学术大师。

其他如事业发展与职工民生改善间的关系、硬件环境与软件环境间的关系、校园建设与校园精神间的关系等。

今天是动员会,不是学校行动纲要的发布会,主要目的是抛砖引玉、启迪智慧、激发思考。希望大家行动起来,把"猫冬"的寒假变成反思和谋划的寒假,以迎接行动的春天。

在三月份的教代会上,三年纲要将正式颁布,我们呈现给大家的不仅仅是理念、措施,更重要的是目标数据。三年后迎接我们的将是现实与历史对纲要执行效果的自我考核。

我们也许无法在我们这一代人完成学校的跨越式发展,但至少我们要为后一代人奠定跨越式发展的基础。三年纲要不是全面出击的大跃进,是有所为有所不为、振奋精神、创造特色的行动纲领。

(2005 年 1 月 12 日)

敬业　创新　育英才

——钱旭红校长在2005年教师节及迎评估动员誓师大会上的讲话

教师的天职是化愚钝为聪慧，教师的魅力在于化腐朽为神奇。太阳底下最崇高的职业是教师，我中华民族落后的人力资源转化成先进的智力资源的希望来自教师，华东理工大学由平凡走向卓越的动力来自在座的各位教师。半个多世纪以来，我校培养的大批优秀人才，如今在社会的各个领域起着栋梁作用，正为国家和社会做出重要贡献。一代又一代教师的默默奉献，对华理的发展壮大功不可没，正因为有了你们的辛勤工作，华东理工大学才有了发展的基础，才有了今天奋进的前提。值此庆祝教师节之际，我代表学校向你们表示崇高的敬意和衷心的感谢！并对全体教职员工表示诚挚的慰问！

今天我们齐聚一堂，不仅仅是为了回顾我们曾经创造的业绩，更是为了明确作为教师对学校未来、学生未来所担负的责任。

大学的根基是本科人才培养。根据多年前的规划，2007年我校将接受教育部本科教学工作水平评估。对我们学校而言，这既是挑战，也是机遇，我们要以评估为契机，以评促建，切实加强、改善、提高我校的本科教学水平及教育质量，全校上下必须尽其所能，全力争取“优秀”的评估结果。为此，我谈些思考和认识，供全校师生讨论、参考。

一、树立忧患意识，高度重视本科教学评估

国内某些著名大学获得了国家的大量投入，拉大了我校本科教育在整体水平上与它们的差距，这种情况必须引起我们足够的重视。2007年，教育部对我校的本科教学工作进行水平评估，这将是我校迎评促建、落实“年年变样、三年富强”行动纲要的最佳时机。

通过多年的发展，我校已由单科性学校发展为多科性的研究型大学，本科教学取得的成绩是有目共睹的。然而目前，某些我们并不在意的学校在本科教学方面正在超越我校。没有优秀的本科教学，就无法体现一所大学的水平是否达到了优秀的层次。过去的数十年，特别是“文革”以前，学校培养出了成思危、朱道本、王基铭等政界、学界、产业界的领袖与精英。而未来，学校能否为产业和社会发展培养出同样甚至更为杰出的人才，是对我校本科教育的严峻考验。

如果此次评估不能获得优秀，今后的许多工作，如学科建设、博士点申报等，都将遭遇难以想象的困难。今后，教育部将每年统计公布一次高等学校教学状态数据，探索学科专业评估，逐步建立将评估的结果与增设新专业、审批学位点、确定招生计划等相关政策挂钩的激励机制。对我校而言，如果评不到优秀，则在本来较小的研究生招生规模方面受到限制。而且，评估结果不只影响研究生教育，还要影响本科招生规模，影响拨款额度，使我校已属不易的经济状况更为艰难，乃至影响学校的整体形象。因此，迎评创优绝不只是教务处的工作任务，而是事关每一位教职员工切身利益的头等大事。

评估将使我们有机会全面系统地回顾50多年的办学历程，总结经验，挖掘学校精神的精髓，把办学理念真实地展示出来。评估也有助于正视自身的不足，反思一些失败的教训，从而有助于我们把握教学原则，探索教育规律。我们要以振奋的精神和创造性的思维积极地迎接评估。通过评估促进本科教学的全面建设，创造学校更加辉煌的未来。

近一年来，大批新的干部被任命到校、院各级领导岗位，干部们有工

作能力，有创造热情，也有经验积累，但不少同志缺乏对本科教育重要性的充分认识，有的缺乏教育理论修养，缺乏实践经验与教育理论相结合的充分磨砺，因此，通过迎评创优工作，将使我们的干部对本科教育的领导与管理水平有很大的提高，这比专门的培训将具有更强的现实针对性。

对一线教师来说，搞好迎评创优是提升业务水平、获得社会和学校认可的重要良机。毫无疑问，广大一线教师多为业务骨干、学科专家。但是，教育有自身的特点与规律，教学是一门独特的艺术，有些教师在这些方面缺乏足够的积累。据调查，有的课程不及格率高达 60%，有的老师随意修改课程成绩，还有的老师竟然用研究生入学试题来作为本科生的课程考试题，需知道，水平选拔与课程合格测验是两种根本不同的教育评价。诸如此类的现象表明，某些老师缺乏应有的教学素养，必须借此良机提升教学认识，才能探索教学艺术，才能形成教学风格。

为保证优秀的评估结果，需要全校在本科教学的理念、方向上形成共识。在相关的评估指标上逐步分解，任务到人，职责明晰，奖惩分明，明立军令状，保证评估任务的顺利完成。

二、 面向未来，准确定位、树立本科教学新形象

今年七月结束的党代会已明确，学校的中长期发展目标是，建设国际知名、特色鲜明、多学科高水平的研究型大学。因此，我校的本科教育不能仅仅停留在培养工匠的层面，而是要培养精英、大师，我们要追求培养出未来在各个领域起领军作用的创新型人才。在这种情况下，面对旺盛的社会需求和强大的同行竞争，我们需要解决许多问题，如教育的理念、方法、手段等问题。

人才培养是学科建设的核心，学科建设是本科教育的基础平台。党代会及三年行动纲要都要求，在学科建设中加强生工、能源、制药、轻工、材料、石油化工等学科的建设，实现化工优势延伸；大力支持信息、机械、环境等学科的建设，充分利用学科优势，进一步强化特色；推进生物学、

药学、化学、数学、物理学等理学基础学科的发展，实现优势向学科源头拓展，真正实现理工结合；围绕学科调整，加大支持力度，扶持人文社会科学学科发展，构建特色鲜明的人文社会科学学科体系；加强学科间的交叉、渗透和融合，发展边缘和新兴学科，培育新的学科生长点和研究方向。经过若干年的建设，逐步使相当数量的学科成为在国内有影响的优势学科，其中部分成为国内领先、国际知名的高峰学科。

三年行动纲要已明确，在三个校区功能科学定位的同时，潜心树魂，构建研究型、人性化本科教育体系。

所谓研究型，就是从学校角度，要推进研究与教学的融合，将研究的优势衍生到教学，并促进教学，反哺教学，要让获得社会公认的我校研究成果在教材、教学和教育思想、方法手段中充分体现。同时，要把教学作为科学研究来对待，这就要求我们的教师和管理人员不仅能够提供优质的课程和服务，同时还要成为教育研究方面的专家。在可比的基础上，同等对待研究与教学。同等对待不是对现状的认可，而是反思和超越。要像鼓励以研究为主的教师开展科学、艺术、社会研究一样，鼓励以教学为主的教师在开展教学实践的同时，开展同等水平的教学研究和教育研究，鼓励在国际、国内的著名或知名的、专业或领域的教学研究和教育研究学报上发表论文，召开国际性的教学研究和教育研究学术会议，并将研究成果运用于实际教学活动及相关探索之中。

所谓人性化，就是尊重学生的个体差异性，并因势利导，塑造知识、能力、素质协调发展的英才。人及生物与工业产品、机械产品的显著差别就是个体差异性，同一父母生出的子女，个性、外貌都不尽相同。具有个体差异性的学生群体与目前统一、格式化的教学模式存在结构性的矛盾。如果采取犹如计算机磁盘清洗一样的格式化，对教育和学生而言可能是无尽的悲哀。差异性既是挑战，又是机会。个体特征可能是优点，也可能是缺点，其能否发扬光大或改正缺点取决于教师的耐心和爱心，取决于学生的追求和自我定位。千奇百怪的树根在伐木工的眼里是无法成为栋梁的废物，而在巧夺天工的艺术家眼里则是富有灵性的根雕。浅显的道理不言自明。

研究型、人性化的核心就是培养具有创造素质和能力的人才。我国教育的理论教学与社会实际存在一定程度的脱节,重理论、轻实践的现象较为普遍。而我国产业的快速发展和随之而来的社会快速转型,均需要我们更新和进一步明确教育理念。我校长期坚持产学研结合的办学特色,有长期相关人才的培养经验和积累,因此,厚基础、强实践、高素质,培养创新型的产业和社会精英是我们追求的目标。

三、 勤奋求实、开拓创新,树立本科教育优良学风

教育质量是高等教育的核心问题,而教育体制制约着教育质量的提升。现行的教育体制与社会需要存在许多矛盾,就业率低是这种矛盾的一种体现。2004 年 9 月初,全国普通高校应届毕业生平均就业率为 73%,2004 年底,就业率达到 84%。我校 2004 年底就业率为 97.2%,供需比保持在 1:4 左右。其中,就业于三资企业的毕业生多达 40%,有的专业就业率一直保持在 100%。

然而全国范围内大学生就业难已成为不争的事实。这既有社会的因素,也有大学的问题。某些毕业生成了就业机会的消耗者,而不是就业机会的创造者。其根本原因是我们的本科教育的质量效应还跟不上社会、经济快速变化发展的现实,我们的教师尚未能真正传授给学生善于创新、独步天下的本领。

要建立研究型、人性化的本科教学体系,需要树立优良的学风,这包括教师风范和学习风气。教师的师德修养和敬业精神发挥着关键作用。我这里所说的教师包括具有教师资格的课堂主讲、教学与实验辅助人员、研究人员、行政人员。这里没有教师与非教师之分,只有最佳主角与最佳配角之分。榜样的力量是无穷的。一日为师,终身为父。高水平的教育需要教师对学生有爱心、耐心,工作中需要求严谨,不照本宣科,要不断追求创新。严师出高徒,高徒出名师,我校的教师在教书育人方面有许多动人事例,外语学院就是一个代表。然而,必须看到的是,确有某些教师视教学为“打工”,有的甚至在磨洋工,从批改学生试卷中的严重

失误，到课堂教学中的漫不经心，这些现象并不少见。有些教师缺乏敬业精神，缺乏竞争力，把整个暑期当成了带薪带奖金的法定假日，而忘了将其作为提高业务水平、进行工作交流以促进教学的重要契机。大学不是世外桃源，计划经济时代政府机关和国有企业的缺陷不可能再继续下去。学校将通过经济手段和行政手段，通过奖惩、表彰批评、晋级淘汰，逐步消除与高水平大学不相符合的这些状况，使"工作是生命"成为共识，成为风尚。通过对教师的言谈举止、待人接物、衣着服饰进行规范式的规定，让教师认识到讲台是展现个人风采、个人魅力的演讲台、舞台，鼓励教师们成为课堂"连续剧"里的明星，让教师每一节课都有忘我的投入和真情献演，通过感动同学来感动自己，感动校园。要通过机制创新和敬业精神的发扬光大，让教师感觉到为师者的崇高，让学生体验到为师者的可敬。

非课堂教育、非智力因素教育不是课堂教育的简单补充，而要让其成为课堂教育的"手性"对称的镜像。在树立一批课堂教学的精品课程的同时，要挖掘、树立以国际数模竞赛、英语演讲比赛、京剧欣赏、女子乒乓球队、左岸女子乐队等为代表的精品校园文化项目，让学生懂得何为团队精神、何为竞争意识、何为素质与能力、何为面对失败和成功时的正确心态。

要重视培养具有人文精神及科学精神的高层次人才。没有知识的传授，就谈不上精神的传授，有了人文知识与科学知识，不一定就表明拥有了人文精神和科学精神。知识会随着时代的变迁而更新和老化，然而其所蕴含的先哲们的伟大精神和深邃智慧，诸如独特的观察视角、分析途径、解决方法，置于今日仍然光彩照人，仍在很大程度上，至少部分地指导着我们的行为实践。所有知识上升到最高境界都是哲学，所有从不同观点出发获得的投影之高度综合才是事物真实的形象。兼容并蓄、由表及里、去粗取精，掌握知识中所负载的精神内容，教师应该以这样的学习态度去引导学生，使学生通过在精神上与先哲们的对话，从而成为懂"物理"、辨"事理"、明"人理"的青年才俊。后成"家"，先成"人"。使学生通过学富五车而成为自己精神世界的主人。

四、 更新观念、全校统筹，协力推进迎评创优

在迎评期间，需切实实施的工作有许多，我们将有步骤地重点推进。

建立任务型机构。成立本科教学评建工作的各类任务型组织机构，全面协调迎评创优工作，各组织机构要围绕学校目标，用新鲜的语言、独特的措施、数字化的目标，确定工作原则与举措。

系统协调，稳妥消除结构体制性问题。目前，在不同的校区、学院，专业重复设置、要求质量不一的现象较为突出。要从强化学科建设、提高学生培养质量的角度，在迎评期间通过调研，形成共识，行政推进，逐步解决。

基础课程，特别是重要基础课程严重缺编，有的甚至达到 40%。如此严重缺编将严重影响学校教学质量的提高和教学规模的扩展。对此，必须予以重点解决。

教授、副教授为本科生上课的规定，难以很好地落实。作为学校的优质教学资源，教授、副教授对我们最重要的立校基础——本科教学的贡献不够突出。这一局面需要通过灵活、有效的方式予以尽快解决。

科研教学一体化。科研与教学的分离是我国高等教育比较普遍的现象，曾经在一段时间内在我校发挥过积极作用。一方面，教学与社会需求的脱节、与科技前沿的远离，造成了教学及其队伍质量的下降。另一方面，科研与教学脱离的后果是，大学研究的兴趣化、个体化倾向使得其研究至少部分脱离了人才培养这个中心任务。大学的核心是“人”。大学教学不同于中学教学的显著之处在于教师具有研究能力，教师能够将其研究感受、体验、思考引入教学以启发学生，而不是有口无心、照本宣科。大学的科研不同于科学院，通过科研过程培养优秀的学生是其第一目标，而相应的科研成果则是学生培养质量高低的重要参考。因此，我们将在观念、政策、队伍、教材建设方面促进科研与教学的一体化。

政策杠杆推进教学。在职称评聘中，以教学为主的教师晋升职称时，今后将只对其研究水平和能力作出要求（如论文、成果）。使之明确，

研究(科学、艺术、社会研究或者教学教育研究)水平与能力是胜任大学本科教学必不可少的。为保证有充足的时间从事教学,对其所承担的项目、经费不作规定。但项目、经费对以研究为主的教师而言是不可或缺的。因此,在鼓励研究人员上讲台的同时,鼓励教学人员加入校内重要的研究团队作校内访问学者,参与研究工作,以此提高其研究水平与能力。

根据三年行动纲要,将分三年每年递增 800 万元业绩津贴,目前将发放今年的业绩津贴,围绕学校中心工作,确定并发放业绩津贴将是今后一贯的政策。今年的重点是向本科教学倾斜(900 个教学及辅助编制占有 520 万),重点鼓励量大质优的大规模的基础课教学、专业教学、实验实践教学、课程教材建设等。而研究生教育中只对课堂教学及指导论文进行奖励,科研、党政只进行个别类型的业绩奖励。我们要通过连续三年的经济政策和行政政策推动来表明,你是否为华东理工大学做出了贡献;你是否需要华东理工大学,华东理工大学是否需要你。

名师彰显品牌。在教育团队建设中,鼓励在校外具有高知名度的教授领衔或命名精品课程,让在校外具有知名度的责任教授团队领衔品牌专业,鼓励优秀在校研究生担任实际课堂助教、实验助教。将采取个人授课、双人对话授课、知名教授领衔的团队授课等灵活方式鼓励名师走向讲台。建立面向社会的专业及重要课程的网站,让教授的个人声誉与学校的教学质量挂钩。为减轻著名和知名教授工作负担,要建立团队或集体的业务秘书制度去保证这一设想的落实,并通过经济政策、运行机制、行政措施使之落到实处。

以行动证明,一切为了学生。在学生能力培养方面,我校进行了初步探索,但还很不够;对系统知识较为关注,对实验环节、动手能力、解决实际问题的能力重视不够。要在抓精品课程和名师工程建设的同时,强化我们的实验实践教学,辅之以信息化技术,实现跨越式发展。

重点进行并实现课堂教育方法改革,提倡以社会或自然的热点问题及案例进行启发教学和思维方式的训练,从传授知识逐步过渡到方法和精神的传授,把教书育人的理念贯穿课堂教学的全过程。

让学生充分掌握学习的主动权。建立更加灵活的学分制，推行弹性学制。改革课程设置，建立三级课程平台，通过课程建设保证教学质量，以激发学生的学习主动性。推行按大类招生，给学生以更大的选择专业的自主权。

老师们，全校的教职员工们，尽管我校经济困难，缺乏来自政府的额外经费支持，处于国家宏观控制时期，但正是因为有了大家的共同努力，我们启动实施了困扰学校多年的房贴制度，提高了退休人员待遇，并即将发放业绩津贴。尽管这些仅仅是艰难的起步，但这毕竟是迈出了走向富民的第一步探索。

也正是由于大家的共同努力，我校全校发动，群策群力，精心组织了博士点申报工作，其学科超出了我校传统的优势范围。今年的博士点争取公认为是最困难、最严格的一年。根据目前的情况，因我校初评名列前茅或先进的较多，因此有望成为我校历史上获得博士点最多的一次。如果确实如此，这为迈向强校走出了第一步探索。

我们相信，在勤奋求实、无怨无悔、勇于创新的全校教职员工们的共同努力下，我们一定能够在建设好新校区的同时，顺利地获得本科教学优秀评估，为华东理工大学的跨越式发展奠定基础。

（2005 年 9 月 12 日）

团结进取，扎实工作，为落实三年行动纲要而努力奋斗

——钱旭红校长在校六届二次教代会上的工作报告(摘要)

2006年我们要以科学发展观为统领，建立集约、高效的人、财、物运行机制，继续推进“211工程”建设，全面提升学科竞争力，落实三年行动纲要，为“十一五”的快速发展夯实基础。在此思想的指导下，充分发挥我校的办学特色和学科特色，以教书育人为中心、校区建设为重点，决战2006，实现规模扩张和内涵提升的双跨越。要把全校教职员工及各部门按照一线工作战斗队、服务支持队、协调督办队、监察督查队进行分类指导管理运行，以保证上述目标的实现。

为此，学校将致力于确保五项工作取得实效。

一、 迎评促建，全面提高本科教育的教学质量和水平

学校将进一步确立本科教育在学校建设与发展中的基础地位，在适当规模扩展的基础上，深入开展以创新能力和工程实践能力培养为主要内容的教育教学改革，积极探索优秀人才培养模式和管理模式，健全和完善按教育部本科教学优秀评价指标建设的本科教学质量保证体系，全面实施教育质量工程和创新人才培养计划，着力提升教学研究和教学工作水平。要统筹科学研究、队伍建设、研究生教育、后勤保障等各个方面协力支撑本科教学，集中力量建设好四个基础教学实验中心。2006年新

增业绩津贴的大部分将继续投向本科教学，继续大规模向本科教学实验实践投入建设经费。要采取有力措施加强教风和学风建设，以优良教风促进优良学风的形成，组织动员全体学生，以主人翁姿态，积极投身到教学评优工作中去，确保在硬件和软件上为迎接 2007 年本科教学评估做好充分的准备。

与此同时，为迎接评估，要尽快理顺各校区的行政、学科关系；面对今后近一年紧张的物质与场地资源，以及不断投入的新场地与设施，要高质量地保证新生入学工作，进行有效的人员管理，完成校区间的人员迁移。奉贤校区的学生管理工作模式要创新，要建成家庭式、自治式、身心式和书院式的学生管理模式，实现厚基础的教育，从而使之与后继（高年级学生）在历史悠久的徐汇校区所具有的专业和研究性学习环境相衔接与匹配。

二、 强化统筹，进一步推进学科和科研基地建设

1. 学校将高质量地完成“十五”“211 工程”二期建设验收工作，启动“十一五”“211 工程”三期建设规划，以引领性项目促进共用先进的仪器装备平台建设，进而汇聚人才队伍。

2. 实现前沿重点突破，连动提升相关领域，积极筹备新一轮国家重点学科的申报工作。

3. 完成学科调整，同时加强学位点建设，启动新增博士点的各项建设工作，规划下一批博士点建设任务以及评估已有硕士点的教育质量。

4. 要从改变运行机制和管理体制着手，加大对生物反应器工程国家重点实验室、化学工程国家重点实验室（工程中心）等一批国家级科研基地以及省部级重点基地的建设力度，加强学科、用房的集中度，使之实现并成为行政相对独立、依托主要学院、学术联系跨越数个学院的共用研究平台，具有真正的人财物统筹权，成为学校形象的代表。

5. 积极推进教育部过程系统工程研究中心和国家环保总局危险化学物质风险评价与控制中心的建设；加强国家大学科技园、国家技术转

移中心的内涵建设;全面加强与中石化、中石油、中海油、华谊集团等国内大型企业的合作,推动设计院与研究所的携手合作,提升学校承担企业科技开发任务的整体集成能力,大幅度增加横向科技经费。

三、 抓好校区规划,按时完成奉贤新校区一期工程建设

学校将努力控制投资成本,抓好质量监控,确保奉贤校区一期建设项目按时完成;要认真做好调研,制订完成奉贤校区运行方案并投入实施,使之逐步成为充满人气的设施优良的本科基础教学园区、体育教学与研究园区、学术讨论与课余休闲园区。

同时积极规划和加快徐汇校区的周边开发,为学校发展筹措资金;通过景观开发和绿化建设改造校园环境,进一步提升徐汇校区作为精品校园的品质;加强数字化校园建设,在完善办公自动化系统的基础上,继续做好网络应用系统开发,实现徐汇校区、金山校区和奉贤校区校园网的贯通。

四、 优化人事管理,建设精干高效的人才队伍

学校将牢固树立"人才资源是第一战略资源"的理念,提高对人才工作重要性的认识,增强人才队伍建设的危机感和紧迫感,真正把人才队伍建设作为第一要务来抓,将其列为学院及学院领导考核的重要指标。

1. 学校的职能部门要对学术带头人、骨干教师、辅助人员采取分类指导的工作方式,将日常人事管理与完成学校重大任务的人事调整相对区分,要根据学科发展具体针对性需求,有目的地对外猎头,对内选拔培养。

2. 以一门式服务的形式做好人才引进工作。要通过选拔、培养、引进等措施,进一步充实教师队伍,重点物色和遴选长江学者、校特聘教授、海外优秀留学回国人才、各类学科带头人和学术带头人,拟公布一定数量的岗位,特别是新增博士点学科岗位,面向海内外公开招聘博士生

导师、教授、副教授。

3. 着力优化人员结构,提高用人效率,特别是要加强优化对教学辅助系列和行政编制的管理,核定工作量,严格考核;对超编人员实行分流,分流人员进入创新团队担任文秘与行政事务辅助工作,以提高编制使用效率,减轻教学科研一线骨干的事务性工作压力;同时,研究实施固定、流动和临时编制的使用制度,鼓励研究生兼职承担一定的流动编制工作。

4. 继续完善和优化分配制度,特别是业绩津贴发放办法,以进一步调动广大教职工的工作积极性。

5. 要顺应国家的要求与引导,创造性地抓好学生思政工作队伍建设,拓展其能力,提高其水平。要求政治指导员,一要做管理,二要做教学,三要参与人文科学方面的研究,还要训练他们的领袖素质,为实现高水平的校园内学生管理与输送校外欢迎的青年干部进行积极探索。

五、 优化机制,建立高效的管理服务保障体系

1. 培养选拔使用想干事、能干事、干成事的干部,调整管理方式、方法及政策规定,通过提升管理理念与狠抓牵涉面广的关键工作细节,进一步使学校管理工作由粗放、被动、散漫、自我中心状态向精密、主动、高效、服务的方向转变与发展。

2. 学校将进一步加强财经工作,探索建立效益型财务管理机制。以基本建立和实施较为完善的财务管理制度体系为基础,严格财务预算制度,扩大预算范围;以财务信息管理为重点,加强财经信息的搜集、效益分析和财经信息服务,发挥其对学校经济政策的导向作用;通过开源节流,进一步提高学校有限资金的使用效率。要通过先进的信息化、调节性的经济手段和强硬的行政措施,节约能源,堵塞漏洞,实现校内各类资源(如实验室、办公室、教室、会议室、全校仪器设备开放共用网)的优化配置,发挥各类资源的最大效能,使全校在明年教学评估前,能展现一个新的面貌。

3. 要进一步明晰岗位职责，严格岗位制度，实施有相对定量标志（如星级评价）的奖勤罚懒机制，提高服务质量和水平。建立高效的行政管理体系，通过学习和培训，提升机关工作服务意识和服务能力，严格管理程序，规范服务行为。

4. 与此同时，要进一步加快校区周边开发、扶持新的经济增长点，增加收入，争取国家更多的支持，不断提升师生员工的生活水平与质量。

同志们！新的一年预示着新的希望，良好的开始预示着成功的一半。我们相信，在全校教职员工的共同努力下，我们一定能按时高质地完成新校区一期工程的建设工作，圆满地做好迎接本科教学水平评估的各项准备，提前实现三年行动纲要的目标，使华东理工大学向着跨越式发展的目标迈出更加坚实的一步。

（2006年5月19日）

勤奋求实　励志明德

——钱旭红校长在 2006 年教师节及教育思想讨论动员会上的讲话(摘要)

后天就是教师节,关于教书育人的学术性讨论应该成为全校下半年的主旋律。为切实推进以评促建,回顾近 55 年来学校的办学经验,促进学校实现长远的、跨越式的发展,下面,重点讲讲我个人对我校办学思路及校训的思考,以期抛砖引玉,求同存异,启动全校的教育思想大讨论,培育全校共同的教育理念与精神,从而统领、指导我们日常的教育教学工作。

一、 我校的学科发展历史及学校定位

1952—1966 年(第一阶段)

1952 年,中央根据国家建设的需要,决定将交通大学(上海)、震旦大学(上海)、大同大学(上海)、东吴大学(苏州)、江南大学(无锡)5 所大学的化工系合并在一起,建立华东化工学院,稍后,山东工学院、华南工学院的部分专业又相继融入。建校后只用了不到 10 年的时间,即于 1960 年,我校即被国务院确定为全国重点大学。1965 年,根据中央的要求,创建了华东化工学院四川分院(按中央的命名,代号为 652)。早期阶段,化工是学校的核心和全部,华东化工学院是化工单科性的大学。

1978—1992 年(第二阶段)

学校以化工为核心,开始了向多科性大学的拓展。学校相继设置了化工、材料、生工、机械、控制、信息、外语、数学、物理、化学、管理等学科与专业系。20 世纪 90 年代初期,学校作出了“调整学科结构,提高学科水平”的重大决策,提出了“化工特色、工理商结合、多科发展”的学科建设方针。学校在学科发展的两次延伸基础上组建了工商经济学院,形成了传统学科、延伸学科和新建学科不同发展水平共存的学科结构。学校提出的发展目标定位为“化工特色、理工结合、多科性的研究型大学”。

1993—2005 年(第三阶段)

经过 10 多年的努力,我校多科性大学的基础明显加强。1996 年党委确定学校的发展目标是:建设成为以工为主,化工特色,工、理、商、文多科结合,协调发展的在国际上有相当影响的全国一流重点大学。2000 年,学校“十五”发展规划的奋斗目标是:经过 10 年或稍长的一段时间,将我校建设成为一所以工为主,学科特色鲜明,工、理、经、管、文等协调发展的多科性重点大学,成为国家人才培养、科学研究、科技成果转化和社会服务的重要基地,成为国内一流、国际上有较大影响的著名大学。请注意,其中“化工”两个字已从字面上被略去。

2005 年学校制订的“三年行动纲要”中确定,要以建设高水平研究型大学为目标,切实加强优势学科,快速发展学科特色,显著提高学校在国内外的声誉和知名度;全校形成“物质制造与转化”优势学科体系,实现理工优势学科的有机结合和协调发展,并位于全国的前列,部分人文社会科学学科特色鲜明,整个学校形成多学科协调发展并在国际上享有一定声誉。其中“化工”在字面上也没有出现,但在内容中有所隐含。学校第九次党代会确定,发展目标定位为:国内一流、国际知名、学科特色鲜明的高水平研究型大学。在 2005 年第 10 批学位点申报和审批中,学校取得了重大进展。我校现有博士学位授权点 43 个,硕士学位授权点 121 个,学科遍及 11 个门类,可在理工农医法等门类授予博士学位,基本确立了多科性研究型大学的格局。

二、过程工程与过程思想

在历史发展进程中，我们最大的优势曾经是化工单科性，我们最弱的地方也是化工单科性，以至于很长时间我们的化学学科都很弱，更何况非理工类的学科，这对人才培养、学校发展都很不利。正确处理单科与多科、化工与理工农医法的学科关系，正确处理继承与发展的关系，是摆在我们面前不能回避的问题。化工是工科中五个传统领域之一(其他四个是土木、电气、机械、建筑)，现代工科学科的扩展以及理科学科的发展极大地丰富了化工学科的内涵，同时化工学科自身也在向前发展。无论对于一所大学来说，还是对于我们学校来说，只强调化工，化工自身将无法发展；同样，如果只强调多科性，学校也就失去了特色优势，成了无源之水。

劣势和优势是可以相互转化的，现在构成学校的主体学科以及理农医学科都是从 20 世纪 50 年代原化工系科衍生而来的，我们学校文法、经济、管理、艺术基本是通过人才引进和从 20 世纪 80 年代原社会科学系衍生而来的。源自同一系科，适当地分工定向衍生，实现了学校的多科性发展目标；然而，需要我们在行政工作、学科建设、教学教育方面高度重视的是，共同的渊源及联系，使得我们在整合协调对外时可能具有极强的竞争力。

在国际学术界，化学工业被公认为是以计量为特征的过程(流程)工业的典型代表(上下串联)，其不同于以计件为特征的产品工业(单列并联)，所以化工学科是典型、核心的过程工程学科。如著名的中国科学院化工冶金研究所就已改名为中国科学院过程工程研究所。化工是过程工程的核心和代表，而过程工程比化工具有更为重要、更为广泛的可衍生性和包容性。事实上，我校的学科发展也体现了这一转变：早期，单科性的化工发展(包括石化、制药学科，属于典型的过程工业)；以后，和化工相关的多学科发展，出现了包含“过程”的学科名词(包括石化、制药、生工、环境、材料、机械、自控、数理化等学科)，过程工业与工程的理念得以凸显。

随后，由于工科大学及我校重视操作、实践与技术的特点，在实现与过程相关的多学科发展的同时，形成了对过程训练、教育、实践十分重视的办学特色，这一特色后来又逐渐融入人文、社会等学科发展中，如社会工作、语言、经济管理等。过程工程与过程思想在我校学科发展中的指导作用开始显现。

前面重点谈我校过程工程学科发展的沿革，下面谈谈我自己对“过程思想”教育内涵的认识，以便大家讨论评判。

强化过程，是学校发展的基本传统与现实定位。化工是典型的过程工程学科，如今已形成多学科发展的华东理工大学，更渗透着强烈的过程思想。可以说，重视过程研究和过程思想对教育、教学过程的渗透，可能是我校学科教育、教学与研究的特色所在。

“过程思想”是在我校的学科建设与办学理念的演进过程中逐步形成的。其作为办学基本思路的确立，是我校主动服务国家战略的现实选择。根据国家战略需求和学科前沿布局，根据人才培养需要，我校首先在学科发展上从化工走向过程工程，并以此建立优势学科体系；我校根据过程工程的共性规律，将其中蕴含的过程思想拓展至商、文等门类的学科领域。这不是表层的转变，而是一个深层次的办学思路的拓展。过程思想的确立，既有现实的针对性，又有未来的前瞻性。

从化学工业、化工学科到过程工业、过程工程，再到过程思想，这是我们学校学科发展的一个基本脉络。不仅在工科、理科的发展中体现这种特质，在文科、商科中也有所体现，包括社会学、外语等学科的发展中；不仅在学科发展上体现这一特质，在思想发展、行为规范上也深深地体现了这一特质。

过程思想的主要内涵体现在：

(1) 在社会活动中，过程与目标同等重要。

(2) 人才素质在过程中养成，业界精英在实践中塑造。

(3) 重视确定目标后的过程，重视理论引导下的实践。

(4) 强调关于过程的思想、理论、方法、技术、策略、工程等方面的研究、训练与教学。如放大、制程、调控、集成、组装、优化、发展与评估、社会工作、金融物理、数模、语言等领域，使之都在“过程”理念的统摄之下，逐步发展起来。

(5) 就经济而言，“化工”是促进社会、工业、农业、环境生态协调发展的核心基础产业；就教育而言，“过程”是促进目标、理念、价值、兴趣实现的关键基础步骤。

(6) 过程思想凸显过程及其操作在目标实现中的重要性，凸显人的体验及实践在人生定位中的重要性。

(7) 过程影响目标，操作矫正理念，千里之行始于足下，细节决定成败。我校本科教学的培养目标“厚基础、强实践、高素质，创新型的产业、学科和社会精英”的定位也特别强调了过程在其中的重要性。

(8) 对过程的重视，是对当代社会只重目标不问过程的极端功利主义、浮躁行为的矫正。求真求是、培养新人是大学的理想，而勤奋求实是探索真理的必经的过程。

事物只有形成结构，才能发挥功能，功能变成功效，必须经历过程。否则再多的杂乱知识只是废物，掌握杂乱知识的学生只会变成知识的仓库。而合适的知识、素质结构需要在过程中塑造，需要在过程中形成功效。在整个教育教学与育人的过程中，不仅要求学生掌握各种知识，更要通过教师的引导、实践的验证、学生的自我领悟和提升，使学生实现知识的个性结构化，以真正使学生能够在实际工作中发挥个体及知识的功能。

因此，我个人建议，在学科发展与教育思想中突出过程工程与过程思想的指导作用及特色，要通过讨论修订，使之逐渐成为全校的共识。

三、关于校训

在学校主楼的大门进口，矗立着第一任校长张江树手书的牌匾——“勤奋求实”；在校园的显要位置，铭刻着《大学》中体现中国大学精神的千年古训——“大学之道，在明明德，在亲民，在止于至善”。这些历史的积淀,正是学校悠久的办学历史、深厚的文化渊源与精神追求的真实写照。在网络上人们常分别将"勤奋求实"或"大学之道,在明明德,在亲民,在止于至善"作为我们的校训。在我校已经得到公认的"勤奋求实"的校训,突出反映了对教育过程的重视和深刻认识,是我校关注现实、注重过程的体现,必须得到继承和发扬。然而在知识传授和创造的过程中,不仅需要脚踏实地的行动,更需要强化精神的传授与提升,以培养至善新人。所以我建议,在原有的校训"勤奋求实"后面,加上"励志明德"四个字。是否恰当,请大家讨论,以发扬光大"大学之道,在明明德,在亲民,在止于至善"这一古老的大学精神。

在教育思想观念、办学思路、质量意识、治校方略等方面,以张江树、朱正华、陈敏恒、王行愚等为代表的历任校领导都有重要的思考和贡献。我校1980年代中期至1990年代早期曾是中国高等教育改革的一面旗帜。重视教育思想观念、办学思路、质量意识、治校方略的传统,一届届得以承传,一届届得以发扬光大。

长期以来,学校以育人为本,注重过程,不断强化本科教学质量意识。学校注重积累和总结办学经验,逐渐形成了"勤奋求实、励志明德"的办学理念和相应的办学指导思想。尽管学校的办学历程有过曲折,但"注重过程"这一理念却始终得以坚持,并在实践中发扬光大。

曙光已在前面,相信在全校师生员工的努力下,我们一定能突破暂时的、为期半年的困难时期,为未来跨越式发展奠定基础。

(2006年9月)

振奋精神，团结创新，为圆满完成三年行动纲要而奋斗

——钱旭红校长在六届三次教代会上的工作报告（摘要）

2007 年，我们要以邓小平理论和“三个代表”重要思想为指导，深刻领会、全面落实科学发展观和构建社会主义和谐社会的重大战略思想，在全面迎接教育部本科教学水平评估、保障奉贤校区顺利开学的基础上，进一步整合三校区妥善运行，决胜 2007。在积极启动与推进和谐校园建设的同时，顺利完成学校“三年行动纲要”中的各项任务，向建校 55 周年献上大礼。通过总结经验，提炼精神，拓展资源，树立新风，为学校今后的十年，乃至数十年的发展奠定基础。

关于 2007 年的工作任务，我们校领导班子的各位负责同志已经对各个系统的工作作了全面而细致的部署，请大家审阅我们的《2007 年工作要点》，我就不再一一赘述。这里，我想就今年五项全局性的工作，谈谈我的意见。

一、关于本科教学评估和申报国家本科教学质量工程

2007 年 5 月之前，全校各有关方面应当紧紧围绕教学评估，同心协力，做好下列四项工作，确保教育部本科教育水平评估达标创优。

(1) 组织好评估文件、支撑材料、展示材料和关键数据的撰写、收集与核对工作，全力推进迎接评估的软、硬环境建设工作；

(2) 迎接并组织好 2007 年 4 月初上海市对我校评建工作的检查;

(3) 精心策划并组织,以全优的状态,做好迎接 2007 年 5 月 20 日至 25 日的教育部评估的各项准备工作;

(4) 积极申报教育部"高等学校本科教学质量与教学改革工程"的相关项目。

二、关于奉贤校区启用及三校区整合运行

2007 年 9 月起奉贤校区将建成投入使用,如何平稳过渡,无缝衔接,顺利实现三校区整合运行,是我校建设和管理史上的大事,也是一项系统工程。这需要全校教学、基建、信息化管理、实验室管理、后勤等各有关方面的同志认真研究兄弟院校的办学经验,互相沟通、交流与合作,提前做好各项工作预案,从人员配备、教学运行、管理模式等各个方面建立科学合理的工作预案及方案,采取切实有效的措施,保证新老校区教学工作的平稳对接,同时,积极利用新校区的资源条件,推进教育教学改革,为学生营造丰富多彩的学习环境。

奉贤校区将成为以基础本科教育及研究为主的生态型、数字化、健康校园;徐汇校区将成为以专业本科教育、研究生教育、科学研究为主的花园式精品文明校园;金山校区将成为以科技研发、延伸层教育为主,以高科技产业孵化与社会服务为方向的特色校园。

三、关于建校 55 周年校庆

今年我们将庆祝我校建校 55 周年,现已初步决定,校庆期间不举行大型庆典活动,而代之以一系列讲究实效、高雅温馨的学术活动和社会联谊活动,如老校友参观新校区,新校友慰问学弟学妹及举办大型国际学术会议等,使校庆活动和展示与促进学校建设和发展相结合。

实际上,本科教育评估是校庆的序曲;奉贤校区正式投入使用,实现三校区合并运行是校庆的高潮乐章;10 月庆祝建校 55 周年活动将是校

庆的华彩总结。

奉贤校区的建设传承了老校区文脉，坚持了“以人为本，人与自然和谐相融”的规划、建设理念，今年 9 月将基本建成。校庆期间，我们将组织老校友参观新校区，共同展望我们华东理工大学的未来。

同时，我们还将邀请工作在各行各业的新校友们慰问学弟学妹，增进感情交流，让华理学子拥有共同的精神家园。

为加强与世界著名学术机构的学术交流和实质性合作，促进我校多学科的发展，今年 5 月我校将主办有美国加州大学洛杉矶分校（UCLA）参与的“2007 年分子机器和传感器国际会议”；10 月我校联合主办有麻省理工学院参与的“化学工程与能源技术”国际学术会议；11 月我校与法国居里大学联合主办“生物质谱与新药发现”国际学术会议、与新西兰奥克兰科技大学联合主办“2007 亚太地区经济社会发展——公共政策与城市发展”国际论坛，将邀请当代西方著名后现代思想家小约翰·B. 科布、新西兰国家政策顾问、OECD 论坛发起人等参加会议。相信这些国际学术会议对提高我校知名度，把我校建设成为“国际知名、特色鲜明、多学科高水平的研究型大学”有着积极的促进作用。

四、关于国家和上海市重点学科评估与建设

整合学校资源，做好新一轮国家重点学科和上海市重点学科的评估与申报。制订“十一五”学校学科建设规划的细则，进行“十一五”211 建设方案的论证与实施。积极争取 985 特色平台建设。

加大科研基地的建设力度，积极申报国家工程实验室、教育部工程研究中心、教育部重点实验室、国家环保总局重点实验室、上海市重点实验室。

进一步大力加强人文社科科学研究的管理工作，积极探索现代人文社科科研管理制度，积极组织申报各类人文社科基金和教育部人文社科研究基地，大力推进国家和省部级研究基地建设。

五、关于工资改革和人才队伍建设

目前,我校校级财政支付的初级人员每年最低费用近 5 万元。仍在增大的事业规模、人员队伍对学校财政形成了很大压力。即使如此,我们将根据“三年行动纲要”,继续高度重视教职员工民生的改善与提高,继续增加业绩津贴,重视分类协调,为建设和谐校园做贡献。学校根据国家人事部相关文件精神正在开展新的工资改革,这项工作既是任务,更是机遇,我们要在做好工资改革工作,实现与新规定接轨的同时,进一步完善岗位设置、大力统合优化各绩效津贴的分配方案。分类指导,加强编制和聘任合同管理,严格考核,提高效率。

按照学校的事业规模、学科水平、发展方向,以及相关的“十一五”规划,分类指导,突出重点,通过选拔、培养、引进等措施,继续大力加强高层次人才队伍和学术团队的建设,重点物色和遴选院士候选人、长江学者、校特聘教授、优秀海外留学回国人才、各类学科学术带头人以及管理骨干。

各位代表、同志们,2007 年在我校的发展和建设史上,无疑是至为关键的一年,是决定我校今后能否腾飞的一年,是对我校成为国际知名、特色鲜明、多学科高水平的研究型大学具有奠基意义的一年,我们今年工作的成败得失,将可能明显影响我校今后发展的走势。因此,我们希望全校教职员工团结一致,同心协力,在各自的工作中发挥创新精神,和谐共进,为圆满完成今年的各项工作任务而奋斗!

(2007 年 3 月 2 日)

勤奋求实，励志明德，培养创新型英才

——钱旭红校长在本科教育工作水平评估大会上的汇报

尊敬的各位专家、各位领导、同志们：

首先，请允许我代表华东理工大学全体师生，向各位专家和各位领导莅临我校指导工作表示热烈的欢迎！向各位专家和各位领导对我校的关心表示诚挚的谢意！

下面，我简要汇报一下华东理工大学本科教学工作情况，请各位专家审议并提出宝贵意见。汇报分为六个部分：学校概况、指导思想、发展思路、措施与成效、办学特色、努力方向。

一、 学校概况

华东理工大学是教育部直属的多科性研究型全国重点大学。学校以过程工程为学科特色，工、理、经、管、文、法多学科协调发展，设有研究生院，是国家“211 工程”重点建设高校。

学校办学历史可以追溯到 100 多年前的南洋公学和震旦学院。在 1952 年高等学校院系调整过程中，中央根据国家建设需要，将交通大学、震旦大学、大同大学、东吴大学、江南大学 5 所大学的化工系合并，建立了华东化工学院，随后，山东工学院、华南工学院的相关专业相继并入华东化工学院。

1960 年，学校被国务院确定为高教部直属全国重点大学。

1965 年党中央、国务院作出了在内地三线建设 4 所重要大学分校的决定，华东化工学院与北京大学、清华大学、南京大学同时被选为高教部建设分院的 4 所大学，筹建了华东化工学院四川分院（“652”工程）。

1993 年，华东化工学院更名为华东理工大学。

1995 年原国家教委与中国石化总公司签署共建共管华东理工大学协议。

1997 年教育部与上海市签署共建共管协议，逐渐形成国家与地方共建、行业参与的办学体制。

经过 55 个风雨春秋，学校已发展成为一所在校学生 23 000 余人，其中本科生 15 662 人、研究生 5 310 人、教职员工 4 000 余人的多科性研究型全国重点大学。自建校以来为国家培养了 10 万余名毕业生，同时还先后接收了来自 60 多个国家和地区的留学生。

学校目前共有三个校区，即徐汇校区、金山校区和奉贤校区，总占地面积为 2 460 亩，其中徐汇校区 675 亩，金山校区 239 亩，奉贤校区 1 546 亩。校园环境幽雅，是上海市花园单位。

学校教学仪器总值 3.76 亿元，图书馆总面积 2.4 万平方米，馆藏纸质图书 245.5 万册，并有丰富的电子图书和期刊资源。

55 年来，学校人才辈出，薪火相传。建校初期，国内一批著名的化学工程和工业化学专家如张江树、苏元复、邵家麟、顾毓珍等教授云集我校，教书育人，为化工人才培养和化工学科的发展做出了奠基性贡献。

目前学校在岗的 1 538 名专任教师中，有两院院士 5 人（双聘 3 人），国家教学名师 1 人，长江学者奖励计划特聘教授 7 人，国家杰出青年基金获得者 8 人，“973”首席科学家 3 人，“863”领域专家 2 人，国务院学位委员会学科评议组成员 5 人，全国模范教师 1 人，全国优秀教师 5 人，教育部各教学指导委员会委员 17 人次，上海市教学名师 6 人，教授 284 人。还有一批教师担任了 Biotechnology and Bio-engineering 等世界著名学术期刊的主编、副主编，担任亚太化工联盟等国际学术组织机构的主席、副主席等职。这些优秀教师都活跃在教育教学的第一线。

在 55 年的发展历程中，学校重点建设了一批特色鲜明的过程工程学科，致力服务国家，提升科技创新能力。

学校拥有国家重点学科3个，上海市重点学科4个。国家级研究基地8个，其中，国家重点实验室2个、国家工程研究中心2个；省部级研究基地14个；并建有国家大学科技园；学校是全国首批建立国家技术转移中心的六所高校之一。近20年来，学校共承担科研项目5 000多项，获奖成果550多项，其中获得国家自然科学奖、国家发明奖和国家科技进步奖39项，获得省部级科技进步奖460项。

“十五”期间，我校主持了3项国家“973”项目；所承担的“十五”国家“863计划”项目合同经费数居全国高校第九位；专利申请与授权数列上海高校前三位、全国高校前二十位；所发表的国际论文被国际同行转引数量连续13年排名上海市前三位；科技成果转化率50%左右。近年来，科研经费持续增长，2005年科研经费总量达2.9亿元。学校已成为创新型人才培养和国家科技创新的重要基地。

55年来，学校根据国家和社会发展的需要，始终把推进专业建设摆在突出位置，成功地实现了从化学工程向过程工程学科特色的转型，进而实现了从单科性学院向多科性大学的转型。

学校现有53个本科专业；21个硕士学位授权一级学科点，121个硕士学位点，20个工程硕士授权点和专业学位点；在理、工、农、医、法5个学科门类中拥有6个博士学位授权一级学科点、43个二级学科博士点，同时建有5个博士后流动站；学科专业范围覆盖理、工、农、医、管、哲、经、法、文、历史、教育等11个门类。

学校本科教学成绩突出，成果丰硕。建有国家工科化学基础教学基地、上海市示范实验中心、联合国教科文组织国际工程教育中心中国分中心；拥有国家精品课程6门，上海市精品课程31门。2000年以来，承担了国家级教育改革项目15项；获得国家级教学成果奖9项，其中，一等奖4项，二等奖5项，还有64项成果获上海市教学成果奖，2项成果入选2006年中国高校—大型企业产学研合作十大案例。

学校承担编撰并出版了教育部“十五”重点规划教材13种，面向21世纪教材11种，上海市重点教材22种，国家“十一五”重点规划教材46

种。“十五”期间，有 8 种教材获国家级奖励，31 种教材获上海市奖励。

经过“九五”、“十五”时期的建设，学校的办学条件、教学质量、管理水平、办学效益和社会服务能力显著提高，整体办学水平得到了显著提升，形成了特色鲜明的多学科研究型大学的基本格局。

二、 指导思想

长期以来，学校全面贯彻落实党的教育方针，围绕为谁办大学、如何办大学、办什么样的大学等问题进行了系统深入的思考和不懈的实践探索，形成了指导当前和今后一段时期学校办学的总体思想：以邓小平理论和“三个代表”重要思想为指导，坚持社会主义办学方向，全面贯彻党的教育方针；坚持以科学发展观统领全局，以人为本，和谐发展；坚持面向行业，面向区域经济与社会发展，培育英才、服务社会；坚持注重过程、勤奋求实的思想作风，重视目标确定后的过程，理论引导下的实践；坚持协调发展、特色鲜明的办学理念，全面提高教育质量和办学水平；致力把华东理工大学建设成为国内一流、国际知名、学科特色鲜明的高水平研究型大学。

培育英才、服务社会是学校的历史使命，也是学校的社会责任。建校以来，学校坚持立足行业，培育英才，为国家培养了 10 万余名毕业生，其中，有 9 人成为中国科学院和中国工程院院士，大量的优秀毕业生成为我国石油、化工、材料、医药等产业部门的领导者和技术专家。江泽民同志曾高度肯定我校的人才培养成果，欣然题词“人才辈出”。

学校致力推进科技创新，服务国家战略。建校以来，为我国化工、石化等行业提供了许多关键技术，如湿法冶金溶剂萃取技术、感光材料及染料技术、大型化工和生物反应器及其成套化技术、新型水煤浆气化技术、承压设备安全保障技术、大型石化装置先进控制技术，为我国经济建设做出了重要贡献，同时学校的国防化工技术、国防特种材料技术、核原料生产技术等为国家的安全保障提供了技术支撑。在为谁办学的问题上，我校在长期的办学实践过程中，确立了面向行业、面向国家经济建设，培育英才、服务社会的办学指导思想。

注重过程、勤奋求实是我校长期坚持的治学方略，也是我校一脉相承的办学传统。从江湾镇简陋校舍开始办学起步，学校经历了“652 工程”的建设、20 世纪 80 年代的改革创新、90 年代的跨越式发展、新世纪的“211 工程”建设与创新教育实践，一步一个脚印地前进，实现了由单科性学院向多科性研究型大学的转型，完成了由化学工程单一学科向过程工程学科群的拓展，以及向人文社会学科群的延伸；在创业和发展的进程中，学校特别重视目标确定后的过程，强调理论引导下的实践，由此也留下了创业、求索、发展、图强的奋斗足迹，形成了注重过程、勤奋求实的办学思想和作风。

协调发展、特色鲜明是学校的战略目标，也是学校的生存之道。学校清醒地认识到，唯有学科协调发展，才能取得多学科交叉与综合的优势，培养综合素质高、德智体美全面发展的社会英才；唯有学科特色鲜明，才能建成学术精良的学科，培养一流人才、做出一流成果，进而才能把华东理工大学建设成为国内一流、国际知名、学科特色鲜明的高水平研究型大学，为人类社会做出自己的贡献。

55 年的办学实践与探索，使我们对大学的基本职能与现实使命有了更为深刻的理解，学校的办学定位也更加明晰准确：

总体目标定位：未来十年或者更长一段时间，建成国内一流、国际知名、学科特色鲜明、高水平的研究型大学。

学校类型定位：多学科、研究型大学。

办学层次定位：以本科教育为基础，研究生教育和本科生教育并重。

培养目标定位：厚基础、强实践、高素质、具有创新精神的社会英才。

学科发展定位：理工结合，文理结合，多学科协调发展，过程工程相关学科达到国际先进水平。

服务面向定位：立足上海，服务全国，面向未来，面向世界。

三、发展思路

在明确的办学思想的指导下，学校以育人为根本，坚持本科教学的中心地位,不断更新教育思想观念,形成了“传承拓展、励志图新”,“产学结合、学研互动”,“服务全国、面向未来”的办学思路。

(一)传承拓展、励志图新

1952年,学校从上海东北隅简陋校舍中起步,1960年成为高教部直属全国重点大学。1965年党中央、国务院决定在内地三线建设四所重要大学的分校,我校名列其中,在四川分校艰苦创业的历程中,形成了感人至深的“黄陂岭精神”。

20世纪80年代到90年代,乘改革开放之东风,学校实施了一系列教育教学改革措施,倡导“面向企业为主,提高学生综合质量”的办学思路,提出了“合格加特色”的育人目标。推行了选课制、导师制和优秀生培养试点班等教改举措,在全国产生了广泛的影响,也受到了党和国家领导人的重视,被原国家教委确定为全国三所进行综合改革试点的高校之一。1994年学校参加本科教学工作合格评估,获得优秀成绩,得到了高度评价。

进入21世纪以来,学校强调“传承与创新”并举。面对全面工程教育的时代需求,学校以创新型人才培养为目标,依托科学研究和技术创新的优势,形成了研究型、人性化的育人思路,开始全面构建创新教育体系。

由此“传承拓展、励志图新”成为学校重要的发展思路,促进学校各项事业的进步。

(二)产学结合,学研互动

学校全面贯彻执行党的教育方针,坚持教育与生产劳动和社会实践相结合,通过产学结合、学研互动推动人才培养模式的转变。

学校坚持产学合作,强化学校人才培养、科学研究、社会服务的三大功能,探索合作共赢的产学研合作教育模式。

坚持学研互动,将学科建设和科学研究的优势转化成人才培养的动力,提高本科教学的质量;将教学改革的实践转化成高水平的教育研究成果,形成教学科研良性互动的办学特色。由此构建具有鲜明特色的创新教育体系,从多方位培养学生的创新能力。

(三) 服务全国,面向未来

学校坚持“立足上海、服务全国,面向未来、面向世界”的办学方针。在主动服务上海地区经济建设,努力满足国家现实需求的同时,放眼未来发展。

关注未来科技发展、产业发展和社会发展对人才的需求,关注知识经济全球化对人才素质的挑战,培养具有发展潜质、全球意识、跨文化交流能力和国际竞争力,适应未来发展的社会英才。

四、 措施与成效

长期以来,学校秉承“勤奋求实,励志明德”的优良传统,克服人力、物力、财力以及资源分配等方面的具体困难,科学合理地制订规划,确保教学工作中心地位,提升师资水平,优化人才培养过程,构建创新教育体系,全面实施素质教育工程,全力打造本科教学质量品牌,取得显著成效。

(一) 科学规划,促进本科专业合理布局

学校高度重视发展规划,用规划的顶层设计来统一思想,确定发展目标,调控发展速度,保证发展质量。

20 世纪 80 年代初,学校从战略上思考发展,开始了从单科性学院向多科性大学的发展历程。

20 世纪 90 年代,学校做出了“调整学科结构,提高学术水平”的决策与规划,并出台了具体的推进措施,以巩固传统学科,拓展延伸学科,培育新兴学科。由此逐渐形成了多科性大学的学科构架。

2005 年 7 月召开的第九届华东理工大学党代会强调,在以后的四年乃至更长一个历史时期内,学校将解放思想、思危自强、深化改革、加快发展,为把我校建设成为国际知名、特色鲜明、多学科高水平的研究型大学而努力奋斗。

2005 年学校制订“三年行动纲要”:确定以建设高水平研究型大学为目标,切实加强优势学科,快速发展学科特色,显著提高学校在国内外的声誉和知名度。

2006 年制订了"十一五"发展规划,明确事业发展规模、学科和专业建设的思路,确立新的人才培养目标和实施教育质量工程的相关举措。

学校通过顶层设计、合理规划,使得专业布局更加合理。目前有 53 个本科专业,其中理工类专业 30 个,2000 年后设置的专业 18 个。专业设置总体符合学校定位,学科脉络清晰,发展目标明确。学校依托优势学科,打造品牌专业,有 8 个专业纳入了品牌专业建设计划,品牌专业的建设带动了全校的专业建设,提高了本科专业教学的整体水平。新办专业的设置满足社会需求,均有研究生学位点的支撑,建设措施到位,教学条件良好,教学质量有较好的保障。

(二)创新机制,确保本科教学中心地位

学校在办学过程中,分别从工作机制、激励机制、经费保障等方面入手,全力服务本科教育,确保了本科教学中心地位。

1. 坚持教学研讨,更新教育观念

学校建立了教学工作研讨会制度,这一制度成为教育思想学习和教育观念更新的基本保障,为保证和提高本科教学质量起到了关键作用。2000 年以来,每年的教学工作研讨会都有明确的主题,重点集中在教学质量和学生创新能力培养方面。

学校倡导研究型教学,鼓励教师"既能提供优质的课程和服务,又能从事教学研究"。学校编辑出版了《化工高等教育》杂志和多种中外文教育研究文集;建立了联合国科教文组织国际工程教育中心中国分中心,设立了"高水平教育研究基金"。

学校举办了多次国际教育教学学术研讨会。最近在泰国曼谷召开的国际工程教育年会上,组织者还为我校工程教育的研究与发展举行了专题报告会。近三年,教师在国内外有关教育教学研究的刊物和国际会议上发表教育和教学研究论文 530 余篇,研究成果为国内外同行所瞩目。

这些举措和活动有力地促进了我校教学质量的提高和教育思想观念的转变。

2. **坚持领导挂帅，重视本科教学**

校领导给本科学生上课是我校的传统。现任 11 位党政领导中，有 7 人辛勤耕耘在本科教育第一线，近三年，他们为本科生开课达 26 门次。

学校明确党政一把手是教学质量的第一责任人。教学工作是校长办公会议的首议事项，党委常委会设专题研究本科教学。学校成立了本科教学工作教授委员会，作为校长沟通和掌握本科教学信息的重要渠道；建立了书记校长听课制度，以及现场办公制度，及时了解和解决教学运行中的问题。

党政领导不仅直接参与本科教学工作，还积极开展教育教学研究，在国内外重要的报刊上发表了一系列学术论文。其中，有关对“大学培养目标的重新认识和定位”、对“过程思想”的探索以及“全面工程教育观”的建构等，引起了国内外同行专家的高度关注。

3. **坚持制度建设，保障本科教学**

其一，教学质量保障机制。学校建立了“学校—学院—教师—学生”四个层次的教学质量监控队伍。对课堂教学、实践教学、课程建设、教材建设、教风和学风进行全面跟踪、检查和指导，同时，通过网上“学生评教”和“教师评学”系统，及时了解和掌控学生对教学质量的评价，以及教师对学习质量的评价。

其二，政策激励机制。学校重视从政策上激励本科教学。通过提高教学岗位津贴标准，特聘教授、教授、副教授的评聘向教学一线教师倾斜，设立本科专业责任教授、“精品课程”主讲教师、教学基地负责人等校聘教学关键岗位，设立各种奖教基金、评选和表彰本科教学优秀教师，实行教材编写补贴、优秀教学成果和优秀教材奖励等政策措施，稳定本科教学的师资队伍。近三年，教师业绩津贴以每年 800 万元的速度增长，其中 60％投放在本科教学工作中。

其三，制度约束机制。学校重视通过制度约束，保障本科教学的质量，推动教师从事本科教学工作。学校先后出台了“教师职务评聘与本科教学工作挂钩”的制度，以及教师职称晋升“师德一票否决制”、“教学质量一票否决制”、“教学事故处理条例”等一系列制度。

4. 坚持经费投入,支撑本科教学

学校克服办学经费紧张的困难,积极筹措经费满足本科教学的需要,相继推出了一系列具体的举措,主要有:第一,教学经费优先保证、足额投入、按时到位、持续增长。2006年四项教学经费占学费的比例为33%。第二,银行贷款优先用于与本科教学相关的项目。积极筹措资金,加快奉贤校区建设,目前已投资8亿元于奉贤校区建设。同时,预算增收部分主要用于改善本科教学基本设施和图书资料的购置,并优先保证基础教学经费的投入,促进公共基础课程教学质量的提升。

这些举措保障了学校教学条件全面达到教育部评估的指标要求。

5. 坚持学研互动,促进本科教学

学校长期坚持学研互动,促进本科教学。一方面,充分利用学校的学科基础和科研优势推进本科教育,通过科研成果进课堂、进教材、进实验室,促进本科专业建设、课程建设、教材建设和教学改革,另一方面,积极通过教学改革的实践推进高水平的教学研究,促进教育思想观念的更新和人才培养模式的改革。

6. 坚持全员育人,服务本科教学

学校充分调动全校教职工教书育人的积极性,形成了管理保障教学、后勤服务教学、科研反哺教学、科技产业支持教学的良好局面。

(三)人才强校,提升本科教学师资水平

根据学校的发展目标和定位,我校牢固树立"人才资源是第一资源"的战略思想,实施人才强校战略。

1. 保证师生比例,优化师资队伍结构

近三年来,我校本科生招生规模逐年增长,师资总数也稳中有升,生师比一直保持在15:1左右的合理范围内。2006年,在专任教师队伍中,具有博士学位者占40.3%,有博士和硕士学位者占75.7%;正副教授占54.6%。同时具有博士学位的师资比例以平均每年20%的速度增长,预计2007年末可达到46.5%以上。

师资队伍的年龄结构、学历结构、学缘结构和职称结构合理,形成了一支以两院院士、国家教学名师、博士生导师为学术带头人,以中青年教师为教学骨干，素质优良的本科教学师资队伍。目前在主讲教师中符合主讲教师资格的比例达 95.8%。教授、副教授积极上讲台，同时全面参与本科创新教育活动。

2. 引进与培养并举，致力提高教师水平

学校加大教师引进力度，从 2003 年至 2006 年，学校新选聘教师 439 人，将优秀人才充实到本科教学队伍之中。

在引进人才的同时，学校实施师资队伍的博士化工程。“十五”期间，共有 213 位教师在职攻读博士学位。

学校注重高层次人才队伍建设、教学和科研团队建设、青年骨干教师队伍建设，先后设立了 32 支本科教育创新团队，以促进师资水平提高，保障专业建设、课程建设和教学改革；建立了校内师资培训基地，定期开展各个层次的教师授课大赛、课堂教学评优、实验教学评优，形成了完整的优秀人才引进和培养机制。

3. 倡导高尚师德，教书育人蔚然成风

学校弘扬名师风范，宣传高尚师德，通过开展“青年教师师德演讲比赛”、“新老教师结对子”等活动，培养教风感人、为人师表、业务精湛的模范教师。形成了教师爱岗敬业、教书育人的良好氛围。

（四）深化改革，优化本科学生培养过程

学校重视本科学生培养过程的整体优化，在培养方案、课程建设、实践教学等方面加大改革力度，成效显著。

1. 培养方案注重知识、能力和整体素质的协调发展

学校紧紧围绕本科人才培养目标，基于“加强基础、拓宽专业、提高素质、注重能力、鼓励创新”的指导思想，设计了由三级课程平台、实践平台和讲座平台构成的《本科教学培养方案》。

其中三级课程平台包括公共课程平台、大类课程平台和专业课程平台，分别满足综合素质教育、宽口径专业教育和特色专业教育的需求。课程平台又设必修、选修两个模块。

实践平台设有课内、课外两大模块，讲座平台设有“名师导航”和“学科前沿”两大模块。

从构建"研究型、人性化"的本科教育体系出发,学校还实施了"两段式、互动型"的优秀生培养模式、"双专业"、"主辅修"的复合人才培养模式、中外合作培养模式等,取得显著成效。

2. 深化课程改革,提高课程教学质量

学校紧跟教学改革的步伐,不断优化课程体系,通过"夯实基础、削枝强干、拓宽口径"等教改措施,构建多层次、宽口径、系列化的课程体系。

学校实施"精品课程建设工程",形成以国家精品课程为龙头、以校重点课程为基础的课程建设体系,全面提高课程质量。

学校制订了规章制度,对教材的选用严格把关,鼓励教师选用高水平的优秀教材和英文原版教材,同时,投入专项经费,支持教师编撰出版体现我校学科专业水平的特色教材。近三年,编撰出版了75部特色教材,其中60%被列入国家"十一五"重点规划教材。同时设计制作一大批多媒体CAI课件,有效提高了课程质量。

学校大力倡导和推进"三个互动"课程教学模式,即"教学与科研互动"、"教师与学生互动"、"理论与实践互动"教学模式。倡导和推进"案例教学"和"问题式教学",将科研成果和科研体会引入课堂教学,以案例分析为切入点,沿着提出问题—分析问题—解决问题的思路,帮助学生理解专业知识,掌握科学研究的方法论,学以致用。

3. 搭建实践平台,提高学生的实践能力

学校高度重视学生实践能力和创新精神的培养,在培养方案中构建了内容丰富的实验与实践教学平台,设计了符合教育规律、课内外结合、四年一贯制的实验与实践教学体系。

在实践教学中,学校倡导、支持和鼓励教师积极探索"自主性、研究性、创新性"实践教学新模式,推进研究性实践教学,推进创新实践活动,融科学研究与人才培养为一体,融实践教学与创新教育为一体,培养学生的实践能力、创新能力和团队精神。

在加强对实习与实训教学过程规范管理的同时,学校充分利用产学研合作教育基地,创造多种校企合作、学用结合,学校、企业、学生共同受益的实习模式。

(五) 营造环境,构建多维创新教育体系

从2000年起,我校就开始大力推进"大学生创新教育工程",对创新教育体系进行了精心设计。学校先后出台了《关于加强大学生创新实践活动的原则意见》、《关于建立教学和科研互动教学模式的若干意见》等指导性文件。学校还提出了开展创新教育的四个基本原则;第一,依托科研基地,搭建创新教育的平台;第二,依靠教授抓创新教育,提高创新教育的水平;第三,汇聚高水平科研力量,丰富创新教育的内涵;第四,通过学分认可的方式,将创新教育纳入正常的教学环节。

学校从理论教学、实践教学、产学结合、学研互动、素质教育等各个层面部署和推进创新教育,学校积极推进科研成果进课堂、进教材、进实验室,将创新教育融入理论和实验教学,提升教学质量。

学校先后实施了"大学生研究计划"(USRP)、"教学科研互动计划"、"专业实验连锁开放计划"和"产学合作教育计划",组织开展了丰富多彩的"命题实验大赛"活动,全校50%以上的学生参与了各类创新实践活动,所有教授、副教授都以各种形式参与了创新教育,营造了有利于学生成才的校园氛围。

学校依托校内外的教学、科研和实习基地,建立了8个创新教育基地、18个教学科研互动基地、82个产学研实习基地,并要求学校所属的国家、省部和校级科研机构(如国家重点实验室、国家工程技术研究中心及各大研究所)和大型仪器设备向本科生开放,为创新教育提供了有力的支撑,形成了多维立体化的创新教育体系。

2000年以来,学校坚持实施"大学生研究计划",涉及研究项目1 090个,参与学生累计达3 654人,参与教师为1 015人;成功主办了华东地区"拜耳—华东杯"化工原理实验大奖赛、"全国过程装备实践与创新大赛"等创新实践活动,每年在校内组织了各种类型的实践大赛,参赛学生达7 569人次。

近三年来,本科生在国内外杂志上发表科技论文216篇;学生参加各类创新活动,撰写研究报告和科技小论文共计1 459篇,并获得丰富的专利成果，有两项专利作品参加了2005年第九届“挑战杯”全国大学生课外学术科技作品竞赛，均获二等奖。学生在其他国内外各类大赛中也屡获佳绩，共有325人次获得上海市级以上的奖励146项。

在数学建模竞赛中，获得国际数模竞赛特等奖2项、一等奖7项，全国一等奖6项，并蝉联上海市数模竞赛一等奖。我校是迄今为止国际上少数两获特等奖殊荣的学校之一。

我校学生在各类英语竞赛中成绩喜人。近三年来，两次获得中澳友好英语大赛一等奖，2003年亚洲地区第七届“亚太杯”英语演讲比赛第二名。2004年获得中央电视台全国高校大学生演讲比赛亚军，2005年，在第九届上海高校英语演讲比赛中，我校囊括了英语专业和非英语专业的两个一等奖；还连续三年获得全国高校大学生英语演讲比赛东部地区一等奖。在刚刚结束的第十一届外研社杯全国大学生英语辩论赛中，我校学生过关斩将，从128个参赛队的激烈角逐中脱颖而出，进入三甲。

我校学生参加国际大学生程序设计大赛也战绩不凡。2003年获得国际大学生ACM程序设计竞赛亚洲印度赛区第二名，2005年获得国际大学生ACM程序设计竞赛亚洲上海赛区出线权，两度参加世界总决赛。

（六）追求卓越，实施全面素质教育工程

在致力于培养学生的学科专业能力和创新能力的同时，学校高度重视培养全面发展的“社会人”，近年来学校开展大学生素质教育的“六个教育工程”，取得明显成效。

学校贯彻素质教育以“德育为核心”的思想，抓好思想政治理论课教学及队伍建设，促进思想政治工作的专业化，已有越来越多的辅导员获得心理咨询师和职业咨询师的资格。

学校高度重视校园文化建设，从1987年至今成功举办了20届思想学术节、文化艺术节、体育节三大节日，并注重文化艺术教育，先后组建了大学生军乐团、大学生舞蹈团、大学生话剧团、大学生合唱团和大学生京剧票友会等社团，努力建设“高雅的华理”、“经典的华理”。

学校倡导体教结合，培养有文化、有技能的高水平体育人才。我校乒乓球作为传统强势运动项目在十几年的发展中，已成为学校的文化品牌，在两年一届的世界大学生乒乓球锦标赛中，我校获得历年各个项目的世界冠军。体教结合的模式进而有效地促进了校园文化的建设。

学校长期坚持全面素质教育，鼓励学生奉献社会、服务国家，培养了大批高级专门人才，他们长期工作在石油、化工、核工业等艰苦行业，献身祖国建设事业。其中包括扎根西部、奉献祖国的“中国十大杰出青年”李小松。

近年来还涌现出参加“大学生志愿服务西部计划”期满后毅然决定留在艰苦的西藏地区工作的高正龙、数年如一日照顾退休教师的“上海市十大杰出青年志愿者”柏贤君、用自己的造血干细胞挽救他人生命的“全国优秀团员”方正平等优秀学生。

扎实的专业基础、优良的思想品德，保证了大学生优秀的综合素质，也保证了我校学生较高的就业率。近四年我校学生的年底就业率都高于 96%。

五、 办学特色

在 55 年的办学实践中，学校不断更新教育思想观念，凝练办学指导思想，巩固和发展办学特色，形成了体现学校办学水平的两大特色：其一，传承拓展，励志图新，构筑过程工程学科与人才培养高地；其二，产学结合、学研互动，全力构建人才培养新模式。

特色一： 传承拓展，励志图新，构筑过程工程学科与人才培养高地

我校的前身华东化工学院是新中国最早成立的，以化工为特色的高等学府。建校初期，张江树、苏元复、邵家麟、顾毓珍等一大批留学欧美的著名化学化工专家学者云集我校，他们怀着振兴祖国化学工业的雄心壮志和报效国家的赤子之心，满腔热忱地投身于祖国的化工教育事业。

在这些著名专家学者的努力下，一批全国首创或率先创建的专业在我校相继成立，如无机物工学专业、燃料工学专业、染料及中间体专业、

化学制药专业、化学工程专业、抗生素制造工学专业等，均是国内首批创立的专业。

学校为全国高校工科化学和化工系列教材的编写做出了奠基性贡献。所编撰的教材被广泛选用，使我校的工科化学系列课程教学内容和课程体系在全国产生了重要影响。我校教授在建校初期所拟定的许多化学化工术语，其中如“压头”、“流化”、“沟流”、“腾涌”等词，为学术界所公认，并一直沿用至今。

高水平的教育培养了高素质的化工专业人才，促进了高水平的科学研究，学校因此形成鲜明的化工特色，享誉全国，被誉为是新中国“化学工程师的摇篮”。

从 20 世纪 80 年代开始，学校从调整专业结构入手，实施从单科性学院向多科性大学的战略转移，通过两次学科延伸，有重点、有选择性地引进人才，初步构建了多科性大学的学科结构。按照“整合、拓展、培育”的建设思路，学校制定了“化工特色、工理商文结合、多科发展”的学科建设方针，努力构建支撑学校办学特色的优势学科群和推动学校协调发展的新兴学科群，逐步形成以“化学工程与技术”学科群为龙头，以“生物工程与制药工程”、“高性能特殊材料”、“过程控制与智能系统”、“先进过程机械与装备技术”等五大学科平台为支撑的“过程工程”学科群，使学科优势从“化学工程”拓展到整个“过程工程”。

学校在学科拓展的同时，致力推进科技创新，服务国家战略，为我国化工、石化等行业提供了许多关键技术，为我国经济建设做出了重要贡献，同时学校的国防化工技术、国防特种材料技术、核原料生产技术等为国家的安全保障提供了技术支撑。

学校近年来建设了两个国家重点实验室、两个国家工程技术中心、国家技术转移中心、国家大学科技园等多个国家级基地，以及国防科工委批准的教育部首条军工生产线。科技成果卓著，成果转化率及发明专利的实施效果均名列全国高校前列。“十五”期间获得 10 项国家科技进步奖励，“多喷嘴对置式水煤浆气化技术”被评为“2006 年中国高校十大科技进展”。

通过长期的努力，我校已成为化工及其相关过程工业的人才培养高地。

建校以来，我校为国家培养了大批杰出的人才，其中有国家和政府的领导人成思危、阳安江等，知名企业领导人王基铭、章建华等。有 9 人成为中国科学院和中国工程院院士，更多的人则成为企业、科研机构、高校的高级人才和技术专家。在我国石油、化工、材料、医药等领域，几乎每一个重大项目中都能看到我校毕业生的身影。在国际上，我校毕业生也备受瞩目，如新近获得“二零零六年影响世界的华人”大奖的张霞昌博士，本科和硕士研究生均就读于我校，他研发出纸质电池，被评为 2006 年世界最佳创新技术之一。

我校毕业生不仅用他们的优异成绩验证了学校高质量的教学水平，而且展现了我校多年来一以贯之的办学特色。

特色二：产学结合，学研互动，全力构建人才培养新模式

学校全面贯彻执行党的教育方针，坚持“教育与生产劳动相结合，与社会实践相结合”。早在 1953 年，学校就确定并实施了“向工农开门、结合教学开展科学研究”的发展战略，创造了教学—科研—生产联合体的教育模式，进而将“产学结合、学研互动”作为促进学科建设的重大战略和推进人才培养模式转变的重要举措，“产学结合、学研互动”成为学校办学精神的重要组成部分。

通过企业战略联盟、大学科技园、国家技术转移中心的推动，以及学校科研基地的支撑，学校不仅在学科建设和科学研究上走出了一条强校之路，也在人才培养上形成了“以创新教育为主线，以产学结合、学研互动为特色”的创新人才培养模式。

学校在产学结合的道路上大胆探索，先后建立了 146 个稳定的校外实习基地，82 个产学合作教育基地，创造了多种校企合作、学用结合，学校和企业共同受益的实践教学模式，取得了丰硕的成果。在“2006 中国高校—大型企业合作教育高峰论坛”评选的十大产学研合作案例中，我

校两大案例入选，其中，我校与西门子公司的产学研合作案例被评为中国高校一大型企业合作"人才培养十大案例"，与兖矿集团的产学研合作案例入选"科技创新十大案例"。

学校坚持将教学与科研的互动作为促进学科建设与科学研究的重大战略。进入21世纪，学校开始大力推进"大学生创新教育工程"，通过学研互动，在理论教学、实践教学和创新教育等方面，探索人才培养的新模式。

通过推进科研成果进课堂、进教材、进实验室，将创新思维融入理论和实验教学，提升了教学质量。如今，"案例教学、方法论教学"已成为我校专业课教学的特色，深受学生欢迎；源于科研成果的实验项目和装备，已作为我校实验教学改革的成果，为全国众多院校广为采用；高水平的科研成果凝练成高质量的教材，使学生和教师均有受益。

通过实施的"大学生研究计划"、"教学科研互动计划"、"专业实验连锁开放计划"和"命题实验大赛"活动，使全校50%以上的学生有机会参与各类创新实践活动，接触到国家973、863、自然科学基金等高水平的科研项目，得到展示个人才能的机会。近三年来，我校学生在国内外各类大赛中屡获佳绩，共有325人次获得了上海市级以上的奖励146项，学生发表论文216篇，并获得多项国家实用新型专利或发明专利。

学研互动，不仅有力地推动了创新人才的培养，为科学研究提供人才支持，同时造就了我校高水平的师资队伍。教师们在传道、授业、解惑的过程中，找准了科学研究和教育研究的切入点，从而在相关领域取得突出成绩，由此成就了许多学术大师。

学校长期的办学实践证明，产学结合与学研互动，支持了学校学科外延的快速发展，塑造了学校鲜明的学科特色，固化了学校勤奋求实的办学精神，同时为我校创新人才培养模式的构建奠定了坚实的基础。

六、努力方向

经过长期的扎实工作和艰苦奋斗，我校在本科教育工作的各个方面均取得了突出的成效，但按照我国社会经济发展对高水平大学的要求，我们仍需不懈努力。

（一）创造机会，推进高水平教师上讲台

在学校现有专任教师队伍中，正副教授占 54.6%，他们是本科生教育的核心和主体。尽管学校非常重视创造条件让教授、副教授更多地承担本科教学工作，但由于课程、时间等各种原因，这些高水平教师为本科生上课的比例还有待进一步提高。

（二）完善多校区运行机制，提高办学效益

我校现有徐汇、金山和奉贤三个校区。金山校区 20 世纪 90 年代中期并入我校，奉贤校区正在投入使用。教学资源共享、学生跨校区选课、教师跨校区上课、校区之间校园文化的整合等问题给学校运行管理带来了更大的难度。在校区拓展给我们带来更多教学空间的同时，我们需要探索多校区运行的良性机制，使各个校区的优势能够得到互补，学校整体功能得到提升。

此外，随着经济全球化步伐的加快，如何有效提高学生的国际意识和跨文化交流的能力，需要我们重点加以研究。同时全面推进教育质量工程，进一步完善创新人才培养体系，构建研究型、人性化的本科教育体系，仍需要我们付出更大的努力。

各位专家、各位领导：

今年是华东理工大学建校 55 周年，值此承前启后、继往开来的盛年，教育部组织各位专家对我校本科教学工作水平进行评估。我们非常珍惜这次评估机会，将以此为契机，认真总结办学经验，及时发现问题并进行整改，以全力推进华东理工大学本科教学工作再上新台阶，为创新型国家建设做出更大的贡献！为中华民族的伟大复兴再铸辉煌！

（2007 年 5 月 20 日）

提升内涵，以人为本，强化竞争力，走跨越式发展的道路

——钱旭红校长在2007年教师节表彰大会上的讲话

各位老师、同志们：

在秋高气爽的9月，建校55周年的前夕，我们迎来了第23个教师节。在此，我谨代表学校党政领导及全体同学向辛勤工作在教学、科研、管理和服务第一线的广大教职员工致以诚挚的节日问候！

自去年教师节以"勤奋求实、励志明德"为题，开展教育思想讨论，至今已是整整一年。这一年来，我校师生员工顾大局，识大体，不畏困难，艰苦奋斗，克服资源紧张、资金缺乏、任务繁重且集中、时间紧迫等困难，充分发挥聪明才智与首创精神，使得学校在教育教学、学科建设、科学研究、队伍建设、国际交流与合作、校园建设、后勤服务及民生改善等方面上了一个新台阶。特别值得一提的是，我校在教育部组织的本科教学工作水平评估中取得了可喜的成绩，校区基本建设及校园整治取得重要进展，校区调整与定位得以顺利实施。这些显著进步的取得，说明我们华东理工大学的师生员工以其行动与实践铸造了我们的"勤奋求实、励志明德"的校园精神，我们华东理工大学的师生员工蕴藏着强大的创造力，并能爆发出改变面貌的强大能量。这使我们有充分的信心，在"十一五"期间的跨越式发展中取得更大胜利。但我也深知，这些成绩来之不易，它们凝聚着全校师生员工的辛勤汗水，更有不少的干部与教授为此付出了健康的代价！在此我代表学校向辛勤工作在第一线的广大教职员工

表达感谢、感激之情并表示最崇高的敬意！

今年是学校《三年行动纲要》实施的结束之年，也是我校建校 55 周年，更是我校启动“十一五”规划实施的开始年。如果说《三年行动纲要》的主要目的是为我们的跨越式发展奠定基础，那么我们就要在今后“十一五”规划实施中求得跨越式的发展。

因此，今天就两个话题谈点想法：一是《三年行动纲要》及执行情况；二是“十一五”发展规划及实施的重点。

一、 为跨越式发展奠定基础的《三年行动纲要》

《三年行动纲要》出台的背景在于，一方面，当时全国高等教育的蓬勃发展与我校所面临的困难和挑战形成鲜明对比，全国高等教育的规模扩张基本结束，内涵发展已成为大学及社会关心的主要议题。而我校则面临校园拥挤，办公室、教室、实验室、食堂及生活设施严重紧张的局面。同时，学科建设与人才培养方面任务繁重，教育评估迫在眉睫，即我校面临着规模扩张及质量提升的双重压力。另一方面，在学校的综合竞争力需要增强的同时，我校教职员工的收入水平不高，福利分房被停数年，房贴无力发放及师生员工生活环境亟待改善等矛盾难以回避，即竞争力与民生问题又成为学校必须面对的双重难点。许多重点大学发展速度加快，国家投入巨资建设，而我校杯水车薪，校园内士气不振。

在此之际，学校为调动全校师生员工的积极性，鼓舞士气，根据学校的实际情况，提出了“一年一个样，三年富强，为跨越式发展奠定基础”的工作设想，要求可预计的各项指标应实现年均 30％的增长或改进。《三年行动纲要》，着重在规模扩展与初步的内涵提升方面、在竞争力提升与民生的初步改善方面开展工作，为跨越式发展奠定基础。其完成的时间节点正好与 55 年校庆、教育评估及实质性启动“十一五”建设相衔接。通过上下发动、群策群力，形成了该纲要，于 2005 年伊始开始实施。尽管在紧迫的时间内所制订的计划有许多不周之处，但它确为今后的规划计划争取了时间，引领了学校工作，极大地调动了师生员工的积极性。

尽管详细回顾三年的进展，应该在明年年初，但目前回顾对推动“十一五”发展规划的实施有许多帮助。

这三年中，科学研究与学科建设方面，二级学科博士点由 16 个增加到 44 个，覆盖了理工医农法五大学科门类；二级学科硕士点增加到 121 个，覆盖了 11 个学科门类；国家重点学科由 3 个增加到 7 个(包括新增化学工程与技术国家重点一级学科所涵盖的 5 个二级学科，以及化工过程机械、控制理论与控制工程 2 个二级学科)；上海市重点学科由 4 个增加到 10 个。学校的学科布局及结构发生了可喜的变化，新建了富有特色的药学院、法学院，对学院的学科定位进行了调整。理科明显加强，新增医学农学类博士点。特别值得一提的是实现了人文社会领域博士点的“零”突破，现有两个文科博士点，一个文科上海市重点学科及多个文科硕士点。文科的研究经费、论文及社会影响力有了明显的提升，承担的国家社会科学基金项目及部市的重大重点文科项目有了突飞猛进的发展。学校现有理工类国家级基地 8 个，教育部和上海市基地 10 个，今后还将有新的国家和省部基地获建设批准。国家大学科技园获准成立，科技转化与成果孵化基地逐步迁出校外并集中，开始显示规模效应。产学研已成为学校在校外最具有竞争性、处于全国领先地位的标志性领域。

在教育教学方面，本科教育的中心地位得到大大加强，课程教学方法及内容有了明显更新，实现了科研与教学的互动。三级课程平台得以有效构建，国家精品课程由 2 门增加到 6 门，上海市精品课程由 12 门增加到 47 门，47 本教材入选国家“十一五”规划教材；课外教育及社团活动产生了积极的社会影响，体教结合走在全国的前列，在各类国际国内比赛中，如数模、英语、乒乓球等捷报频传；人才培养模式得到了充分肯定，学校的办学定位、校园精神、校园文化及标识等得到了明晰与提升；教风学风有了进步，学生思想工作特色鲜明，受到广泛关注；学生就业率一直名列前茅；继续教育进一步规范，网络教育在质量效益方面为学校创造了声誉。本科教育评估顺利通过并获得高度评价，全校师生为此付出了辛勤的努力。

在强化培养质量的同时，研究生的培养规模和导师队伍得到快速增长，目前在读的全日制博硕士研究生近 6 000 人，专兼职博导 250 余人、硕导 800 余人，从而为研究型大学的建设奠定了良好的高素质创新人才培养平台。

这三年中，通过别具一格的选拔、重点培养、绿色通道引进、大师级人员的兼聘，使队伍建设面貌发生了较大的变化，竞争力增强；国际交流与合作的规模已明显扩大，层次有了显著提高，在主要发达国家拥有了一批高水平研究型的国外姊妹或协议大学，本科生、研究生及师资的交流互换得到了有力的开展；将国际交流的领域延伸至学校的党政管理干部；举办了一批高水平的国际学术会议，将中德工学院作为全校对德语区交流的平台，成立了国际教育学院。

校园环境整治初见成效；实验室及技术平台的服务与管理有力地支撑了学校发展，基本条件得以改善；生活后勤服务的面貌也发生了许多积极的变化。通过业绩津贴、岗位津贴、房贴的发放及离退休人员的生活补助标准的逐步提高，有效地改善了广大师生员工的民生。

校区规模的扩大，同样具有重要意义。一是可改善严重短缺的物质与空间资源，二是可以优化、调整原有的校区格局，三是招生规模的适度扩大可带动师资规模的扩大，从而为通过师资队伍的增量来调节、优化存量创造了宽松的外部条件。这三年中，先后在各级领导、干部及职工的努力与奋斗下，克服诸多困难，在徐汇校区进行了建校以来最大规模的建设与整治。金山校区焕然一新，奉贤校区的一期建设基本完成，校区整合得以顺利推动并圆满完成。数年来，校区间的条块分割、人才培养模式与要求的差异得以消除。随后启动的校区调整，初步实现了三校区的重新定位与特色化发展。徐汇校区以研究为中心，定位为精品、研究型校园，主要容纳三、四年级本科生与研究生；奉贤校区以教育为中心，定位为生态、数字、健康的校园，主要容纳一、二年级本科生；金山校区以社会服务为中心，容纳我校的国家技术转移中心与国家大学科技园，包括中试基地及军工基地等。

二、 指导今后跨越式发展的“十一五”发展规划

在完成规模扩展与初步的内涵提升工作以后,我们需要冷静地看到,由于全国高等教育发展很快,在大家都关心内涵发展,而我校已经初步具备了相应的内外条件时,必须不失时机地推动跨越式发展。如果丧失了“十一五”期间的发展时机,我校再也难有振兴与辉煌的良机。因此,我们在去年底到今年初,经过全校的讨论,推出了学校的事业发展规划、校园发展规划、人才队伍规划、学科建设与发展规划以及大学章程,并特别注重其相互间的刚性制约与联系。

谈良机,无法回避学校的经济问题。尽管没有国家的大量投入,但由于我校长期艰苦奋斗的传统和较强的自我造血能力,正像某些媒体透露的官方消息那样,我校的经济情况在全国是好的,算上奉贤校区的建设贷款,学校的风险基本处于可控状态。比如,我校的业绩津贴是从日常工作中挤出来的,近年来,我们在预算中一直坚持日常行政经费“零”增长,工作内容没有减少,反而大大增加,行政效率提高了,合理的津贴投向又大大提高了教师员工的积极性。当然,我们相信不会哭的孩子也应有奶喝,国家在解决大学借贷负担时会充分坚持并考虑这一点。此外,为应对将来的万一的财政困难,金山校区的定位变化已为此做好了准备。

我们的机遇有哪些？一是空间与资源紧张状况基本解决;二是学科建设、科学研究、教育教学的竞争力与特色在过去的几年中得到了较好的展现;三是校内师生员工人心齐、士气高,55 年办学的良好积淀孕育了巨大的能量;四是上海的“十一五”教育发展规划,在重视内涵发展方面有许多新举措,确立了新的资金投入方向;五是我校 7 个新的上海市重点学科,从 9 月开始,将获得上海的投入进行建设。国家的 211 三期建设经费有较大的增长,增加近一倍,可能在年底前启动,再考虑到上海的配套,我校的 7 个国家重点学科将可能获得较多的投入;在年底前,我校有望进入 985 平台建设,这同样会得到上海的经费配套。因此可以说,

长期困扰我校的、近年来也一直没有解决的学科建设经费短缺的问题，有望获得明显的缓解。

走内涵建设之路，目标就是提高大学的质量和水平。那么，什么是内涵之“内涵”？那就是管理、质量和效益！就管理而言，我们不是没有规章与程序，尽管其仍然需要完善，而核心问题是我们需要改善、提升我们的校园文化，重视文化建设，形成以法治校、民主治学的氛围。就质量而言，我们一直关注“事”与“物”的质量与品质，而核心问题是我们更要关心“人”，关心人的事业心、责任心与创造力，重视人才培养，因为人是提高“事”与“物”质量的关键。就效益而言，多校区办学需要整合提高效益，而学科建设同样要通过整合提高效益，特别是像我们这样由建校之初的单科性学院发展成的多学科研究型大学而言，学科及人员之间存在千丝万缕的联系，整合可能变劣势为优势，发挥更大的效益。

提升管理、质量、效益的关键，分别是文化建设、人才培养和整合。而其中“人”及“队伍”是关键之关键！

前期的外延扩张主要是做“事”，现在的内涵发展要以“人”为主，在空间、资源及经费等内外条件改善后，“人”及“队伍”必将成为我校跨越发展的主旋律。

今后的所有工作，必须要遵循我校的“十一五”“四大规划”。其中，学科建设与发展规划、事业发展规划及校园发展规划是不可逾越的边界条件与导向指标，人才队伍规划的落实则是核心与重点。

在队伍建设中，要坚持从事到人，化挑战为机遇。今年下半年的岗位设置就是重要的切入口。我校的历史表明，像我校这样依托单一学科发展起来的多科性大学，如果不注重学科的生态分布，不注重其相互支撑与相互联系，不注重学科体系可持续的、科学的发展，优势学科的衰败、特色学科的消失就不可避免。因为，学科的变革转型及人才的新老交替是不可抗拒的历史规律。而学科的生态分布，如果没有人才的生态分布所支持，也就成为没有根基的浮萍。因此，在人才队伍建设中，要通过下半年的岗位设置做到人才队伍的分布与学科分布相吻合，实现“扶需、扶特、扶优”。根据人才队伍分布与学科分布，培养与引进并举，并创造特殊的人才引进措施,如人才的流入与孵化机制。建立与211建设及985平台建设相配套的创新团队建设机制。

在我校干部队伍建设中,要提高干部的领导能力和执行能力。所谓领导能力,就是对长远发展趋势的预测、局面的宏观判断、全面驾驭等能力,抓具体的并且对全局有重要影响的关键细节的能力。所谓的执行能力,包括分类指导能力、具体操作的介入、工作的分解落实等能力。除此以外,特别希望广大干部,尤其是领导们,能兼听则明,尊重程序,善抓时间节点。要像抓人才队伍的分布与学科分布相吻合一样,要关心干部队伍的分布与社会需求分布的吻合,为校内及社会输送更多的人才。

在学生教育中也要以人为本,要注意固定教材与创造性教育间的突出矛盾;要通过专门课程的设置与课程调整,来培养有创新意识与能力的人才;使学生的知识学习做到"少而精,博而通";使学生实现知识的个性结构化,从而具有创造的秉性。要创造、构建新的校园氛围与文化,注重提炼科学精神,提升人文修养与人文精神,进而通过培养"人"实现大学对社会及人类文化的引领作用。

此外,师生员工、管理干部要有国际视野和跨文化的交往交流能力,以增强学校的国际竞争力。每个学院都要支持国际交流学院的工作,每个学院都应拥有进行师生国际交流的国外伙伴学院。

在重点学科及211、985平台建设中要预先做好相关学科的整合规划,并与人才队伍的调整相结合,通过学科的优化调整、整合、转型,集中建设,外延拉动,铸造具有国际水平的代表学校形象的高峰学科。科研中,要注意针对国家专项等重大项目做好组织、协调,抓好重点科研基地的运行指导,特别要在扶持、培育新的前沿性、非共识性科研生长点及新的交叉点上下工夫。

《三年行动纲要》中,学校明确,要完成富强目标,提高竞争力与改善民生,我们需要"一支队伍、三个体系",即:塑造大师云集、英杰辈出的人才队伍;建立优势明显、特色鲜明的学科发展体系;潜心树魂,构建研究型、人性化本科教育体系;以人为本,建立富民强校的管理服务体系。

在管理服务体系方面,各部门都要为学科建设与人才培养服务。如后勤要创造环境优美、鲜花盛开、服务高效、厚重质朴、设施先进的校园，支撑研究型大学；要与海湾旅游度假区的外围环境相适应，建设生态、数字、健康的奉贤校区，通过有益身心健康的活动，创造氛围服务于师生员工，吸引名师来此逗留，从而塑造好的人文环境，使新校区学生的成长得到全面的关爱。

我们仍然有极其繁重的基本建设任务，如奉贤的一期第二阶段建设、徐汇校区东沿 10 万平方米高科技孵化楼群的建设、徐汇校区教职工公寓的建设等。在财政上我们还要最大程度地盘活资产，增收节支，用增量支持优秀队伍的建设。

各位老师、同志们，今年是 55 年校庆，为发扬“勤奋求实、励志明德”的传统，远离社会上某些浮夸的风气，保留与坚持大学独特的文化，节约资金服务于学校的长远发展，今年的 55 年校庆，将不举办高朋满座、嘉宾云集的宏大庆典，而代之以温馨、高品位的各类社会与学术持续活动，如老校友看新校区、新校友慰问学弟学妹、全球校友会换届、诺贝尔化学奖获得者的题词与相关雕塑的揭幕、师生龙舟比赛、多个国际国内人文与科技领域的高水平学术会议等，并启用庆典校标，用我们独特的方式庆祝学校 55 周年的生日。

今后，我们要提升内涵，以人为本，强化竞争力，走跨越式发展的道路。几年前，我曾经说过，“艰难的时事不会长久，苦难的人终将出头”，今天，为几年来师生员工对学校的热爱与奉献所感动，我要说：“勤奋求实的征程必定长久，励志明德的辉煌就在前头！”

（2007 年 9 月 7 日）

以实施岗位设置管理工作为契机，走内涵建设之路，落实学校“十一五”发展规划

——钱旭红校长在学校岗位设置管理实施工作部署会议上的讲话

各位老师、同志们：

今天，我们在这里召开学校岗位设置管理实施工作部署会议，为做好我校的岗位设置与聘任工作，我就“以实施岗位设置管理工作为契机，走内涵建设之路，落实学校‘十一五’发展规划”为主题，提几点意见。

一、岗位设置管理工作应当成为落实学校“十一五”规划的重要抓手

在过去的三年里，学校实施了《三年行动纲要》，经过全体教职工的共同努力，各方面工作都取得了显著的进步，基本完成了学校规模的扩展与初步的内涵提升工作，为跨越式发展奠定了良好的基础。从现在开始，学校的中心工作就是落实“十一五”发展规划，加快多学科高水平研究型大学的建设。

我在今年的教师节有个发言，主题是“提升内涵，以人为本，强化竞争力，走跨越式发展的道路”。提出走内涵建设之路，就是提高大学的管理、质量和效益，内涵发展要以“人”为主，队伍建设要坚持从事到人，岗位设置就是重要的切入口。

岗位设置管理制度简单地理解，就是学校有哪些要做的事、需要多少岗位、岗位分类和人员的结构比例如何、怎样进行绩效评价和考核等等。

岗位设置管理工作做得好，学校的人力资源配置可以不断优化，用人效益和质量也可以明显提高。国家人事部、教育部提出了一系列的政策，要求在事业单位实施岗位设置管理制度，这是完善聘任制和改革收入分配制度的前提和基础，对促进学校发展是一个重要契机。因此，我们一定要抓好、用好这一机遇，把它作为人才队伍建设和落实学校“十一五”规划的重要抓手，将“事”明确到人、落实到岗位。

二、 应当围绕学科建设和队伍建设规划，实施教师等专业技术岗位设置管理工作

要把学校发展规划的各项工作明确到人、落实到岗位。在岗位设置管理实施工作中，尤其是以教师为主体的专业技术岗位设置，就必须围绕我们制定的建设规划进行，各学院要在摸清家底、理清现状、明晰目标的基础上，立足现实、面向未来、逐步完善专业技术岗位设置。

建设高水平研究型大学所需要的学术队伍，一要以重点学科建设为核心，凝练学科发展方向，推进基层学术组织改革，加强创新团队建设；二要充分发挥学术大师、创新团队和拔尖创新人才在引领学科发展、完成国家重大科技任务和国际科技合作与交流等方面的作用。岗位设置是一种有效的政策导向，专业技术岗位设置的结构比例、岗位等级的任职条件等，必须考虑受聘人员承担的岗位职责，在人才培养、科学研究和社会服务中的作用和贡献。

像我校这样依托单一学科发展起来的多科性大学，还需要考虑学科的生态分布与人才队伍结构相匹配，实现“扶需、扶特、扶优”，根据各学院岗位设置中的人才队伍结构与学科分布，培养与引进并举，对岗位急需或对学科未来发展有重要作用的，要采取特殊的人才引进措施。

三、建设研究型大学需要一支高效、专业的管理队伍

这次岗位设置管理的实施工作,要求建立高校管理岗位的职员职级制度,建设专业化管理队伍。

职员职级制度为从事高校管理工作的同志提供了较好的发展空间,避免挤占专业技术职务的“独木桥”,有利于管理队伍的稳定,同时也对管理岗位提出了专业化职业化的要求。

建立一支高效、专业的管理队伍是研究型大学建设和发展的需要。管理岗位设置与聘任,应当引导学校各级管理人员努力钻研管理业务,不断提高管理水平和绩效。

学校将从加大业务培训力度、加强国际交流、逐步提高岗位绩效待遇等方面,为管理队伍的领导能力和执行能力的提高提供良好的保障,同时,为社会输送更多的管理人才。今年的业绩津贴发放,学校已决定适度向管理岗位倾斜,使管理岗位的绩效待遇较往年有明显的增加。

四、工勤技能岗位应着眼于培养和使用高技能人才

工勤技能岗位的工作人员是我校建设研究型大学的重要支撑力量。尽管按照教育部的工勤技能人员逐步社会化的要求,我校目前现有工勤技能人员超出岗位总量的 10%,但我校的基础是工科,工勤技能岗位的设置与综合性大学有所不同,如何科学地调整工勤技能岗位总量和结构比例,将是今后一段时间人员补充面临的课题,也是这次工勤技能岗位设置需要考虑的问题。

学校鼓励后勤服务社会化,已经实现社会化服务的一般性劳务工作,不再设置相应的工勤技能岗位。承担技能操作和维护、后勤保障、服务等职责的工作岗位,要适应提高操作维护技能、提升服务水平的要求,因此,我校的工勤技能岗位应着眼于培养和使用高技能人才。

相对而言,部分工勤技能人员可能是学校的弱势群体,在岗位设置

管理的实施工作中，校内各用人单位应当考虑做好思想工作，平稳过渡。

五、通过实施岗位设置管理制度，应当进一步改革和完善我校的用人制度

高等学校岗位设置管理工作的核心，是以聘用合同制和岗位管理为基础的用人制度。此次人事制度改革工作既是优化队伍结构的重要举措，也是加强人员管理、提高队伍素质和用人效益的制度保障。通过实施岗位设置管理制度，应当进一步改革和完善我校的用人制度，岗位聘用合同要进一步明确岗位职责、规范岗位管理，人事部门要研究如何改进人才评价与考核体系，学校要进一步完善教职工的奖惩制度等等，这些都是今后一段时间内岗位设置管理制度需要完善的重要内容。

六、岗位设置与聘任过程中应当处理好的几个关系

岗位设置和聘用工作，关系到广大教职工的切身利益，政策性很强，是一项复杂的系统工程，要求大家高度重视、抓住重点，各单位要严格掌握标准，坚持公平、公正、公开的原则，保证程序公正、规范合理。

在实际操作过程中，要按照教育部的意见，结合具体情况，正确处理好五个关系：一是当前实际与长远发展的关系；二是数量结构与质量的关系；三是教师队伍与其他队伍的关系；四是分类指导与协调发展的关系；五是改革发展与和谐稳定的关系。

岗位设置管理工作既是挑战，也是机遇。通过岗位设置管理的政策引导，建立起长效的激励机制，使我校教师等三类岗位人员树立正确的价值取向，履行好各自的岗位职责，逐步形成人尽其才、和谐发展的局面，为加快我校研究型大学的建设提供较好的制度环境。

（2007 年 12 月 13 日）

提升内涵，建设特色鲜明的研究型大学：华东理工大学的规划、思考、行动与展望

——钱旭红校长在第十八次教育部直属高校咨询会上的发言

“建设高等教育强国”这一宏伟目标给我们提出了新的、更高的要求，使我们在办学实践中提升内涵、提高质量有了明确的方向。在此，将本校近年的规划、思考与行动作一总结，也对今后的工作作进一步的展望。

一、为跨越式发展奠基础的“年年变样，三年富强”行动纲要

三年前，全国高等教育的规模扩张基本结束，内涵发展已成为大学及社会关心的主要议题。而我校则面临校园拥挤，办公室、教室、实验室、食堂及生活设施严重紧张，新校区待批未建的局面。同时，学科建设与人才培养方面的任务繁重，教育评估迫在眉睫。这就是说，我校面临着规模扩张及质量提升的双重压力。

在学校的综合竞争力需要增强的同时，我校教职员工的收入水平不高，福利分房已停数年、房贴无力发放及师生员工生活环境亟待改善等矛盾难以回避。这使得竞争力与民生问题成为学校必须面对的双重难点。

在这种情况下，学校为调动全校师生的积极性，鼓舞士气，根据学校的实际情况，提出了一年一个样、三年富强、为跨越式发展奠定基础的工

作计划，要求可预计的各项指标应实现年均30%的增长或改进。

《三年行动纲要》的完成时间，正好与55年校庆、教育评估及实质性启动“十一五”建设相衔接。通过上下发动，群策群力，形成了纲要，于2005年伊始开始实施。行动纲要在学校的党代会上得到了进一步的确定与提炼，起到了全面引领学校工作、极大地调动了师生员工积极性的作用。纲要在各个层面明确奋斗目标，确定中外参照，指出问题差距，制订阶段措施。依此确定每学期、每年的日常工作计划。

三年来，在科学研究与学科建设方面，二级学科博士点由16个增加到44个，覆盖了理工医农法五大学科门类；二级学科硕士点增加到121个，覆盖了11个学科门类；国家重点学科由3个增加到7个(此外，另增1个国家重点培育学科)，上海市重点学科由4个增加到10个。学校的学科布局及结构发生了可喜的变化，新建了富有特色的药学院、法学院。理科明显加强，新增医学农学法学类博士点，人文社会领域的学科竞争力明显增强。文科的研究经费、论文及社会影响力有了明显的提升，承担的国家社会科学基金项目及部、市级重大、重点文科项目的数量和质量都有了突飞猛进的发展。学校现有理工类国家级基地8个，教育部和上海市基地10个。国家大学科技园开始显示科研与学科建设的规模效应。

在教育教学方面，本科教育的中心地位大大加强，课程教学方法及内容有了明显更新，实现了科研与教学的互动。三级课程平台得以有效构建，国家精品课程由2门增加到6门，上海市精品课程由12门增加到47门，47本教材入选国家“十一五”规划教材；课外教育及社团活动产生了积极的社会影响，教风学风有了明显进步；学生就业率一直名列前茅。在强化培养质量的同时，研究生的培养规模和导师队伍快速增长，为高素质创新人才的培养奠定了良好的平台。

在过去的一年中，我校以教育部的本科教学工作水平评估为契机，对55年的办学历程进行了实事求是的梳理，进一步明确了“培育英才、服务社会，注重过程、勤奋求实，协调发展、特色鲜明”的办学理念。

根据《三年行动纲要》，学校从“科学发展”——统领制度完善和机制创新，“以人为本”——优化制度环境和人文氛围，“择帅强将”——强化高层次人才队伍建设，“群策群力”——加速学科梯队与创新团队建设，“海纳百川”——实施人才队伍国际化战略等多方面，全方位推进了人才队伍建设工作，取得显著成效。国际交流与合作的规模已明显扩大，层次有了显著提高，在主要发达国家拥有了一批高水平研究型的国外姊妹或协议大学，本科生、研究生及师资的交流互换全面展开，并成立了国际教育学院。

校园环境整治初见成效。校区规模的扩大，对学校的内涵发展具有极为重要的意义：一是物质与空间资源严重短缺的局面得以改善；二是原有的校区格局得到了调整与优化；三是招生规模的适度扩大所带动的师资规模适当扩大，为通过增量来调节、优化师资队伍的存量创造了宽松的外部条件。

生活后勤服务的面貌发生了许多积极的变化。通过业绩津贴、岗位津贴、房贴的发放或增加及离退休人员的生活补助标准的逐步提高，有效地改善了广大师生员工的民生状况。在预算中一直坚持日常行政经费“零”增长，工作内容不减反加，提高了行政效率。节约出来的经费作为合理的津贴，又大大提高了教师员工的积极性。

通过《三年行动纲要》的实施，初步实现了竞争力提升与民生改善，向建立“一支队伍、三个体系”的目标迈近了关键的一步。即：塑造大师云集，英杰辈出的人才队伍；优势明显、特色鲜明的学科发展体系；潜心树魂，研究型、人性化本科教育体系；以人为本，富民强校的管理服务体系。

二、 指导跨越式发展的“十一五”发展规划

在初步具备了相应的内外条件时，必须不失时机地推动以内涵建设为核心的跨越式发展。从去年底到今年初，经过全校的讨论，推出了学校的《事业发展规划》、《校园发展规划》、《人才队伍规划》、《学科建设与发展规划》，并讨论制定了《华东理工大学章程》。

今后的所有工作，都将遵循我校的“十一五”“四大规划”。其中，学科建设与发展规划、事业发展规划及校园发展规划是导向指标，人才队伍规划的落实则是核心与重点。走内涵建设之路，就是要强化学校的特色，优化学科与队伍建设。

（一）重视过程，走特色发展之路

学校最大的优势曾经是化工单科性，最弱的地方也是化工单科性，这对人才培养、学校发展都很不利。正确处理单科与多科、化工与理工农医法的学科关系，正确处理继承与发展的关系，是摆在学校面前不能回避的问题。对于学校来讲，只强调化工，化工自身将无法发展；同样，如果只强调多科性，学校也就失去了特色优势，成了无源之水。

在国际学术界，化学工业被公认为是以计量为特征的过程工业的典型代表。化工学科是典型、核心的过程工程学科。而过程工程较化工具有更为重要、更为广泛的可衍生性和包容性。因此，在我校的学科建设与教育发展中高度重视“过程工程及思想”，使之成为学校特色的基础。如目前校内有许多包含“过程”的科研教育实体（如生物过程工程、环境过程工程、材料加工、过程机械、过程自动化与控制）。同样，由于学校的工科背景及重视操作、实践与技术的特点，在实现与过程相关的多学科发展的同时，形成了对过程训练、教育、实践十分重视的办学特色，这一特色后来又逐渐融入人文、社会等学科发展中，如社会工作、语言、经济管理在国家的文明城市与先进城市的考察评比、都市发展与节约发展、小城镇建设、社会工作与社区矫正中发挥重要作用。“过程工程与过程思想”将是学校学科与教育发展的一个基本脉络，并已作为办学基本思路得以确立。目前，通过整合交叉校内学科，建立了过程系统工程教育部工程研究中心，推进相关的科学研究、人才培养及产学研合作。

劣势和优势是可以相互转化的。正是共同的渊源及联系、共同的“过程工程与过程思想”学科与教育发展理念、适当的分工定向衍生，实现了学校的多科性发展目标，使得学校在发展中有可能通过整合协调，产生强大的竞争力。

(二)重视生态分布,优化学科结构与师资队伍结构

长期以来,学校的领导与行政管理层,往往将最多的精力花费在具体的"事"与"物"上,无法真正集中在"人"上。而大学的核心是培养人,因此,更应通过培养与引进,选拔与使用优秀人才,让本应由教授们决定的教育教学与科学研究方面"事"与"物"的具体工作交付归还给教授,将以具体"事、物"导向的学校领导与管理转变成以"队伍建设"为导向的大学领导与管理。

其中最为重要的是,通过确定全校的学科结构及生态分布,进而确定师资队伍结构及生态分布。历史表明,像我校这样依托单一学科发展起来的多科性大学,如果不注重学科的生态分布,不注重其相互支撑与相互联系,就无法实现学科体系的可持续的、科学的发展;不防止某单一学科分支方向的人员过于集中,优势学科的衰败、特色学科的消失就不可避免。因为,学科的变革转型及人才的新老交替是不可抗拒的历史规律。而学科的结构生态分布,如果没有人才的结构生态分布作为支撑,也就成为没有根基的浮萍。在师资队伍建设中,学校以今年的岗位设置作为重要的切入口,坚持从事到人,化挑战为机遇。因此,岗位设置给人才队伍的结构分布与学科结构分布相吻合提供了重要机遇。根据人才队伍结构分布与学科结构分布,培养与引进并举,并创造特殊的人才培养与引进措施,通过完善人才的流入与孵化机制等渠道,实现"扶需、扶特、扶优"。

在控制规模的基础上,使学科规模与水平、其结构分布与人才队伍结构分布相对应。适当发展"平原"学科,大力发展"高原"学科,全力铸造"高峰"学科。确定已建和拟建的每个国家重点学科设置不超过 7 个学术方向、省部级重点学科设置不超过 5 个学术方向、其他学科设置不超过 3 个学术方向。每个重点学术方向原则上设置 1～3 个教授岗位。

三、成立专门机构,强化工程教育

工程教育已经成为全球关注的焦点。2006 年,我国高校工科专业在校生已突破600万人，我国工程教育已经具备了规模领先的发展优势，但在创新水平、实践能力、人才培养质量等方面，与世界水平仍然存在较大的差距。

我校以过程工程思想为先导，提倡全面工程教育，并进行了初步的探索。学校筹备设立了“华东理工大学工程教育委员会”，其主要任务是：第一，在工程教育的课程改革、教学实践、师资培养及评价等方面，鉴别、开发、发布、实施最佳方案；第二，指导教务部门及各学院的相关工作，调整、改进、激励并督查教育创新计划和新的课程体系，推进我校工程教育的改革与发展；第三，为校内外有关机构提供新的论坛、新的平台，以共享工程教育的新理念、新方法，普及工程与教育知识，扩大工程教育的社会影响。

根据十七大精神，深入贯彻落实科学发展观，在建设全面小康社会的道路上，如何更好地为社会服务，如何培养高素质的创新型人才，将是一项常做常新的课题。为此，我们将秉承勤奋求实、励志明德的校训精神，为建设高等教育强国，特别是推进工程教育大国向工程教育强国的转变不断求索。

（2007年12月21日）

处处创卓越，年年有提升，为建设高水平研究型大学而奋斗

——钱旭红校长在校六届四次教代会、十三届四次工代会上的工作报告（摘要）

我们在努力完成《三年行动纲要》所规定的各项工作任务的同时，也投入大量精力，讨论并规划我校今后几年的发展目标。在去年，我们经过全校的讨论，推出了学校的《事业发展规划》、《校园发展规划》、《人才队伍规划》、《学科建设与发展规划》，并讨论制定了《华东理工大学章程》。希望通过执行这些规划，对内，推进我校以内涵建设为核心的跨越式发展；对外，通过服务社会、贡献成果与人才、引领文化的进步，推动学校影响力的显著提升。即以"影响力与内涵"为核心，实现"处处创卓越年年有提升"。

在这里，"处处创卓越"强调的是在全国及国际范围内，即在相关方面追求卓越，在学校的四大规划落实中追求卓越，在学校"一支队伍三个体系的四个方面建设中追求卓越"；"年年有提升"强调的是功能内涵的提升与进步。今后我们的所有工作，都将遵循我校的"十一五""四大规划"。其中，学科建设与发展规划、事业发展规划及校园发展规划是导向指标，人才队伍规划的落实则是核心与重点。走内涵建设之路，就是要强化学校的特色，优化学科与队伍建设。关于规划的具体内容，我不在这里赘述，主要想从以下几个方面谈谈执行规划、推动发展的指导思想。

一、 重视过程，走特色发展之路

我们已经认识到，我校最大的优势曾经是化工单科性，最弱的地方也是化工单科性。只强调化工，化工自身将无法健康发展；同样，如果只强调多科性，学校也就失去了特色优势，成了无源之水。

在国际学术界，化学工业被公认为是以计量为特征的过程工业的典型代表。化工学科是典型、核心的过程工程学科。而过程工程较化工具有更为重要、更为广泛的可衍生性和包容性。因此，在我校的学科建设与教育发展中高度重视“过程工程及思想”，使之成为学校特色的基础。同样，由于学校的工科背景及重视操作、实践与技术的特点，在实现与过程相关的多学科发展的同时，形成了对过程训练、教育、实践十分重视的办学特色，这一特色后来又逐渐融入人文、社会等学科发展中。“过程工程与过程思想”将是学校学科与教育发展的一个基本脉络，并已作为办学基本思路得以确立。

劣势和优势是可以相互转化的。正是共同的渊源及联系、共同的“过程工程与过程思想”学科与教育发展理念、适当的分工定向衍生，实现了学校的多科性发展目标，使得学校在发展中有可能通过整合协调，产生强大的竞争力。

今后，我们要以“过程系统工程教育部工程研究中心”的建设运行为切入口，发挥化学工程联合国家重点实验室、生物反应器工程国家重点实验室、超细粉末国家工程研究中心、国家生化工程技术研究中心、国家医用生物材料动员中心及其他 12 个国家及省部重点基地的集成效应，突出“过程工程学科”的特色。

在重点学科及 211、985 平台建设中要做好理工及人文社科的整合规划，并与师资队伍的调整相结合，通过学科的优化调整、整合、转型，集中建设，外延拉动，铸造具有国际水平的代表学校形象的高峰学科。要注意针对国家专项等重大项目做好组织、协调工作，抓好重点科研基地的运行指导，特别要在扶持、培育新的前沿性、非共识性科研生长点及新的交叉点上下工夫。

二、重视生态分布，优化学科结构与师资队伍结构

长期以来，学校的领导与行政管理层，往往将最多的精力花费在具体的“事”与“物”上，无法真正集中在“人”上。而大学的核心是培养人，因此，更应通过培养与引进、选拔与使用优秀人才，让本应由教授们决定的教育教学与科学研究方面“事”与“物”的具体工作交付归还给教授，将以具体“事、物”导向的学校领导与管理转变成以“队伍建设”为导向的大学领导与管理。

其中最为重要的是，通过确定全校的学科结构及生态分布，进而确定师资队伍结构及生态分布。历史表明，像我校这样依托单一学科发展起来的多科性大学，如果不注重学科的生态分布，不注重其相互支撑与相互联系，就无法实现学科体系的可持续的、科学的发展；不防止某单一学科分支方向的人员过于集中，优势学科的衰败、特色学科的消失就不可避免。因为，学科的变革转型及人才的新老交替是不可抗拒的历史规律。而学科的结构生态分布，如果没有人才的结构生态分布作为支撑，也就成为没有根基的浮萍。在师资队伍建设中，学校以岗位设置作为重要的切入口，坚持从事到人，化挑战为机遇。因此，岗位设置给人才队伍的结构分布与学科结构分布相吻合提供了重要机遇。根据人才队伍结构分布与学科结构分布，培养与引进并举，并创造特殊的人才培养与引进措施，通过完善人才的流入与孵化机制等渠道，实现“扶需、扶特、扶优”。

在控制规模的基础上，使学科规模与水平、其结构分布与人才队伍结构分布相对应。适当发展“平原”学科，大力发展“高原”学科，全力铸造“高峰”学科。确定已建和拟建的每个国家重点学科设置不超过 7 个学术方向、省部级重点学科设置不超过 5 个学术方向、其他学科设置不超过 3 个学术方向。每个重点学术方向原则上设置 1～3 个教授岗位。

三、以人为本，落实人才队伍规划

人才工作是事业发展的永恒主题。要提高对人才工作重要性的认识，增强危机感和紧迫感，立足长远，将人才队伍规划同学校的总体目标紧密结合。在师资队伍建设中，创造特殊的人才引进措施，如人才的流入与孵化机制。建立与211建设和985平台建设相配套的创新团队建设机制。

与此同时，要像力促师资队伍的结构分布与学科结构分布相吻合一样，要大力关心管理队伍及工勤骨干队伍的岗位设置与建设，使事事有人、人人有责、主次明晰、到岗称职、责任到人。

在我校干部队伍建设中，要提高干部的领导能力和执行能力。所谓领导能力，就是对长远发展趋势的预测、局面的宏观判断、全面驾驭等能力，抓具体的然而对全局有重要影响的关键细节的能力；所谓执行能力，包括分类指导、具体操作的介入、工作的分解落实等能力。要关心干部队伍的分布与社会需求分布的吻合，为校内及社会输送更多的人才。

此外，要提升我们队伍的国际视野。希望师生员工、管理干部都要有国际视野和跨文化的交往交流能力，以增强学校的国际竞争力。每个学院都要支持国际交流与合作工作，每个学院都应拥有进行师生国际交流的国外伙伴学院。

四、强化工程教育，升华校园文化

工程领域的成就改变了我们赖以生存的世界和我们的生活方式。很明显的是，拥有领先工程技术的国家一直都在引导着世界发展的潮流，这些国家的人民享有着更好的和更高的生活标准。在这样一个技术主导的或工程化了的世界里，几乎所有的领域在某种程度上都涉及工程。工程教育已经成为全球关注的焦点。

全面工程教育是一个涵盖面很宽的教育体系。在这个体系中，不管是工程专业的学生还是非工程专业的学生，都必须对工程方法有基本的理解，具有坚实的学术的、技术的和社会的能力。2006年，我国高校工科专业在校生已突破600万人，我国工程教育已经具备了规模领先的发展优势，但在创新水平、实践能力、人才培养质量等方面，仍然与世界水平存在着较大的差距。

作为具有优良工程教育传统的学校，为培养各类英才，我校将以过程工程思想为引导，在强调理工医农学生的人文素养的同时，将特别倡导针对理、工、医、农、法、经济、艺术等各类学生的“全面工程教育”。学校设立了联合国教科文组织国际工程教育中心中国分中心及华东理工大学工程教育委员会，鼓励教师们科学研究和教学研究并举，特别是跟进国际工程教育的发展，改革工程教育模式。为建设高等教育强国，培养具有创新意识的“勤奋求实、励志明德”的英才，我们需要不断探索。

与此同时，需要提升我们的校园文化，重视整合并跨越人文、社会、自然与工程的多学科文化建设，并形成我们自己的风格，使得我们华东理工大学的学生具有自己的共同优秀特征与人格魅力。

我们学校为我们的学生而骄傲，他们在全国性甚至国际性的许多竞赛活动中，在社会服务中，在创新成才中不断创造辉煌，为学校争光，展示着华理卓越的气质。因此，为更好地服务于我们的学生，我们的教师与员工没有理由不辛勤劳动，没有理由不追求卓越。

在学生教育中也要以人为本，要注意规定教材与创造性教育间的突出矛盾；要通过专门课程的设置与课程调整，来培养有创新意识与能力的人才；使学生的知识学习做到“少而精、博而通”；使学生实现知识的个性结构化，从而具有创造的秉性。要创造、构建新的校园氛围与文化，注重提炼科学精神，提升人文修养与人文精神，进而，通过培养“人”实现大学对社会及人类文化的引领作用。

最后，应当强调，在执行“十一五”规划、推动学校实现跨越式发展中，我们仍然需要坚定地执行建设“一支队伍、三个体系”的指导方针。即：塑造大师云集，英杰辈出的人才队伍；建立优势明显、特色鲜明的学科发展体系；潜心树魂，构建研究型、人性化本科教育体系；以人为本，建立富民强校的管理服务体系。

（2008年1月11日）

牢记教育使命　不忘重任在身

——钱旭红校长在华东理工大学“教学质量月”的动员报告

老师们、同学们：

大家下午好！沈书记刚刚宣读了教高函〔2008〕8号文件，我校的评估结论为“优秀”，这是振奋人心的喜事，是华东理工大学全体师生万众一心、众志成城的结果。

回首望，这一成果来之不易，凝聚着全校师生员工的智慧和辛劳，展示了“勤奋求实、励志明德”的华理精神。向前看，党的十七大提出“建设创新型国家”的宏伟目标，教育部、财政部启动“教育质量工程”战略部署，一个更高起点、更高要求、更高目标的人才培养任务向我们提出了新的挑战。国家的经济建设要实现从“又快又好”到“又好又快”转变，高等教育也应该这样，学校在完成规模建设后，要把主要精力放在提高教学质量上。要树立科学的高等教育质量观，并且要落实到行动上，落实到具体措施上。

时光荏苒，评估专家组的宝贵意见和建议时时在耳畔回响，激励和鞭策着我们温故而知新。孔子曰：“吾一日三省吾身。”作为教师个体，身在教育，日日当反思。学校将每年五月作为“华东理工大学教学质量月”，意在围绕国家的宏伟目标和主管部门的战略部署，引导广大师生员工时刻牢记使命，不忘重任在身。《庄子·知北游》中道：“人生天地之间，若白驹之过隙，忽然而已。”此语有重意性，我们要登高望远，将一个个“忽然而已”，转化为我们伟大民族的生生不息、连绵不断、螺旋上升。

我们要甘为人梯，为人才辈出尽绵薄之力。在此意义上，高校的质量工程能否真正收到明显效果，高等教育质量能否持续提高，关键在于是否拥有一支高素质的教师队伍，在于教师队伍的素质能不能持续提高以适应高等教育发展的要求。教师是学生生活学习中重要的互动者，学生的思想行为会在一定程度上以教师的道德素养为标杆。教师的言谈举止、学识修养、道德情操通过知识的传授潜在地影响着大学生的学习和行为变化。我国历来就有尊师重教的传统美德。社会对教育行业和教师职业充满了尊重之情，学生要尊敬老师，老师要像长辈那样关心爱护学生，对学生负责。教师只有真正理解了"一日为师终身为父"的含义，才算真正具有了师德。只有教师人格与品格的不断塑造和培养，教师教学科研质量与水平的持续提高与发展，才会有学校办学水平、整体实力的全面提升。"高尚的师德，是对学生最生动、最具体、最深远的教育"，胡锦涛总书记对教师师德建设的重要性作了精辟的表达。因此，要以社会主义市场经济条件下师德要求和师德规范为切入点进行师德教育，把师德教育寓于教师业务培养之中。通过建立健全师德建设实施细则、教师道德文明规范、教师育人准则等操作性较强的制度，对教师提出明确的师德要求。广大教师必须自尊自律、爱岗敬业、奋发进取和志存高远，付出真情、真心、真诚，真正成为学生的良师益友。

如果单从高校教育过程来看，教师处于主导者的地位。教师对教育内容的选择、对教育活动的调节、对教育过程的控制、对教育手段的改造等，都体现出教师的主导作用。但随着教育手段的不断创新、教育观念的不断更新和教育资源的不断丰富，教师的角色定位也发生了一些实质性的变化，突出地表现在教师权威的不断弱化、教师主导地位的不断下降上。知识获取渠道的多元化，削弱了教师的专业权威。学生们可以跨越学校、城市、国界，可以在任意一家数字图书馆检索资源，同任意一位专业权威直接对话。教师作为获取知识主要来源的地位正在逐渐丧失，拥有知识所赋有的权力也在不断弱化。信息化改变了教学目的、教学方式和知识的判断标准。信息时代教育的目的不是让学生记住多少知识，而是教他们学会如何在信息的海洋里获取、分析、加工和利用有用信息的能力。多媒体教学方式的出现使师生双方不受书本的局限，拓展了教学活动的物理时空。电子教案、教学演示、电子邮件、各种专业特色数据库等，为学生提供了广泛获取知识的条件，把传统教学中的以“教”为主改变为以“学”为主。由于网络的出现，师生之间在知识占有量上的差距正在缩小。师生之间可以平等地讨论、双向地学习，既是学习上的朋友，也是科研课题的合作伙伴。教师在教学中的主导地位正在慢慢向师生协作型转变。青年学生对新技术、新知识的敏感，也使得师生差距进一步缩小。这些都是信息时代高校教师必须面对的挑战。而要应对这一挑战，就必须着力培育教育团队。

在学校中，无论是科研还是教学都是一项系统工程。“一支粉笔打天下”、“单枪匹马搞科研”、教师集编著教材、准备教案、讲课、辅导答疑、批改作业等多项工作于一身的时代已经一去不复返了。在学生需求多样化、教学内容不断深化、教育技术信息化的时代，任何一个教学系统，即使是一门课程，也会变得非常复杂，仅凭个人的力量很难驾驭。因此，教学团队的建设就显得尤为重要。因为它能大大扩展课程带头人的辐射作用，有效促进课程系统的优化与人才培养质量的提高。没有团队，一个人的能力就变成了影响这门课教学质量和效果的关键因素。而一个团队能使这其中的每个人如虎添翼，在学科方向上把最好的内容带给学生，从整体上提高教书育人效果。加强教学团队建设工作，也要求我们从“软环境”和“硬指标”两方面着手。所谓“软环境”就是要求参与者具有良好的团队协作精神，必须有领军人物倡导下的民主精神，使大家心情舒畅地去工作、去拼搏。当然，这种团队软环境氛围的营造不是无原则的一团和气，而是建立在对不同学科的理解、对不同学者的尊重、对多样性包容基础之上的“和而不同”，是一种相互学习、相互鼓励、相互促进的氛围。所谓“硬指标”就是团队的建设需要各项具体的指标参数。要根据各学科的具体情况，以系列课程或专业为建设平台，使这种团队具有明确的发展目标、良好的合作精神和梯队结构。使这种团队注重教学方法科学、教学手段先进，重视实践性教学，引导学生进行研究性学习和创新性实验，培养学生发现、分析和解决问题的能力。在教学工作中有强烈的质量意识和完整、有效、可持续改进的教学质量管理措施。

当前，国家从高等教育发展水平的全局性考虑，追求规模、效益、速度、结构和质量的协调发展，但是优质高等教育的需求与优质高等教育资源的供给之间存在的突出矛盾无法回避且将长期存在。要求我们将宏观的发展质量观与微观的人才培养质量观有机结合起来，努力探索大学精神。大学精神是大学的灵魂，它难以言说又无处不在，这种精神将不同思想、文化、专业背景的知识分子凝聚在一起，支撑着大学的发展，是学校的宝贵财富，使学校能科学地发挥自身的教育使命，引领文化和文明的进步。所以，弘扬精神，追求卓越，敢为人先，引领潮流是我们每一个华理人应该为之努力奋斗的。

我们期待着华东理工大学又好又快地发展，期待着学校的明天更加辉煌！

（2008 年 5 月 4 日）

提升内涵　扩大影响　励志明德

——钱旭红校长在2008年教师节庆祝大会上的讲话

老师们、同志们：

百年的奥运盛会刚刚落下帷幕，奥运后的中国人民，看到了更为广阔的天地，体味到了更为艰巨的责任，也怀有更加执着的期待！在这激动人心的日子里，我们迎来了第24个教师节，在这里我谨代表学校党政领导向广大教职员工致以诚挚的节日问候！

今年是改革开放30年。弹指一挥间，中华大地发生了翻天覆地的变化。作为这其中的一分子，华东理工大学也在这30年中经历了巨大的跨越与发展。经过30年的发展，我校已由当初只有一个校区、2 927名全日制在校生(其中研究生66人)的化工单科性学院，发展成为今天拥有3个校区、特色鲜明、理工农医法经管文等多学科协调发展的研究型全国重点大学。我校现有58个本科专业、122个硕士学位授权点、3个专业硕士学位类别、18个工程硕士领域、44个二级博士学位授权点、8个国家二级重点学科、10个上海市重点学科、7个博士后流动站、20多个国家和省部级科研基地，全日制各类在校生达到2.56万人(其中研究生5 883人)。30年来，我校为国家培养了十万余名“厚基础、强实践、高素质、具有创新精神和国际视野”的各类人才，创造了一大批支撑国家、行业和区域经济与社会发展的科研创新成果。目前已形成了一批以院士、长江学者、国家杰出青年基金获得者、973首席科学家、863领域专家、校特聘教授等作为学科和学术带头人领衔的科研学术团队。

回顾过去的几年，我校全面实施了“三年行动纲要”，启动了“十一五”规划，顺利通过教育部本科教学工作水平评估，正式启用奉贤校区，实行三校区联动，完成了国家和上海市重点学科评估与建设，圆满完成建校 55 周年系列庆祝活动，基本完成教职工岗位设置与聘任工作，真正做到了“一年一个样、三年大变样”，现正以崭新的面貌大踏步地前进。

然而，面对世界和中国正在发生的广泛而深刻的变化，面对迅猛发展的科学技术和日益激烈的人才竞争，如何适应新的形势，迎接新的挑战，实现我校的目标定位，为高等教育强国做出应有的贡献，已成为每个华理人必须思考的问题。对于学校近年的建设情况以及未来的发展方向，我谈谈自己的看法，也借此与各位共勉。

一、 励志明德，着眼未来，科学发展促内涵提升

围绕学校定位，科学规划，定性与定量考核结合，分步推进，实现内涵提升是今后工作的主要特点。

在学校第九届党代会上，将学校的中长期发展目标定位于：建设国内一流、国际知名、特色鲜明、多学科高水平的研究型大学。

国内一流、国际知名的大学必须拥有一定数量的在国内外有相当影响、在某一学科领域研究领先的学者及大师。我们学校目前只有个位数的两院院士、国家 973 计划首席科学家、国家 863 计划领域专家、长江学者特聘教授、国家杰出青年基金获得者。截至 2007 年 10 月，学校一线教师队伍(占教学、科研、博士后编制)为 1 502 人，教授和副教授为 888 人，占一线教师的比例达到 59%。这个比例虽然较以前有了很大的提高，但和先进院校相比，仍存在着不足。与学校未来定位相匹配的国内一流、国际知名学者的人数很少，可能低于 5%。如何加强引进、培养与稳定学术带头人以及补充紧缺师资队伍，进一步提高师资队伍的水平，都是目前刻不容缓的难题。这需要我们围绕学校发展规划，旗帜鲜明地强化设岗及聘任制度，突出重点，掌控全面，有效调控各类津贴，加强学科梯队与创新团队建设、推进人才队伍国际化战略，完善博士后流动站

和队伍建设，从而形成“人才辈出”的校园环境，实现人才工作的科学、和谐和跨越发展。

这样的大学必须有一定数量的国内一流、国际知名的研究生学科与本科专业。我们现有的学科型硕士学位授权点建有博士学位授权点的，即达到研究型的约占36%，而其中的国家重点学科，即基本达到国内一流、国际知名的占6%～7%。本科专业中达到特色优势专业，即国内一流的为14%左右，而能做到国际知名的本科专业则会大大少于这个数字。由此可见，在学科建设方面我们有着繁重的任务。

这样的大学必须要培养出一定数量的国内一流、国际知名的学生。这些学生要成为社会上众多行业的出色人物，得到社会的广泛认可，必然要求教育质量的不断提高。我校的体教结合闻名全国，课外教育与社团活动也取得了很大的成绩，学生在数模、英语、乒乓球等各类国际国内比赛中捷报频传。我们仍将牢固树立本科教学的中心地位、教书育人的核心作用。通过激发全体教职员工的积极性与创造性，切实提升教育质量。

这样的大学必须要提供一定数量的国内一流、国际知名的管理与服务运行模式。学校的管理本质就是为人才培养服务。而现在的管理队伍仍然存在着服务意识与危机意识缺乏、创新意识不够主动、学习意识不够明确等问题。因此，在管理模式上，需坚持公开公平与科学民主；权力运行上，需学术与行政独立；用人上，需专职与兼职并举。我们要转变观念，实现“以人为本”的人性化管理模式。在制定政策、做各项工作时，将学生、教职员工以及管理者都作为平等的主体，进行换位思考，使政策和工作真正体现强烈的人文关怀意识。目前学校正在实施《行政性管理责任事故处理暂行办法》，从规章制度上对行政性工作有了进一步的规范和管理，全面提高了工作质量，减少和避免行政性管理工作责任事故的发生，从根本上促进了管理工作的效率。

为切实体现围绕学校的定位、特色办学的思想，谋划未来，推进工作，在完善现有的人员聘任贡献度定量考核的基础上，学校将根据发展规划，在每年年底下达来年的各学院、部处的年度各项定量任务指标。

今年年底将发布 2009 年工作计划,以切实推进工作及跨越式发展。

二、凝练聚焦,追求卓越,引导学科跨越式发展

突出重点,瞄准卓越,推动前沿性、前瞻性、引导性的科研与教学工作,是学科建设跨越式发展的切入口。

为建设国内一流、国际知名的大学,学校自筹资金,首先启动科研教学的"卓越计划"。近几年来,学校花费巨大财力在徐汇校区进行了建校以来最大规模的建设与整治,完成了奉贤校区一期各类建筑共 26.67 万平方米的建设任务,使校区整合顺利推动并圆满完成,金山园区也焕然一新;学校又花费巨资进一步完善和实施了岗位激励津贴制度、业绩津贴制度、住房补贴制度等政策,使教职工个人收入有了明显改善;在此基础上,实现了教育评估的顺利通过,完成了三级跳的过程。如今,在面临巨大财政压力的同时,学校决定于 2008 年起开始重点实施新一轮学科振兴计划,校级财政筹集资金 5 000 万元人民币支撑"卓越计划"建设。"卓越计划"的目的是在若干具备良好基础的科研与教学点上通过 3~5 年的建设,结合国家重大专项及发展计划、科学技术发展前沿与社会热点,以引领性项目为引导,实现这些点的"国内一流、国际知名"。该计划将与此后实施的建设范围更广的 211 三期建设和新一轮上海市重点学科建设相配合,进一步提高我校的科研与教学的创新能力,实现重点突破、支撑学校发展、引领学科未来。

今年 5 月,经学校学术委员会和院长联席会议讨论、专家委员会论证,"大型飞机机体用特种高分子复合材料"、"航空发动机燃烧室最优化设计方法"、"化学与生物驱油的物理化学关键问题"、"核辐射技术与应用"、"能源资源环境法学建设"、"新一代大型煤气化技术"、"数学建模与人才培养"、"乒乓球为代表的体教科结合模式"、"演讲能力培养和外语学科建设"等九个项目获准首批建设。

近期学校将启动第二批"卓越计划"项目的立项工作。我们期待着切实围绕学校的学科发展规划,通过"卓越计划"的实施,建立起能够充

分发挥我校优势或特色的科技创新体系和人才培养体系，支撑学校部分学科方向在科学研究和高层次人才培养方面处于国内一流、国际知名的地位，带动学校总体学科实力的跨越式提升。

三、 跨地域跨国际联合开放，扩大影响开阔视野

实现学校的未来定位，就应首先立足国内，放眼全球，推进校园的开放，扩大师生的视野。

21 世纪，全球经济、社会和科技发展所表现出的许多新特点，深刻地改变了人类社会的发展方向和发展模式。为应对进入新世纪全球经济、社会和科技发展表现出的新特点，我校要开发一切可以开发的社会潜能，搞好与社会各方的关系，发挥校友作用，争取社会各界支持，力争能够利用和共享更多的社会资源，使学校获得更大的发展。

我校已发起并推动实施国内大学联盟计划。其旨在联合跨地域研究型特色大学，发挥各校优势，以资源整合实现利益共增，以服务国家和社会赢得发展机遇，拓展发展空间，实现国内教育的互补。上学期我校已与北京科技大学、西北工业大学、中科院大连化物所、台湾中国文化大学等高校和科研机构签订了合作及学生交流协议，本学期已与北京科技大学开始了首批学生的交流，我校选派的 30 名三年级学生将赴北科大学习，北科大选派的 24 名学生也已来我校学习。我们期待着大学联盟计划将使我校发挥最大功能，实现最大效益，在融入和整合中实现良性循环。与其他研究型特色大学的合作也正在有计划地进行当中。

提升国际交流与合作的层次和规模。学校将进一步加强与已签协议的以里海、以色列理工、柏林工大、东京农工等大学的姊妹伙伴的合作。继续推进学校留学生办学规模的增长，目前在校留学生已达 1 100 人。注重学生的双向互换与活动的共同参与，如首届与德国高校合作培养的中德工学院本科毕业生已顺利毕业，德方学生按程序多批来校学习；与美国 DUKE 大学开设了双向远程实时课程等；近年来越来越多的学生加入到国际重大活动中，国际数模竞赛我校连年取得好成绩，在国

际英语大赛、国际“72小时创新竞赛”等比赛中都有我校学生的身影，并取得了优异成绩；举办高水平国际会议是今后提升学科水平的重要手段，目前已成功举办了一批高水平国际学术会议。我校主持筹备的第十二届亚太化工联盟大会今年8月在大连成功举行，本次大会是亚太化工联盟成立以来首次在中国大陆召开，提高了我校在海内外的影响。越来越多的国际交流与合作拓展了学校师生的国际视野，大大促进了我校的国际化进程。

四、产学研合作，服务社会，建设创新型高校

主动与产业结合、与社会结合、与研究机构合作、与政府合作是推进我校创新能力建设的主要渠道。

高等教育的发展必须适应社会和经济发展所提出的要求，产学研合作教育的诞生和发展正是高等教育主动适应社会而进行的实践教育教学改革的重要举措之一。大力推进产学研合作教育、加强实践教学改革也正成为促进我校稳步发展、保证人才培养质量的必经之路。

要以产学研合作推进学科建设。学校以原有药学学科为基础，联合上海药物所等著名研究机构，发起组建了药学院，通过共享社会资源、国际资源，聚集了一支高层次人才队伍，学科逐步拓展到化学药、中药、农药和制药工程四个领域，显著提升了学校在药学人才培养、科学研究和社会服务方面的能力和水平。药学院在211工程三期中协助生物化工国家重点学科建设“化学生物技术与工程”这一非传统的交叉前沿领域，获得好评。在国家新药专项的争取与建设中将继续推进这一模式。

要以产学研合作推动人才培养。学校的国家技术转移中心作为国家的示范基地，与国家大学科技园和其他科技园区，依托科技园区“开放的创新创业环境、雄厚的技术开发师资、优良的试验发展条件、面向市场的科研选题”的优势，与著名研发型企业(如杰事杰等)联合培养人才，显著提高了学生的综合素质。学校与西门子公司的合作被评为中国高校—大型企业合作“人才培养十大案例”。今后，将继续推进这一模式。

要以产学研合作推动技术的自主创新与转移。学校积极发挥产学研各方优势，扬长避短，联合推动可产业化实施的自主创新成果转化。与江苏无锡市开展全面科技合作，与上海化工区签订全面合作协议，与上海华谊(集团)公司建立了全面合作战略伙伴关系，与兖矿集团的产学研合作案例入选中国高校—大型企业合作“科技创新十大案例”。我校在大型石化装置成套技术自主开发、发酵过程优化技术、大型石化装置智能控制与优化技术、承压设备及系统安全技术、盐湖化工核心产业链技术等方面成绩斐然。于遵宏教授领衔开发的洁净煤能源技术，今年 7 月与世界最大的炼油企业集团、世界 500 强之一的美国 Valero 公司达成建设 5 台气化炉专利实施许可协议，实现了我国大型化工成套技术第一次向美国等发达国家出口，金额 1510 万美元(约合人民币 1 亿余元)。

要在服务社会与政府中，体现人文社会学科的创新能力。法学院参与了《中华人民共和国能源法》的起草，并受国家能源办委托，由学院承办该法征求意见稿的研讨会；人文学院的《中国城市和谐发展指数》、《节约指数》，从中国城市和区域发展不平衡的实际出发，设计和架构了中国地区和谐发展指数体系，并提醒社会关注资源能源节约问题。特别值得一提的是 5·12 汶川大地震后，社会学院迅速组建灾区社会工作站，将学科专业及时践行、服务于灾区人民，得到了国务院领导的高度评价和充分肯定。

五、 传承弘扬特色文化，升华大学精神

用学校独特的历史、校园内闪光的人物和感人至深的事件，提升品位与内涵，建立我校的文化与精神。

现在经常会提到“大学精神”。什么是大学精神呢？大学精神就是一所大学在长期奋斗中凝练而成的理想追求与价值判断，是一所学校活的灵魂。它包含着校园特色文化、奉献与创造精神、社会与人文关怀等等。

要传承弘扬历史及特色文化。我校是 1952 年全国院系调整时，由

交通大学、震旦大学、大同大学、东吴大学、江南大学等校的相关系科组建合并而成的。如今,奉贤校区“震旦书院”、“江南书院”、“大同书院”、“南洋书院”和“东吴书院”这五大书院的命名秉承着学校的历史,一脉相承,体现了悠久厚重的历史和殊途同归的渊源。学校在奉贤校区尝试实行“家庭式、自治式、身心式、书院式”的学生管理新模式,意在汲取“书院”培养人才方面的重要经验,同时结合新时期人才培养的要求,鼓励不同背景的学生互相学习交流,创造师生多元文化交流的环境。五大书院跨专业、跨学科、跨学院,整合全校资源、完善互动渠道、实现优势互补,促进强强联合,全面塑造大学生人格,努力成为高水平的、整合的学生培育地,成为引导校园文化建设、传承大学精神的重要平台。

学生是校园内涵建设的重要载体,他们的言行及奋斗,就是我们校园文化及大学精神的重要体现。目前在我校学生中开展的倡读 20 本经典书籍评选投票、读书月、书评征文等一系列的读书活动,其目的就是为了改变部分学生急功近利的阅读习惯,营造良好的读书环境,通过阅读经典书籍修身明志,通过阅读学校倡读的经典书籍让学生理解我校特色文化的内涵,最终使我校的特色文化成为其内含的重要竞争力。

要传承弘扬人文关怀与大爱。大学精神的本质特征之一为社会与人文关怀。学校日前出台了“根脉相连,感恩四川”的助学计划。这和四川汶川大地震有关,也与我校的历史相关。43 年前,我校根据中央的决定,在四川设立分院,被命名为“652 工程”,从此与四川结下了不解之缘。43 年过去了,我们看到,我校教职员工在四川人民的大力支持下,在四川分院的建设中,用自己的行为写下的勤奋求实、艰苦奋斗、顽强拼搏、开拓创新等精神至今还在黄坡岭大放光芒,这种精神融入了华东理工大学的文化。43 年来,这种精神蕴涵的厚重的文化力量,已深深积淀在全校师生的血脉之中,历久弥新。

这次四川汶川大地震震惊中国,震惊世界。我校作为上海市唯一一所具有四川情结的学校,为了感恩四川,感恩四川人民,帮助四川灾区的学子完成四年的学业,出台了“根脉相连、感恩四川”的助学计划,连续三年为 2008—2010 年从四川汶川地震受灾地区考进我校的新生提供每年一万元以及配套的补助措施，将持续学生四年大学生活，直到每位学子顺利完成学业。

汶川大地震后，全校师生员工团结一心，慷慨解囊，为灾区人民奉献自己的爱心。我校在捐赠百万元人工骨材料后，积极参与灾区的重建工作，社会学院积极组织上海市社工灾区援助团华东理工大学服务队，赶赴都江堰市进行半年以上的援建。9 月 2 日，温家宝总理与周济部长一行考察了华东理工大学都江堰社会工作站，对师生们的工作表示了充分的肯定与赞扬，极大鼓舞了全校师生的热情。学校师生员工纷纷以自己的实际行动表达着对灾区人民的支持与帮助。

要传承弘扬振兴中华、服务大众的精神。以胡英院士、于遵宏先生为代表的在教学科研及管理服务岗位上做出了非凡业绩的杰出教师的事迹与精神都是我校特色文化在当下的最新的体现与发展，是我校大学精神的宝贵财富。由此我们也可以看到，只有全校师生不断地传承、弘扬学校特色文化，我们的特色文化才可以与时俱进、不断丰富发展，我们的大学精神才可以长存。

奉献与创造精神在大学的发展过程中尤为重要。每所学校的发展都离不开一批领军人物的创造，更离不开广大教职员工的奉献。华理 56 年的成长离不开在座每一位的默默奉献与开拓创新。在 9 月 8 日的上海市庆祝教师节主题活动上，我校的胡英院士被评为第二届“上海市教育功臣”。这是上海市政府为表彰在教育系统中做出重大贡献的优秀教育工作者而设立的荣誉称号，每 5 年评选一次。胡英院士作为我国化学工程和物理化学界德高望重的学者之一，作为分子热力学研究领域的学术带头人，在科学与教育事业中硕果累累，为我校的发展乃至我国科技事业的发展和进步做出了重要贡献。

今年于遵宏教授不幸因病逝世，7 月，学校在全校范围内开展了向于遵宏同志学习的活动。于遵宏教授从事教学科研工作近 50 年，以强烈的事业心和责任感、顽强的毅力教书育人，带领科研团队，致力于煤气化技术研究，开发了具有自主知识产权的多喷嘴对置式水煤浆气化技术，获得 30 多项专利,达到国际领先水平,推进了我国煤化工技术的发展,为我国化工教育事业和国家能源事业的发展默默奉献了一生,为我校的大力发展鞠躬尽瘁。

其实在华东理工,无私奉献的教职员工还有很多很多,我们不一一列举了,但我们用心感恩,感谢这么多年来为学校抛洒泪水和汗水、付出青春年华的老教师们,也感谢风华正茂、正在用青春建设华东理工的年轻教师们。

老师们、同志们:

2008 年,在改革开放 30 年之际,我校开始实施新一轮的发展计划,前进的道路不是一帆风顺的,总有着荆棘与坎坷。在加速提升内涵的同时,我们还有着很重的基本建设任务,如奉贤的一期第二阶段建设、徐汇校区东沿 10 万平方米高科技孵化楼群的建设;我们仍然面临着财政上资金缺乏的困难。但是,我们坚信,在学校全体教职员工的共同努力下,任何困难都难不倒我们华理人! 我们以勤奋求实奋力拼搏,我们以励志明德开创未来! 我们会亲见华理的腾飞!

最后,再次祝全校教职员工节日快乐! 你们是华理永远的骄傲和永恒的财富!

(2008 年 9 月 10 日)

励志明德　创造辉煌

——钱旭红校长在六届教代会、十三届工代会第五次代表大会上的行政工作报告(摘要)

我们始终需要保持忧患意识,重视超前思考与顶层规划设计,严抓实干,分步推进工作。既要有远大目标,这样才能不丢失方向,才能最大程度地团结发动一切可以动员的力量,才能有博大的胸怀与包容性;又要勇于直面矛盾与难题,在化解中采取以近程治表、中程表本兼治、远程治本为主的策略。今后新三年工作及 2009 年的工作中,我们更要一如既往,继续前行。

回顾第一阶段,即 2004 年 7 月,为调动全校师生的积极性,鼓舞士气,根据学校的实际情况确定近期目标,聚焦"竞争力与民生",制定并实施了"年年变样,三年富强"(2005—2007 年)《三年行动纲要》,该纲要很好地推动了学校工作。《三年行动纲要》的完成时间,与 55 年校庆、教育评估、奉贤新校区建设及此后实质性启动的学校中期目标"十一五"建设相衔接。于 2005 年伊始开始实施的《三年行动纲要》在校党代会上得以进一步确立与提炼,正式确定了学校的未来定位。

第二阶段,2006 年底—2007 年初,在三年行动纲要顺利执行之际,在环境宽松的情况下,开始了学校中长期发展规划工作。对 55 年的办学历程进行了实事求是的梳理,提出了"勤奋求实、励志明德"的新校训,以及"培育英才、服务社会,注重过程、勤奋求实,协调发展、特色鲜明"的办学理念。在原有化工特色的基础上,倡导并确立"过程工程与过程思想”作为学校学科建设与教育发展的基本脉络。推动全校的讨论，颁布了学校的《事业发展规划》、《校园发展规划》、《人才队伍规划》、《学科建设与发展规划》及《华东理工大学章程》。

2008年秋，我们成功获准启动了广大师生一直关注的“985创新平台”，启动了“211工程”三期项目建设。

第三阶段，即目前，需要重点强调瞄准学校未来定位以及必要的发展速度与质量，推动新一轮的《新三年行动纲要》的制定实施，即：对内，推进以内涵建设为核心的跨越式发展；对外，通过服务社会、贡献成果与人才、引领文化的进步，推动学校影响力的显著提升。以“影响力与内涵”为核心，追求“处处创卓越、年年有提升”。

新的三年行动纲要，再次明确学校“国内一流、国际知名、特色鲜明、多学科高水平的研究型大学”定位，主要回答以下几个问题，扼要内容是：

塑造大师云集、英杰辈出的人才队伍。培养、稳定一支适应高水平研究型大学要求、结构优化、精干高效、富有创新性和国际竞争力的师资队伍及管理服务骨干队伍。在刚刚公布的人民网上，武书连的排名中我校有一项各个指标都排名靠前的，也就是“中国研究性大学的创新型环境”这项，去年我校排名第12位，今年是第11位，当然这仅仅是一家之言。无论如何，别人对我们的评价也就说明我们更需要在学校的创新环境和师资队伍方面做更多的工作，最好能做到名副其实。汇聚塑造出一支以杰出学者和高水平学术带头人为核心的学科精英队伍，建设一批具有突出创新能力和发展潜力的科研和教学创新团队，构建有利于创建一流学科的健康的人才生态和大学文化。调整各种关系与政策并予以实施，以真正突出“教授治学”作用，形成服务于优秀教授的校内岗位分工体系及编制体系，以涌现出若干在国内外有相当影响、在某一学科领域学术领先的学者、大师及创新团队。

建立优势突出、特色鲜明的学科发展体系。采取“突出优势，强化特色，带动一般”的策略，立足前沿，凝练学科方向，优化学科结构和布局，加速发展优势和特色学科。这里所谓的优势学科，是指我们在全国处于强势的领先地位的学科，我们将进一步突出它的优势；所谓特色学科，是指在全国处于先进水平，或者相对比较弱势，但在某些方面具有鲜明特色的学科，我们希望这种特色得到进一步强化。采取对单位的鼓励政策及对人员的定量考核措施，大力促进学科交叉与融合、推进国际合作与交流、发展新兴学科。建成一批在国内有较大影响的重点学科，其中部分成为国内领先、国际知名的高峰学科，若干成为过程工程领域国际著名学科。石油化工及煤化工的水平及实力要在三年内处于国内领先、亚洲著名、国际知名的地位。以“能源与环境”、“生物与医药”、“社会与人文”三方面为全校学科汇聚焦点，根据目前各学科的特点及现有基础，确定各学院的未来定位与工作内容。

潜心树魂，构建研究型、人性化本科教育体系。从修养、品行、气质等内涵的角度，从职业与兴趣相互关系的角度，重视具有人文精神与科学精神的英才培养。以“勤奋求实、励志明德”的校训强调学生培养锻炼中“手与脑”的关系，从强化学生实际操作及独立思考能力的角度，建立合理的课程逻辑体系与模块，按照“博而通”全面调整课程的相互关系，按照“少而精”调整教学内容、鼓励使用非固定教材，以互动生动为标准规范授课方法。以提高教育质量为抓手，拓宽学生的国际视野，推进师生的国际国内交流，发掘本科生的创造潜力。其中过程工程类人才的培养模式要在三年内处于全国领先地位，在全面工程教育及过程教育的某些方面实现亚洲著名、国际知名，培育出若干国内一流、国际知名的本科专业和学生。

以人为本，建立富民强校的管理服务体系。建设学习型、服务型、创新型的各级机关与部门。管理中强调以法治校、服务中注重礼仪修养。通过可量化和有可比性的规范与手段及工具的创新，提高管理效能、效率，使相关部处成为宏观管理上的参谋、细节管理上的实施与推动者。在以人为本的优质服务方面形成完整的程序规范。若干部处的工作在全国部属院校中达到一流，在全国院校中位于前茅。强调行政的公平、公开、公正；完善学术权力与行政权力适当分离并相互尊重的局面，加强科学管理；完善与加强教代会、教授会等方式的民主管理。相关部门与机构要能提供若干个国内一流、国际知名的管理与服务运行模式，成为“一支队伍三个体系”建设任务的策划、实施、管理及服务机构，并以此作为工作完成质量的考核标准。

今后三年的部分标志性指标包括：

三年内将“985 创新平台”建成国内领先、亚洲著名、国际知名的能源化工创新平台，为未来申请国家实验室奠定基础。新增一级学科博士学位授权点达到 2～4 个，力争经管人文社科类一级学科博士学位授权点的突破。每年度科研到款经费达到 3.5 亿以上。

本科化学工程与工艺专业通过国际工程教育专业论证，建设国家特色本科专业 3～4 个，获国家级教学成果奖 2～3 个，新增国家精品课程 3～5 门。新增国家教学名师 1～2 名，国家教学团队 1 个。

每年至少新引进 1 名国际著名学者，进入两院院士第三轮遴选的候选人达到 4～6 名，新增“长江学者奖励计划”特聘教授和讲座教授 3～5 名，新增国家杰出青年基金获得者 4～6 人。

初步完成奉贤校区的第二轮建设，完成部分学院本科三年级入迁的调整。

以年均不少于 1 000 万元的增量增加教职工的津贴，初步实现教师在奉贤校区的安居乐业。

2008 年学校取得了一系列的成绩，也存在很多方面的不足。如教师教学方面的投入不足、组织管理规范方面的不足等等。最大的问题是学校目前及今后的工作能否围绕学校的定位扎扎实实地进行。这需要大家熟悉学校定位，按照新的三年行动纲要的精神来全面推进各项工作。

学校新的三年行动纲要是本次大会的独立议题，在此不再作过多赘述。希望各位代表仔细研究、集思广益、充分审议，与学校一起制定好各项定位、工作内容、举措、指标，抓住“十一五”剩余的时间，进一步促进学校各项工作的进展。

最后谈谈 2009 年定量计划任务及其他相关方面。

2009 年是确保完成学校“十一五”发展规划的关键年，也是实施新一轮三年行动纲要的开局之年。全校将以“985 创新平台”、“十一五”“211

工程”、国家和上海市重点学科及学校“卓越计划”等专项建设为契机，依据上述三年行动纲要及所要达到的速度与质量，分解每年需要完成的相关任务和达到的标志性指标。2009 年 1 月将下达各学院及部处应该完成的该年度核心任务和人、事、物重大定量考核指标。我们要开好头，为新三年行动纲要的顺利实施打好基础。在这里，我们不一一罗列，这些指标都会从大家审议认可的学校三年行动纲要中分解列举出来。这里面包括每个人的情况，包括各种经费，包括你应该在全国和国际上达到的相应的影响和效果。指标的内容不是很多，但并不容易完成，都非常具体。并且首先有个基本前提，所有的指标不得低于“十五”期间，其次就是所有可以增长的指标不得低于国家的经济发展速度。

2008 年结束前，我们将启动广大教职员工所关心的车贴问题。上海市下发的部分由于各种原因，迟迟未能到位，为了广大教职员工的利益，学校先垫付解决车贴问题。2009 年开始，学校将严格考核，车贴不能成为一种纯福利，要将其与每个人在学校事业上的精力投入与时间投入挂钩。

2009 年我们还将根据学校财力和教育部支持力度，加快教职工房贴的发放工作，对年龄较大的教职工尽量提前发放房贴，解决生活困难。

各位代表，大喜大悲的 2008 年即将远去，充满困难、挑战与机遇的 2009 年悄然来临。新的一年，让我们继续秉承“勤奋求实、励志明德”的校训，脚踏实地、开拓进取，共同描绘华东理工大学的美好明天！

（2008 年 12 月 26 日）

提升内涵，优化资源，推进学校又好又快发展

——钱旭红校长在2009年教师节庆祝大会上的致辞

老师们、同志们：

大家好！今天，我们欢聚一堂，共同庆祝我们的第25个教师节。在此，让我代表学校党政领导向辛勤耕耘、默默奉献的广大教职工和离退休的老同志们致以节日的问候！向为学校的发展呕心沥血、恪尽职守的每一位教职员工表示最衷心的感谢！

过去的一个学年，学校的“十一五”事业发展规划得以全面实施，大家一直关注的“优势学科创新平台”成功启动，“211工程”三期项目建设启动，国家重点学科及上海市重点学科等项目得以批准实施，长期以来制约我校队伍建设与学科建设发展的经费瓶颈得到一定的突破。学校在培养创新型人才、发展师资队伍、加强学科建设、服务社会经济、建设大学文化等主要方面取得重要进展。

今天，学校表彰了一批过去一年来在各自工作岗位上有突出表现的教师代表。他们在老中青教师中脱颖而出，他们在本职岗位上追求卓越的精神，值得全校推崇。在此，我们再一次向他们表示热烈祝贺和衷心感谢！

现在，我们简单回顾这一年来的情况，并对今后的工作提出意见。

过去的一学年，我校以科学发展观为指导，制定并开始实施了新的三年行动纲要。对内，推进以内涵建设为核心的跨越式发展；对外，通过

服务社会、贡献成果与人才、引领文化的进步，推动学校影响力的显著提升。以"影响力与内涵"为核心，追求"处处创卓越、年年有提升"。新三年行动纲要的实施，对学校、对各单位、甚至对每位教职员工都提出了具体分解的目标与任务。新的学年里，要依据行动纲要确定的定位与工作内容，在合适的时间节点前进行总结评估，要力争在人才、学科、教学、设施、校园等建设方面有若干点上的突破，呈现新的气象。

一、 突破瓶颈，人才强校，建设高水平师资队伍

多年来，我们一直强调师资队伍建设，人才强校则是学校一贯的战略政策。

过去一学年，新增教育部长江学者特聘教授、国家教学名师、全国优秀教师各 1 人，2 人获国家杰出青年基金，2 人获 2008 年国务院政府特殊津贴；新增上海市科技精英称号、上海市领军人才各 1 人，3 人受聘为上海市"东方学者"特聘教授，新增上海市青年科技英才、上海市优秀学科带头人各 2 人；4 人荣获宝钢教育奖，2 人被评为上海市高校教学名师，10 位教师获 2009 年度上海市育才奖；5 人入选教育部新世纪优秀人才支持计划；5 人入选上海市科技启明星计划，4 人入选上海市曙光学者计划，2 人获"曙光跟踪"计划项目；13 人入选上海市浦江人才计划，2 人入选上海市教育发展基金"晨光计划"等项目；14 人入选 2008 年度上海市优秀青年教师后备人选计划。年内新晋升教授 20 人，晋升副教授 60 人。

这些成绩令我们欢欣鼓舞。然而和兄弟学校及我们的未来定位相比，我校国内顶尖的学术带头人数量偏少，中青年学科带头人的人数偏少，规模不大，这也成为今后发展的瓶颈。

新的一学年，学校将采取针对性的措施，外引内扶，在化工、生工等领域取得突破，塑造大师云集、英才辈出的人才队伍。通过创新体制和机制，优化调整各种关系和政策，真正凸显"教授治学"的突出地位与作用，通过政策、资源的调整与优化配置，强化服务于学科建设的国际交流

与合作，构建有利于创建一流学科的健康的人才生态和大学文化。

完善与加强科研、教学、服务及管理编制的定量贡献度考核，防止津贴的福利化及岗位的固定化。加强编制动态管理，有效配置人才资源，加强和谐校园的人才环境建设。我们不但要考核编制的定量贡献度，以促使人员的内部流动、调整，还要定量考核单位及个人增收节支为学校所做贡献的经济定量贡献度，对人员编制要算经济账，将编制数与岗位津贴、业绩津贴等进行对照。要抓紧时间制定政策并发放专门鼓励促进学校又好又快科学发展的新增“卓越津贴”，以奖励学校各级各类骨干人员。通过增加奖励栏目及调整优化归类激励内容，针对教学科研、党政管理、服务辅助人员，形成学校发放的工资—岗位津贴—业绩津贴—卓越津贴的四单元收入体系，以此保证引进和培养高层次学科带头人、拔尖人才的数量和质量，提升杰出人才后备队伍的质量与比例。

二、 鲜明特色，突出优势，推进学科交叉

过去一学年，学校共获得国家及省部级科技奖励 28 项。其中获国家科技进步二等奖 1 项，上海市自然科学一等奖 1 项，获上海市技术发明一等奖、上海市科技进步一等奖各 2 项；获江苏省科技进步一等奖 1 项；获高等学校科学研究成果奖技术发明二等奖、科技进步二等奖各 2 项；获上海市自然科学二等奖 1 项，获上海市技术发明二等奖、科技进步二等奖各 2 项。

特别值得一提的是，在刚刚结束的国家自然科学基金的评审中，我校在获准项目总数上取得历史性的飞跃，特别在化学化工领域位于全国大学及中国科学院的前茅，引起国内同行的高度关注。我校洁净煤、稀土催化材料、绿色化学农药三个 973 项目同时批准滚动，在国家重大新药计划中取得进展。国家盐湖资源综合利用工程技术研究中心获准立项建设成立。

同样在去年，我校的研究生教育取得进展，法律专业硕士、EMBA、社会工作硕士专业学位授权获得批准，全日制博、硕士研究生招生数超

过2 500人。2004年建立、2006年获得医学博士授予权的药物化学博士点在全国评估中，进入前十名。

在优势学科平台及211三期建设中，采取了“突出优势，强化特色，带动一般”的策略，立足国际学术前沿，围绕国家重大需求，优化学科结构和布局，加速发展优势和特色学科。自筹经费，设立卓越计划，与上述国家计划相配合，以“能源与环境、生物与医药、社会与人文”作为全校学科汇聚的焦点，相关建设已在推进中，目前进展顺利。

新的学年里，我们任务繁重，是推动石油化工与煤化工关键技术步入国内领先、亚洲著名、国际知名地位的关键时期，是生工进行内外调整和迎接国家评估的艰难时期。与此同时，要使学校具有长远的竞争力，需强化学科上游源头，要进一步发展特色理科，过去我们在发展化学方面取得了阶段性成果，今后要重点关注校内优势学科与物理、数学的结合与扶持，快速进入相关的前沿，扶持信息与理学的交叉结合点，促进融合发展。

三、把握知识—能力—精神的关系，培养创新型人才

过去的一学年，学校在本科教育上，继续推进本科教育创新团队和国家特色专业建设，新增国家教学团队1个，新增上海市教学团队2个、上海市教学名师2名，新增2个国家特色专业，新增国家双语示范课程1门，新增国家精品课程2门、网络教育国家精品课程1门，新增上海市精品课程4门。学生在各类重要比赛中获得各类奖项63项。其中，国际级10项，国家级30项，上海市级23项。特别是正在公示中的国家教学成果奖的评审中，我校取得了显著的进步，获奖总数进入全国前列。

同样可喜的是，研究性教学及高水平教学研究正得到全校的重视，尤其是数学、外语教师在此方面已取得引人注目的进展。

我校与十余所国际知名院校开展了交换学生项目，开创了与美国DUKE大学远程授课合作的新模式；加强了与国内跨地域研究型特色高校、重要科研机构、大型企业和政府的合作，与国内50余家企事业单位签署了合作协议。以扩大学生视野、感受校园文化氛围、浓厚学校学术

研究环境、拓展思维视角和研究领域为目的，与国内跨地域研究型特色高校的本科生交流合作培养规模不断扩大，本学期将有近 60 名国内高校学生来我校交流学习。

同样，在极其困难的情况下，经过不懈努力，我校学生就业率保持或略高于往年的水平。

在新的学年里，我们要坚持培养“厚基础、强实践、高素质、具有创新精神和国际视野的英才”。各级教务部门会同学工部门，要在学生培养中，把握知识—能力—精神传授的关系，建立高质量的本科教学教育规范。

在知识传授中，合理调整知识传授体系与方式，推动各院学术委员会、教授会、优秀教授集体，按照博而通的原则分专业审视调整课程的相互关系，按照少而精原则调整教学内容，防止使用固定的单一教材。授课方法中，定量规范考核师生互动教学、教师参与学生讨论教学的时间比例。以高质量为标准考核调整聘任授课教师。

在能力培养中，要有定量明确的训练程序与考核方法，提升学生自我学习新学科、新领域知识的能力，提升学生提问、解答及宣讲能力，提升学生规划协调组织能力；以具体措施及成绩考核标准，强化学生的实际操作、实习实践及独立思考能力；拓宽学生的国际视野，推进师生的国际国内交流，发掘本科生的创造潜力。大学四年级全年，应依托徐汇校区，开门办学，尽量减少课堂课程学习，集中进行学生实践能力、创造能力的训练与培养。学院领导下半年要走遍本学院的各个角落，访谈各学院各专业的骨干教师、著名校友、各类学生代表，推动此项工作。

在精神塑造方面，从修养、品行、气质等内涵的角度，切实制订本校的具体要求、措施及学生共同守则；鼓励学生课外阅读、分析、批判经典书籍；在重大实际实践活动中光大人文精神与科学精神；从职业与兴趣相互关系的角度，提升学生的职业操守与幸福观；以明确的标准与方法，加大心理援助，提升学生的情绪智商。学校及各学院的学生工作部门要脚踏实地落实做好此项工作。

明年的教师节，希望能有上述工作的成绩、经验与体会在此汇报。

四、以人为本，整合优化资源，完善管理，建设美丽校园

过去一学年，我们完成了奉贤校区一期第三批相关项目启动工作，图文信息中心大楼已顺利开工建设，体育馆、工程训练中心、化工楼将在年内开工，新增的学生公寓楼、教学楼和学生二食堂将争取年底前后启动工。徐汇校区校园环境整治取得一定成效，校园东南角区域的整治已经完成。徐汇校区校园环境整治工作还将坚定不移地进行下去，校区河道彻底整治工作暑期已经开始，下一步将以东门区域为重点，在世博会前使徐汇校区整体环境有一个新形象，为办成精品校园打好基础，为广大师生学习、工作和生活创造一个优美的环境。

为着力解决影响和制约学校科学发展中的突出问题，构建相应的体制和机制，推进学校内涵建设与又好又快发展，特别是面对徐汇校区房屋资源日益紧张的问题，上一学期，学校校长办公会议从办公大楼移师各个学院，聆听各学院的发展设想，实地考察各学院在工作中碰到的实际困难，进行现场办公，优化学校资源配置，尤其对房屋资源进行了一定调整，尽量使徐汇校区有限的资源发挥最大的作用，解决制约各学院发展的瓶颈问题，促进学校的可持续发展。在考察过程中发现，某些单位在实验室的使用、管理方面存在诸多不平衡问题。教学实验室普遍比科研实验室管理规范，一些研究室很会充分利用空间，教师、研究生工作环境舒适、人性化，这样有利于激发研究人员的创造性和主动性。

在此方面，信息学院电子信息实验教学中心值得表扬，他们创出了自己的管理模式，取得显著成效。他们的做法，一是合理安排提高实验室利用效率。学院领导直接参与中心实验室资源整合，变单功能实验室为多功能实验室(徐汇校区达 95%以上)，解决了部分专业实验室用房紧张问题；变分散的专业实验室为相对集中，解决了专业实验室展示度问题；实施了门禁系统，实验室变定人管理为多人管理，解决了学生和教师业余时间搞创新活动和实验需求，同时解决了实验室管理和使用之间存在的矛盾，使每间实验室平均承担着 3～4 门实验课教学任务，不同的课

程使用不同的设备，教师们不辞辛苦地搬上搬下，但却提高了实验室利用率，解决了房屋资源紧张问题，为学校节约了房屋建设资金。二是共享实验设备节约装备建设资金。在奉贤校区实验室建设初期，学院多次组织专业教师召开项目建设规划论证会议，教师们动足脑筋，确定了电路强电和电工学强电的实验资源共享、模电和电工学弱电部分共享、数电和电工学数电部分共享的模式，同时改选自配实验台，节约资金百余万元。三是自制实验教学设备，彰显技术实力。信息学院控制理论与应用学科为国家重点学科，电子信息实验教学中心与自动化系教师共同协作，开发制作了液位、流量、压力及温度对象控制装置10余套，应用效果良好，既节约了资金，也凸显了学院专业特色和技术实力。四是加强对外联合提高实验室水平。学院相关领导牵头，与校外著名公司加强联合共建实验室，先后与西门子、恩德斯豪斯、艾默生联合建立了专业实验室，既节约了学校投资，解决了部分专业学生的认识实习、毕业实习等问题，也可推进大学生USRP创新项目的实施。联合共建的通信系统综合实验室，功能强大，透明化处理的网络布线、独特设计的学生动手区，堪称上海市乃至全国一流。五是利用现代管理手段提高管理水平。学院自行开发了“实验中心管理系统和远程监控管理系统”，实现了两校区间教学实验管理的远程管理和监控，大大降低了人力管理成本，提高了工作效率。

电子信息实验教学中心的管理是我校实验室管理的典范，特别是在近些年徐汇校区实验室资源一直紧张的情况下，电子信息实验教学中心无论是房屋资源的充分利用，还是实验设备的充分共享，对我们各级各类实验室资源的管理都有很好的启发。该中心全体成员齐心协力、认真负责、细致入微、大胆创新的工作态度是值得我们学习的。对他们这种为学校、教师、学生所想，给自己加压的精神要给予鼓励；对其在增收节支、节约空间提高负荷方面取得的业绩要给予奖励。

新学年里，必须坚决完成现有实验室、办公室资源的调整及所有房屋资源的规范公开统一管理，建立透明、公开、实时的校级保留房—校院级共有保留房—院级保留房—实际使用房的四级房屋资源运行调控机制,全面完成校—院—实验室三级仪器平台的共享与开放;提前细致规划落实三年级本科生进入奉贤的各种准备工作。在将奉贤、徐汇校区分别建设成教育、研究校区的同时,将开始注意教育与研究在两校区的相互渗透。与此同时,我们希望通过生态环境的整治,使奉贤校区具有大气磅礴、自然朴实的韵味,使徐汇校区具有四季花开、曲径通幽的魅力。在即将完成校区内部调整规划的同时,还将按学科性质及学院特征划分校区的学科属性,采取后勤为主、学院协助、教授赞助的方式,分片推动校园的绿化、美化、卫生及管理工作。

老师们、同志们:

我们的学校从昨天到今天,日趋成熟;从今天到明天,任重道远。在学校进入跨越式快速发展的今天,如何保证人才培养质量,如何实现建设成为国内一流、国际知名、学科特色鲜明的高水平研究型大学的历史进程,是摆在我们面前的光荣任务。我们没有别的选择,只能依靠广大教职员工同心同德地去拼搏、全心全意地去创新。我们要继续发扬艰苦创业、甘于奉献的华理传统,群策群力,团结一致,努力奋斗,为学校更好更快地发展贡献自己的力量!

最后,再次祝全校教职员工节日快乐!华理的今天和明天需要你们的努力和奋斗!

(2009 年 9 月 4 日)

追慕前贤　励志图新

——钱旭红校长在纪念苏元复院士诞辰100周年座谈会上的讲话

尊敬的王基铭院士、费维扬院士、袁渭康院士：

各位领导、各位来宾：

老师们、同学们：

大家上午好！

今天，我们怀着崇敬的心情，在此纪念我国化学工程学科重要奠基者之一，杰出的化学工程学家、化工教育家、著名的社会活动家，我校创始人之一、原华东化工学院副院长，中国科学院院士——苏元复先生诞辰100周年。

首先，我代表华东理工大学，向参加今天纪念活动的各位院士、领导、化工界的前辈、同行及社会各界来宾、朋友们，表示崇高敬意和衷心感谢！

1910年4月19日，也就是百年前的今日，苏元复院士出生于浙江海宁郭店镇；1937年获英国曼彻斯特大学理工学院硕士学位；归国后先后于1941年担任浙江大学教授，1948年担任交通大学教授、化学和化工系主任等职；1952年，苏院士作为负责人之一，参与我校的筹建工作；1956年，被评定为新中国首批二级教授；1958年，被任命为华东化工学院副院长；1980年，当选中国科学院化学部学部委员；1984年，被选为国际溶剂萃取化学与技术委员会委员；1985年，担任国家教委世界银行贷款办公室中方专家组组长；1991年6月17日不幸与世长辞。

苏元复院士长期不懈地从事科学研究，他立足于国家重大需求和国际科学前沿，研究领域广泛，涉及矿藏开发、稀土元素提炼、化肥、药物、国防材料生产等，尤其在萃取理论及应用方面取得了重大成就。苏院士先后发表论文近百篇，获得国家科学技术进步三等奖，国家教委科学技术进步一等奖、二等奖等多项奖项，以其杰出的研究成果，拓宽和丰富了学科视野和服务领域。

苏院士不仅是一位杰出的化学工程学家，也是一位优秀的化工教育家。他在我校创建了新中国第一个化学工程专业。作为全国高等学校中第一批招收研究生的导师，他身体力行、言传身教，为国家培育了大批高级专门人才。苏院士率先编写了诸多化工方面的专著和教材。20 世纪 50 年代，他与张震旦、王承明合作编译的《化工原理》是新中国出版的首部化学工程专业用中文版教科书，为全国高等工科院校普遍选用。书中拟定的许多专业术语，如“压头”、“流化”、“沟流”、“腾涌”等，为化工界所公认且沿用至今。

作为我校的筹建人和创始人之一，苏院士担任当时“梅陇新校区基本建设委员会”副主任，承担了极其艰苦的创业工作，为学校的建设鞠躬尽瘁。苏院士在担任我校副教务长、副院长期间，重视实验室建设和实验教学质量的提高。为了防止精密贵重仪器重复购置以及尽可能提高仪器利用率，苏院士提出实行精密贵重仪器设备“专管共用”等措施，并进而在全国高校中首先建立起分析测试中心实验楼。

同时，苏元复院士还是一位著名的社会活动家。他曾任全国人大代表、全国政协委员，积极参政议政，认真履行职责，关注国家的建设与发展。苏院士还热心于国内外各种学术活动：曾三次参与制定国家科学技术规划；历任《辞海》编委、《中国大百科全书》化工编委会副主任、《化工学报》主编、中国化工学会常务理事及副理事长等职。他经常出国讲学，参加国际学术会议，开展国际学术交流，其地位和贡献享誉海内外。

苏元复院士已离开我们近二十年，但其崇高的风范、求实的科学精神和丰富的学术思想，为我们留下了宝贵的精神财富。在此，我仅谈两个方面。

一是高瞻远瞩，勤奋求实。作为我国化学工程学科的重要奠基者之一，1956年初，苏元复院士参与制定新中国第一个科技发展远景规划。50年代后期，苏院士就提出我国开展化工开发研究应特别注意资源综合利用、能源节省和环境保护。在中央作出独立自主研制原子弹的决定后，苏院士随即开展了相关工艺技术研究，并提出了新的工艺流程，为我国核工业发展做出了贡献。

苏院士十分强调知行合一、学以致用、理论联系实践。他一直认为，工科应当立足于促进国民经济的发展。他常说："什么是好的理论？能够应用于工业实际、解决实际问题的理论才是好理论。"

苏院士对化学工程学科发展的高瞻远瞩，对学科建设的矢志笃行，对科学研究的求真务实，是他留下的弥足珍贵的精神财富。学科建设是学校发展的龙头。苏院士的这些思想和精神，对我们现今加强学校学科建设、激励我们实现跨越式发展不断产生着重要启示。

二是无私奉献，勤勉育人。在半个多世纪的教育工作中，苏元复院士孜孜不倦，奋斗在教育工作第一线。苏院士做事一丝不苟，对每一个学生都充满殷切的期望，都给以无微不至的关心。他注意培养学生独立研究的能力，充分发挥他们各自的想象力和创造力，使之在科学实践中成长起来。直到80高龄，苏院士还坚持指导研究生。他在工作中十分重视选拔培养和提携年青一代，在他的指导与帮助下，一代代年轻人成长起来并成为学科的骨干。

温总理曾经说过："只有一流的教育才能培养一流的人才，建设一流的国家。"今日，华东理工大学化学工程学科之所以后继有人、兴旺发达，这与苏院士这样老一辈科学家对国家、民族的高度责任感，对化工教育事业的满腔热忱，对后辈不遗余力的关爱和支持是分不开的。传承他们无私奉献、勤勉育人、为教育事业终生奋斗的信念成为我们当代教育工作者的使命。也正因为如此，学校将以苏元复院士诞辰100年纪念活动为契机，开展"发现教育家"系列活动，通过营造氛围、加强学校师资队伍建设，培养和造就一大批德才兼备的教育家，不断加强学校学风教风建设，以提高办学竞争力。

各位专家、各位领导、各位来宾，作为开拓者，苏元复院士创造了辉煌的昨天，今天我们在此缅怀苏元复院士，继承和发扬苏元复院士的崇高风范和科学精神，并用这些宝贵的精神遗产去书写更美好的明天。

让我们携手奋进，为我国化学工程学科的建设和发展而不懈努力；也希望华东理工大学全校师生能够同心同德、传承拓展、励志图新，为将学校建设成为国内一流、国际知名、学科特色鲜明、高水平研究型大学而努力奋斗！

（2010 年 4 月 19 日）

凝心聚力　规划未来

——钱旭红校长在七届教代会、十四届工代会第一次代表大会上的行政工作报告（摘要）

2010年是“十一五”规划的收官之年，也是新一轮三年行动纲要执行的关键之年，我们必须积极促进“十一五”规划及三年行动纲要的全面落实和完成，为顺利迈入“十二五”奠定坚实基础。我们始终需要保持忧患意识，重视创新思维与中长期规划，脚踏实地，将工作进一步分解，以便于实施推进。要始终牢记“国内一流、国际知名、特色鲜明、多学科高水平研究型大学”的未来定位，用博大的胸襟和奉献高等教育事业的精神，在2010年的工作中，继续执行“一支队伍、三个体系”的指导方针，推动学校实现跨越式发展。

一、 进一步完善学校发展战略和规划

“十一五”规划的收官和向“十二五”规划的过渡，需要我们在明晰学校的办学理念及定位的基础上，有针对性地抓好学校发展战略与规划这项基础性和战略性的工作，这是学校实现又好又快发展的前提。已制定的规划与纲要当中没有如期落实到位的目标，需要我们结合学校实际情况，逐步推进落实。学校内涵建设和影响力提升战略、学科建设和队伍建设规划、校园建设特别是新校区建设规划等还需要进一步完善。学校要进一步形成合力，集全校之智，提升民主决策与科学决策水平，以改革

创新的勇气和精神规划并实现学校的科学发展。

二、 重点推进，进一步加强高水平人才队伍建设力度

我们必须清醒地认识到，尽管近年来我校人才队伍建设取得了可喜的进展，但长期以来，我校师资队伍的水平与规模与我校的现有地位是有差距的。占总数约20%的优秀教师群体超负荷的贡献，支撑了学校今天的地位。我校师资队伍建设中领军人才浓度还较低，高层次创新型人才总量不足，人才的学科分布不平衡，部分博士点学科既没有长江学者甚至也没有校特聘教授；专任教师具有海外留学经历的人员比例偏低，教师队伍的国际竞争力亟待提高；教师队伍中团队效应不够明显；青年教师培养的力度需进一步加强。

2010年，学校将重点推进化学化工、生物与药学、材料等重点学科、重点领域的人才队伍建设。以培育和引进重点学科的领军人才或战略科学家为重点，通过各种政策、资源的调整与优化配置，加大培养和推荐高端人才的力度，在院士遴选、长江学者和国家杰出青年的推荐上做好工作，争取有所突破。积极推进创新团队建设；注重青年人成才规律，营造良好的政策环境，鼓励和扶植优秀青年拔尖人才脱颖而出；加大引进海外人才的力度。

完善各类人员岗位聘用管理工作，完善岗位评价体系，强化岗位激励机制。坚持分类管理、有效激励、加强宏观调控的原则，优化绩效激励机制，不断完善薪酬分配制度，使职工的劳动报酬与其岗位职责、工作业绩相联系，逐步实现校内分配制度的科学化、规范化。

目前，校内某些专业学科方向人员臃肿、有的人员设置重叠、有的人员严重缺乏，甚至连基本的教学都难以维持。因此，在今后的教师专业技术职务晋升、人员选留与录用中，将严格按照学校的学科分布及方向的发展规划进行规范化、制度化建设，使人才工作在导向性计划的指导下进行。

三、 着力提高人才培养质量，提升社会影响力

提高教育教学质量，通过开展“发现教育家”等活动，通过改变教风来引导学风的改变。倡导教书育人、科研育人、管理育人、服务育人，以全面提高人才培养水平。对优秀教师予以关心、关怀与表彰，对不合格教师予以淘汰。严格执行学生的考试考场纪律及学籍等管理规定，用爱心与纪律引导同学端正学习态度。深入推进本科人才培养模式综合改革，通过专门课程的设置与课程调整，来培养有创新意识与能力的人才；使学生实现知识的个性结构化，从而具有创造的秉性。要创造、构建新的校园氛围与文化，注重提炼科学精神，提升人文修养与人文精神，进而，通过培养“人”实现大学对社会及人类文化的引领作用。积极探索和完善工程教育人才培养体系；不断扩大国内外本科人才交流规模，突出人才培养规格与管理的国际化对接。

加强专业、课程与教材建设，争取新增国家级精品课程 3～5 门、国家级双语教学示范建设课程 1～2 门，国家精品教材 1～2 本，国家人才培养模式创新实验区 1 个。深入推进研究生培养机制改革。加强研究生培养过程管理和质量监控与评估，有效激发研究生教育各方活力，提高研究生培养质量。建立健全招生长效机制，确保生源质量稳步提升。组建专精结合、相对稳定的本科生招生宣传队伍，加强招生宣传工作；巩固、扩大优秀本科生生源基地，加快建立校际优秀生源互换联盟和研究生优秀生源基地，不断优化研究生生源结构。

在 5 月闭幕的主题为“提高大学人才培养质量”的中外校长论坛上，有四个分议题“大学营造创新型人才成长的环境”、“高水平大学的教学模式创新”、“大学人才培养的质量保障与评价”和“可持续大学校园建设——绿色大学建设”。我觉得这四个分议题同样也是我校需要不断研究与探索的。与目前飞速发展的经济社会对高素质人才的要求相比，我校的人才培养工作还存在资源和机制等方面的制约性因素，两校区办学条件下教育、教学质量面临挑战；思想政治教育工作的有效性需要进一

步提高;学风和教风建设需要进一步加强,学生学习积极性需要进一步激发;部分课程设置结构和知识体系不尽合理,教学质量需要进一步提高;教学管理和育人机制需要进一步创新等。如何营造创新型人才成长的环境,如何进行教学模式的创新,如何完善人才培养的质量保障与评价,再上升到绿色大学的建设,需要全校教职员工建言献策,通过完善各种培养、评价机制提高人才质量。

四、 加强学科建设水平和科研创新能力，创造一流科研成果

通过科学化的管理、指导与计划,拓宽项目申报渠道,确保项目经费持续增长,力争科技活动经费继续增长,年度科研到款经费达到 3.5 亿以上;力争获国家级科技奖励 5～6 项。

管理部门需加强介入,通过合理优化资金及经费的杠杆作用,以加强国家重点实验室和国家工程研究中心等大平台的建设,通过学科交叉和强强联合继续扩大国家级科研平台的数量和规模,提高现有国家级基地的学术水平;加强校级科研平台的建设和管理,构建合理的人才梯队和高水平团队。切实做好科技成果转化工作。大力推进省(部)共建、校地合作和产学研合作,力争在签约单位数、吸纳合作共建经费数等方面有新突破。扎实推进 211、985 创新平台建设,做好过程跟踪与评估,用好经费,瞄准国家和国际水平的建设目标不能降低。进一步提升国家重点学科建设的核心竞争力。规划、用好国家的年度基本科研费,使之能为学校孕育出未来的、具有全国竞争力的优势学科方向。

学校的学科建设和科研方面还存在学科结构和学位授权布局不尽合理的情况,学科竞争力有待进一步提高,在全国名列前茅的优势和特色学科不多;学科的交叉与融合不够;科学研究成果转化、服务地方经济社会发展的能力有待进一步加强等。在新一轮的博士点建设中,完善学校各优势及特色学科的建设,争取学校绝大多数专业、学科都有相关的博士培养点支撑,为高水平的研究型大学建设奠定基础。

五、 进一步增强管理效能，激发教职员工的积极性

我们需要通过有效的协调核查机制，在校级领导层面、处级领导层面、各学院层面，进一步提高或者强化大局观念、合作精神、民主作风、科学态度、责任意识。在学校的管理水平和效能方面，提高科学管理、民主管理的水平，不断增强调查研究、科学预测、统筹协调和行政执行的能力；优化资源调配方式、机制和手段，提高资源共享程度和使用效益；增强学校成本意识、调整经济分配政策，使多校区运行与管理更协调、更高效。

营造团结共进、平等互助、交流沟通、信任理解、融洽相处的氛围，为教职员工创造适合自身发展的空间与环境，使大家既有压力也有动力，既有安全感也有危机感，想干事，敢干事，能干事，干成事，真正做到齐心协力共谋学校的发展。

（2010 年 6 月 11 日）

转型发展 构筑未来

——钱旭红校长在七届教代会、十四届工代会第二次代表大会上的行政工作报告(摘要)

我们打好了“十一五”的收官战,还要赢得“十二五”的开官战。今年是“十二五”开官之年,承前启后、继往开来。美好愿景的实现离不开远大蓝图的勾画,学校“十二五”规划经历了细致缜密的研究、编制过程,希望各位代表积极建言献策,使之丰富完善,以求通过转型发展、实现构筑未来的目标。下面,我就通过阐述九个为什么,就学校《“十二五”改革与发展规划》和今年的任务进行说明和解读。

一、 为什么要转型?

正确、清醒地分析形势,可以发现,我校上不着天、下不着地,如不奋起,再不改变发展方式,难有立足之地。我校经费来源处于弱势,人才处于弱势(包括领军人才、海外经历人才),资源也不宽裕,机制变化也同样缓慢。因为缺乏“天时地利”的先天优势,就更需要创造“人和”的后发优势。

如果错失“十二五”改革与发展的重要转折期和机遇期,将再无兴起的可能。因此,勇敢、真正地实现学校转型,领先别人半步,就可能掌握发展的先机。争取在校庆 60 周年时,学校基本按照新的运转模式运行,以新的面貌迎接学校 60 大庆。

“变则通，不变则壅；变则兴，不变则衰。”转型创造“人和”可弥补我们人财物方面的不足，转型可以保证学校长治久安、又好又快地发展。通过重点抓运行机制的转变，而不是像传统的方式（仅仅抓具体的建设项目），让更多的人动起来，让每个人都关心学校的发展，探索践行先进的大学制度。

二、 为什么提先进大学制度，而非现代大学制度?

转型依靠什么？依靠制度创新，通过制度创新走出新路，为超越与发展定下基调。在此过程中，我们强调“先进大学制度”（而非“现代大学制度”），“先进大学制度”不仅要“拿来主义”，还要“与古为新”，是西方现代文明及大学制度与中华古代优秀文明及大学制度的结合。“履不必同，期于适足”，要吸取精华，剔除糟粕，走出适合自己的发展道路。

我们强调西方现代文明及大学制度与中华古代优秀文明及大学制度的结合，希望走出新路，为未来的超越定下基调。

三、 如何实现顺利的转型，而不失误?

关键在于要有政治上高度的原则性和非政治事务上的高度灵活性。为此，既要防止偏激，又要防止保守；在坚持社会主义办学方向的基础上，实现党委领导下的校长负责制与教师自治及学生自治的有机结合。在实现转型中要注意：整体规划、分步实施、继承开拓、重点突破、积累经验、适时推广，以便确保各项工作有序开展。

四、 转型后的学校是什么样子?

建立起学校自主良性发展的两只翅膀：追求卓越的外因及内因。具体现在学科专业、教师、学生具有主动前进、自我追求卓越的动力。这种动力来自内外因的变化，也就是内外环境与政策的创新。

外因包括：探索校董事会健全化、运作正常化，让其介入招生和就业，使之成为学校与社会各界的接口与桥梁；同时建立校基金会，既保证校董事会运行，又通过董事会向社会筹资、引资，促进学校在与校外社会互动中发展。

内因包括：探索建立党委领导、行政执行、学术委员会指导的宏观机制。政治权力、行政权力、学术权力得到很好的界定，在规定的范围运行。行政对学术委员会是建议，学术委员会对行政是指导和监督。

通过决策与执行适当分离，"运动员"与"裁判员"各司其职。将学术判断、决策与行政执行分开，实行"裁判员"与"运动员"分开，在学术决策上充分体现民主，在行政上大力提高效率、强调执行力，杜绝我国高校普遍存在的行政"民主化"、学术"行政化"的不良倾向。

在坚持社会主义办学方向的基础上，实现"教授自治"、"学生自治"。

所谓教授自治、教授治学，即通过有效的机制，特别是相对独立于校、院等行政机构的学术委员会的运行，促使、保障教授追求卓越。教授自治的核心是教授治学，通过正常化、制度化、机构化的学术委员会及其各级学术评议机构(包括学部、学科专业领域教授会)发挥作用，保证最优秀的教师群体从事育人工作。使学术研究的前沿、交叉能有切实的机制保障。

学生自治，其核心是学生在校园得到均等的民主实践、法制实践机会，让其在大学期间本科阶段学会学习、研究生阶段学会创造的同时，真切感受并实现自我管理，即学生学会自主独立，通过实践来学会法制、民主，进而培养学生健全的思想和独立的人格，提高学生认识自我的能力、管理和竞争的能力、社会实践的能力。

改变行政管理模式，各专业、学科、国家和省部级学术机构实行学校主办、学院承办。各专业、学科的教学科研人员来自全校各学院，人员实行流动、竞争、开放，即对全校开放。将学生培养质量、专业和学科的质量及竞争力与教师的个人发展和收入挂钩。

管理重心下移，为体现对学院承办任务的支持，学校将为各专业学院建立财务预算，通过对学院的人财物支持，实现学院的责任、权力、义务的统一。

五、学术委员会处于什么地位与发挥什么作用?

今年,学术委员会的建设目标是:正常化、机制化、机构化。

学术委员会是学校最高学术权力机构、"十二五"规划执行的监督机构、学术资源分配投向的议决与指导机构(而非行政执行和实施机构)。而学位委员会将重点关注学位授予质量。

学术委员会主要任务包括:(1) 学科专业的办学方向、质量规范、课程设置及教育体系的制定与评议;(2) 教师的学术水平评议;(3)重大学术事务相关人财物投入方向及比例,包括教学建设项目经费投向、基础科研费投向、学科专业修购基金投向、人才队伍建设费投向、重大仪器设备投向、房屋物资等学术资源调配投向、学科建设发展费用、985 平台及配套费用等。

学术委员会由校内本学科专业著名学者、校外国际知名学者(著名校友)、学有建树的行政人员共同组成,校、院行政领导和校行政职能部门的领导只以教授身份参加校学术委员会和其各级机构,不担任各级学术机构的领导职务。学术委员会实行严密的运行机制及机构化,设立下属的工、理、文学部。在学部下设立专业学科领域教授委员会。

根据本科专业、研究生学科的相互关系及相近性,合并同类项,基于一级学科专业(少量基于二级学科专业),建立专业学科教授委员会;根据学校发展规划确定的五大重点发展的交叉前沿研究领域,建立领域教授委员会。其委员从全校各学院产生,落实将优秀教师奉献给人才培养的理念,实行教学和科研一体化统筹发展、研究生教育和本科生教育一体化统筹发展。

专业学科领域教授委员会对校学术委员会和学部委员会负责,其不干涉学院所承办专业、学科的日常教育行政和科研行政事务。

六、如何实现学科专业的质量保证及追求卓越?

今后学科、专业及教师要进行国际国内学术评估、评议。要通过同行双盲的评议,实现优胜劣汰。

今后学科专业优势、特色与学校定位关系:部分学科专业处于全国前10位;大部分处于前30位;少量处于50位左右,但需要有公认的鲜明特色。

用新机制提升、保证学科专业的质量与竞争力,强化五个前沿交叉领域的学术研究。

目前我校在国际22个学科大类排名上,有三大类进入全球前1%:化学、材料学、工程学,世界名次分别为278、304、729位。今后在继续加强上述优势的同时,要争取生物学与生物化学、环境科学与生态学、社会学也有上佳表现。

七、哪些是前沿交叉领域? 确定的依据是什么?

强化五个前沿交叉领域的学术研究。这五个前沿交叉领域分别是能源与环境、生物与医药、材料与装备、社会发展与经济管理、前沿基础探索。学校层面主抓这五大方面,依据是:(1)已有国内优势;(2)学校发展命运所系。需要学术委员会根据以上两个依据,对所含具体方向内容,按照有所为、有所不为的原则进行界定、细化,实现重点投入。

前沿基础探索的建议领域,指纯化学、力学、应用数学。这样的考虑源自学校的历史与特点。我校的传统优势是化工,其对应的理科是化学,化工对应的工程基础学科是力学、应用数学。国家基金委在该三个学科的前沿基础概念是重要的参考依据。

八、为何承担国家的中外合作培养工程领军人才试点?

一为学校运行机制转型提供外在动力、不失时机抓住机遇;二为闲置资源和园区盘活提供契机;三为保持学校工科优势特色,探索国际化的深入,创造新优势。

试点将把我校的相关部分作为学校创新、改革的特区,从工程科技人才培养模式创新、大学领导及管理体制创新、全面推进国际化办学等三方面寻求突破，为培养国际认可的高水平科技创新与管理人才探索一条新路。希望通过5～10年的奋斗与努力，将我校的相关部分建设成为具有世界领先水平的卓越工程师培养基地。

九、落实时间表及今年行政工作重点是什么？

计划今年3月，基本完成学校的各类规划；4月启动规划落实；6月完成学术委员会的换届，同时基本完成学部、专业学科领域教授会的框架；7月开始，新学术委员会进入正常性活动，讨论议决具体学术上人财物投入方向及比例；9月后调整、优化岗位津贴，年底前继续增加津贴1 000万元，调动队伍的积极性。

贯穿今年全年的三项行政工作重点是：(1) 协助现在学术委员会，换届建立新的学术委员会及机构，落实运行机制，讨论议决重大学术政策和事项，真正落实教授治学。(2) 制订并落实中外合作培养工程领军人才方案，为人才培养探索新的模式与路径。(3) 促进两校区协调、有侧重、有重点地发展，并使本科教育质量的提高得到更好的保障。落实明年暑假前本科教育重心落户奉贤的方案，切实做好今年第一阶段工作的实施，实现部分三年级学生先期落户奉贤，落实某些研究基地落户奉贤，做到校院各级的活动、人员、管理大比例落户奉贤。

综上所述，我们要实现发展方式的五个转型：

一是思想观念方面的转型。要突破原有的惯于校内纵向比较、保守求稳的传统思维模式，营造开拓进取、敢为人先、人文与科学精神得到弘扬的华理文化氛围，教师、学生、专业、学科逐步实行动态调整的机制，牢固树立“人才培养是立校之本，学术卓越是强校之路，制度创新是兴校之策”的思想观念。

二是人才培养模式方面的转型。要突破知识传授的传统模式，保证最优秀的教师投入教书育人工作，通过实施人文与科学精神交融的通识教育，更加注重学生的综合素质与实践能力、国际视野与竞争力的培养与提高；要通过建立学生自治机制，激发学生参与民主实践与法制实践的热情，将学生培养成为真正具有创新精神与责任感、追求社会公平正义的现代公民。

三是学术研究环境方面的转型。形成快乐创造、追求卓越的校园文化，要在提升优势、强化特色、分类建设的同时，打破专业、学科藩篱，着力推动前沿和交叉领域建设，将教师的个人发展与专业、学科的竞争力紧密相关，建立主动追求学术卓越的良性发展的机制，形成学术上教授自治、教授治学的氛围。

四是国际交流内涵深化方面的转型。要充分认识"国际知名"目标的内涵，以全面国际化带动人才培养、科学研究和管理水平的提升与跨越式发展，在总结以往经验的基础上，进一步扩大国际视野，引入国际标准，参与国际评价，促进跨文化交流，提高国际声誉。

五是管理体制与机制方面的转型。对外，要通过完善校董会和建立发展基金会等方式，积极争取并用好社会资源、适应社会需求；对内，通过建立权威、严密的学术委员会机制，充分发挥教授在学术事务管理中的决策、咨询与监督作用，形成学术与行政权力相互促进、相对独立的均衡机制。实现管理重心下移，支持、强化学院的核心作用。

（2011 年 4 月）

华理的辉煌需要榜样的力量

——钱旭红校长在 2011 年教师节庆祝大会上的讲话

尊敬的各位老师、各位同学：

大家好！今天我们迎来了第 27 个教师节，首先，请允许我代表学校，向奋战在教育教学前线上的各位教职员工，致以诚挚的节日问候！

提高人才培养质量是高等教育的第一生命线。非常欣慰，回首过去的一年，学校教育教学事业稳步发展，“校风、学风、教风、考风”“四风”建设成效明显，并圆满完成了“十一五”的各项任务和目标。这胜利的果实里无疑凝结了各位教职员工的辛勤付出，尤其是其中的杰出代表与佼佼者令我们印象深刻。这里，我要衷心地向大家道一声祝福，道一声辛苦，道一声感谢！真诚地感谢你们！

优良的考风，来自优良的学风；优良的学风，来自优良的教风；优良的教风，来自优良的校风。在教师节之际，感谢你们为每一个孩子的进步所付出的努力，感谢你们为“勤奋求实、励志明德”的校风所注入的新内涵。

我要向你们的爱岗敬业、关爱学生精神致敬！“春蚕到死丝方尽，蜡炬成灰泪始干”，历史上有无数赞美老师的诗句、篇章，而我们的老师配得上这样的赞美。信息学院计算机系的金登男老师，用他的热心温暖每一个学生，用他的尽心培养每一个学生，用他的身心教育每一个学生，用他的关心感染每一个学生。他为双腿残疾的学生上门做毕业指导，风来雨去，无怨无悔；他用感情上课，广受学生欢迎，课堂常常爆满，荣膺“名师风范杯”“最有魅力”奖；他不仅重视知识的传授，还关心学生的思想、道德、情感及心理，耐心为学生做思想教育、心理辅导。机械学院材控101班班导师吴光艳被学生亲切地称为“妈妈老师”，因为她视学生如自家孩子，用自己的爱心浇灌着每一个学生的心田。一次，一学生不慎从宿舍一楼阳台摔下，腰椎粉碎性骨折，她对事件的处理及时到位，并且带病看护学生，等待家长到来，令学生和家长感动不已。像这样尽职尽责、充满爱心的“园丁”在我们学校还有很多。他们正是学生成长路上的盏盏明灯，而当学生长成参天大树，他们也会露出世界上最美丽的笑容。

我要向你们的刻苦钻研、严谨笃学致敬！ 2011年7月，我校《毛泽东思想和中国特色社会主义理论体系概论》教学创新团队荣获上海市教卫系统先进党支部，同时成为上海高校思想政治理论课教学改革试点单位，该团队女教师“巾帼团队”也连续被评为上海市和全国“巾帼文明岗”。一系列成绩的取得，源于该团队形成了一整套行之有效的工作机制，如教师集体备课制度、教学管理运行制度、新老教师结对制度、教学方法研讨制度、教学资源共享制度、教学经验交流制度、教学成果展示制度、教师培训考察制度、课堂教学听课制度、教学优秀奖励制度等，并提出了“我为团队做贡献，团队助我谋发展”、“规定动作到位，自选动作精彩”的组织理念。坚持把每两周一次的集体备课与课程建设、队伍建设、教师培训等环节紧密结合。组织有主题、有内容、有任务的学习活动，促进了教书育人水平的整体提高。当今社会，知识日新月异、潮流变幻莫测，作为知识、思维、精神传播者的教师，就应该具有这种“苟日新，日日新，又日新”的态度，不断“充电”，广泛交流，积极进行学术研究，并将所得施于教学，保证育人质量不下滑。

我要向你们的勇于创新、奋发进取致敬！ 创新是民族进步的灵魂，科研要创新，教育也要创新，要用创新的实践、实验、体验引领教育。近年来，我校创新教育蓬勃发展，在国内外各类大学生创新比赛中斩获荣誉。培养具有创新能力的学生，首先需要有创新思维的教师，正是因为许许多多创新意识强烈的老师引领，才有了各类创新课题的柳暗花明、豁然开朗。今年暑假，由我校学生自主设计的“水中写字”实验在2011

年全国趣味化学实验设计大赛决赛中夺得一等奖。这个大奖与机械学院潘家祯教授的悉心指导密不可分。潘家祯教授说:"作为教师,我们要满怀热忱地支持同学中每一点创新的火花,他们可能只是我教的学生中的百分之一,但是对他们自己来说,就是百分之一百。"几年来,他不知疲倦地指导一个个团队在一系列比赛中获奖:第三届全国大学生过程装备实践与创新大奖赛第一名、第三届全国大学生节能减排社会实践与科技竞赛三等奖、国家制造业培训中心全国第三届数字化创新设计大赛上海赛区特等奖……他总结出了指导大学生创新的几条经验:选择课题,要适合大学生的知识结构,要有新颖性、创新性的特点,而且要有十分显著的社会意义和经济价值;要启发学生的好奇心和探索精神,爱护他们的创新积极性,使他们成为创新的主体;遇到挫折和困难,还要鼓励、督促和指导。潘教授是我们尊敬的学长,希望我校有越来越多像潘教授一样的创新达人!

我要向你们的淡泊名利、志存高远致敬! 教师是光荣的职业,又是清贫的职业。许多老师一身本领,却依然把教书育人作为人生第一件乐事,不计较个人得失,辛勤耕耘几十载,无怨无悔,令人肃然起敬。化学学院徐志珍老师是一名从事基础教学的教师,她十几年如一日,始终以教书育人为己任。她担任无机化学教研室主任,所授学生人数多、面广,而教研室教师人数少,教学任务重,她总是自己带头完成大量的教学工作,教研室有人生病或休假,又是她毫无怨言地顶上去。对青年教师她爱护提携,从"结对子"、"多参与"、"常交流"、"走出去"、"联科研"等方面严格要求,使他们能尽快走上讲台、站稳讲台。前几日深圳大运会赛场传来喜讯,我校女子乒乓球队代表中国女队 3:0 战胜日本女队,夺得大运会乒乓球女团冠军。这支队伍的教练是我校体育学院被新华社称为"草根英雄"的臧玉瑛老师。从 1981 年进入华东理工至今 30 年的时间里,她始终以一名普通基层教练的身份工作在第一线。在她的努力下,华东理工乒乓球俱乐部已经拥有从小学、中学到大学一条龙的培养体系,参加国内全部六个级别的乒乓球联赛。臧玉瑛这些年培养出大批优秀运动员,其中不乏像在 2001 年北京大运会上击败张怡宁、牛剑锋等国家队名将，夺得 3 块金牌的帖雅娜这样的明星，而臧玉瑛仍旧仅仅是中国大学生乒乓球协会的一名教练员。很多人说臧老师做了这么多贡献，培养了这么多优秀的球员，早就该退到二线去享受生活了，但臧玉瑛说："对我来说，最高兴的就是把球员最大的能量挖掘出来，为国家培养出优秀的人才，让他们为国家做贡献。我的目标就是培养出能够参加顶级赛事、参加奥运会的球员。"这就是我们的教师！臧玉瑛老师是真正的无冕之王。

我要特别向奋战在奉贤校区的辅导员、班导师、代课教师、教辅人员、教学管理人员、后勤保障人员致以崇高的敬意！奉贤校区是我校研究确定的未来教育中心，但其位置较偏僻，来往不便，"走向奉贤、扎根奉贤"不仅仅是一句口号、一个行动，更是一项艰巨的任务。但我们许多教职员工都做到了，他们像坚强的种子，把他们撒在哪儿，他们就在哪儿扎根、发芽。比如，刚才上台发言的化工学院辅导员武亚珍老师，自奉贤校区启动时就一直坚守在那里，将家安在了奉贤这片热土上，五年来扎扎实实、任劳任怨地为学生服务，学生半夜生病需要送医、闹了矛盾需要调解、心理压力大需要找人倾诉等等，她都第一时间为学生排忧解难。这样的老师和工作人员还有很多。还有许多老师，长期奔波于徐汇与奉贤之间，双线作战，风雨无阻，圆满完成各项教学任务。他们都是我们学校发展最值得依靠的人！

除了上述鲜活、感人的教师、团队外，学校还有许许多多默默为教育事业奉献着的老师和团队，如外语演讲辩论中心的指导老师们、资环学院 07 级全体班导师、信息学院电信中心的教师们。在此就不一一述说。

知他人者智，知己者明。我们常常花费很多时间研究客观世界而却难有时间剖析、研究自己，只有认清自己才能使自己成为最好最优秀的自己，这对青年学生尤为重要。独立能力和责任感是年轻人最为需要的，而他们对未来常常感到迷茫，如果我们的学生能够在老师的启发下，发现自己个体的使用说明书，发挥自己的特长，掌握属于自己的愿景理念、学习技巧、创新思维，华理校园将成为年青人成才的天堂和乐土。尊敬的各位老师，你们已经做出的奉献贡献，以及你们即将做出的奉献贡献,都将不断证明,你们不愧为孩子们灵魂再造的工程师。

老师们,同志们:

正是你们的奋斗不息、忘我劳作,换来了学校的蒸蒸日上、枝繁叶茂,你们是学校真正的台柱与栋梁!我们已经赢得了"十一五"会战的胜利,我们又将吹响"十二五"胜利的号角。今年上半年,在广泛征求各方意见、群策群议的基础上,我们初步勾画了新五年的蓝图。我们将更加注重改善和提高教职工的福利与待遇,保证广大教职工的主体地位与权利,真正建立"教授治学"的新机制。在这个光荣的日子里,展望华理未来,提出五点构想,与大家分享并共勉,让我们一起为奏响华理的新华章而努力!

一、 在精神和观念上,追求改革创新与勤奋求实相结合

"勤奋求实、励志明德"是华理的校训。朴实、务实、脚踏实地是60年间形成的华理品格,是值得华理人骄傲的优良传统。但在社会、科技日新月异的今天,不仅要"埋头苦干",还要"抬头望天"。人才培养、科学研究都应瞄准国家重大需求和区域经济社会发展需要,与时俱进。我们在新的五年里要突出"创新"与"转型",包括教育创新、科技创新、管理创新、制度创新、观念转变等。要建立西方现代文明及大学制度与中华古代优秀文明及大学制度结合的先进大学制度;形成"学术委员会"机制下的"教授自治";要积极实施中外合作培养工程领军人才试点,使之成为改革、创新的特区;要突破知识传授的传统模式,并建立学生自治机制;要营造开拓进取、敢为人先、人文与科学精神得到弘扬的华理文化;要形成快乐创造、追求卓越的学术研究氛围。

二、 在机制和体制上,追求学术决策与党政管理相协调

我们要探索建立党委领导、行政执行、学术委员会指导的宏观机制。要通过正常化、制度化、机构化的学术委员会及其各级学术评议机构(包

括学部、学科专业领域教授会)，实现教授自治，使政治权力、行政权力、学术权力得到很好的界定，在规定的范围运行。行政对学术委员会是建议，学术委员会对行政是指导和监督。将学术判断、决策与行政执行分开，“裁判员”与“运动员”分开。在学术决策上充分体现民主，在行政上大力提高效率、强调执行力，杜绝我国高校普遍存在的行政“民主化”、学术“行政化”不良倾向。同时，通过对行政的服务质量评价，教授还能对全校的行政执行进行有效监督。

三、 在责任和使命上，追求人才培养与科学研究相促进

我们要充分利用高等教育作为科技第一生产力和人才第一资源重要结合点的特殊地位，促进政产学研用融合发展，实现人才培养质量与科学研究能力的同步提升。要牢记“人才培养是立校之本，学术卓越是强校之路，制度创新是兴校之策”，真正实现教学相长。我们要充分发挥校学术委员会和其下各级委员会的功能，保证学科专业的办学质量、学术资源的合理分配、教师的学术水平，并确保最优秀的教师群体从事育人工作，所有教授给本科生上课。我们要通过“师资博士后”，通过优秀博士论文、硕士论文培养，将人才培养与科学研究有机融合。我们要将学生培养质量、专业与学科的质量和竞争力与教师的个人发展和收入挂钩。我们要更加注重学生的综合素质与实践能力、国际视野与竞争力的培养，建立学生自治机制，将学生培养成为具有创新精神与责任感、追求社会公平正义的现代公民。我们要建立科学技术发展研究院，更好地服务于科研发展。

四、 在发展上，追求交叉学科与传统学科相补益

纵观国内外顶尖大学，交叉学科均已成为其新的重要增长点。而我们在旧有的大学专业学科设置下，各学院、各学科往往是楚河汉界、泾渭分明，这就造成了各学院的封闭自守、画地为牢，导致整个学校的人财物

流通不畅。为此,我们一方面要贯彻“学科专业学校主办,学院承办”的思路,打破固有的割据分裂状态,使人财物自由流向需要的地方;另一方面,在全面坚守化工优势特色的前提下,我们将在校学术委员会下设置交叉学科领域委员会,并确立了能源与环境、生物与医药、材料与装备、社会发展与经济管理、前沿基础探索等五大重点发展的前沿交叉领域。这五个方面均基于我校已有优势和国家社会发展趋势。通过对所含具体方向内容,按照有所为、有所不为的原则进行界定、细化,实现重点投入。前沿交叉学科的生成、发展,离不开传统学科的鼎力支持,但其一旦形成优势,又必将反过来有力推动我校相关传统学科的发展,最终实现双赢。

五、 在办学的各个要素上,追求相和谐、相统一

我们要坚持改革转型与社会主义办学方向相统一;我们要通过建立正常化、机制化、机构化的学术委员会制度,实现政治权力、行政权力和学术权力相和谐;我们要通过校友会、校董会、基金会,通过国际交流与合作,充分利用外部各种资源,达到学校内在发展与外部环境相和谐;我们要推动良师育人、尊师重教,达到师生关系相和谐;我们要加快奉贤校区建设与教育中心转移,达到两校区和谐统一;我们要实现管理重心下移,支持、强化学院的核心作用,实现校院两级的统一和谐。

老师们、同学们:

在这个特殊而幸福的日子里,面对着“十二五”的战略机遇期,我们心潮澎湃!通过大家一如既往的共同努力,我们有理由相信华东理工大学不仅是华理人的华理,也必将成为世界的华理!

(2011 年 9 月 9 日)

强化实验教学，不断提高本科教育水平

——钱旭红校长在 2012 年教学研讨会上的讲话

教育，特别是本科教育，是全社会所共同关心的问题。看看电视新闻和各大报刊对本科教育的关注与讨论，就知道它已经成为一个社会问题了。每逢寒暑假，各大飞机场乘坐前往英国和美国航班的，都是成群的去上大学的孩子。各位作为主管教育的领导和管理者肩负的责任，不能仅仅是对华东理工大学而言的，还应该站在整个民族、整个文明、整个国家的制高点上来论。因此，我们召开这个教育研讨会不仅是一般的日常会议的讨论，而应该重新思考我们肩负的责任。

通过一年的艰苦工作，在于校长和沈炜书记的领导下，在乐清华老师的领导和管理下，我校本科教育的学风、教风有了非常大的转变。我在此对各位做出的努力，表示深切的感谢。一所大学，一所好的大学，不应该仅仅只有科学家，而应该有更多的教育家。我说的教育家不是单指教育学家，而是指每一个学科、每一个专业、每一个学院都应该有精通教育的人。一所好的中学都可以自称有好的教育家，更不用说一所大学了。这也是我特别强调的本科教育的重要性，本科教育如果做不好，研究生教育就好不了，国家的未来也好不了，因此它的地位是不可小觑的。

我特别赞赏大家每过一段时间去寻找一个主要工作环节，并重点推进的做法，这样能有一个比较好的效果。这次会议的主题是实验教学，强化实验基地建设，充实实验师资队伍，提高实验教学水平。因此，我今天讲两个内容：一是实验教学，二是学校形势。

第一部分讲实验教学,因为它是培育人的重要一环,这一环与整个学校的形势相关。

首先,2004—2005年颁布的《三年行动纲要》里提出了,我校的本科教育是研究型、人性化的本科教育,其中特别强调研究型的起源。像我们这种以工科为主的大学,无论是文理还是理工,对于操作和实验都是非常重视的。我曾经讲过一句话,我们的人才培养规格中有"厚基础"、"强实践"、"创新意识",还有"英才"这几个关键词。我今天不谈"厚基础",而是谈"强实践"。如果我们的实验教学很弱的话,就谈不上"强实践"。也就是这件事如果没有做实的话,那就仅仅是句空话。"强实践"是我们人才培养规格的一个目标。每次研究生考试、录取后,我们常常听到抱怨,说招进来的研究生这也不会那也不会,连基本的操作都不会,特别是一些师范大学的学生。如果一所大学没有研究,没有实验,尤其是一所以育人为核心的大学,学生不具备实践能力或者实验能力,那根本不配叫大学,只能叫学校或者中学。当然,我们原来的人才培养规格最后还加了一句话,就是"国际视野"。我们学校一直有个教学的方针——少而精,博而通,从上世纪50年代开始就一直坚持。这个最后的文字总结,可能是胡英先生提出的。他认为在本科教育和教学中不是教得越多越好,而是要"少而精"。至于"博",不是指什么都学,而是你学完之后一定要能贯通,叫"博而通"。如果这两者都做不到,还不如不学。同样,我们在实验教学中要特别体现出"少而精,博而通",这样才能集中精力把一些关键的部分弄透、弄懂,对老师、对学生也好考核。学生有了这些就可以举一反三,哪怕他今后以最势利的心态考研究生,也可以证明他的基本操作是过关的;如果他从事科学研究,他凭借这些基本功也可以继续发展。

其次,我们对基本的实验操作能力要严格把关,没过关的学生不允许及格。举个我们本专业最简单的例子,有机化学里最常用的一个操作——重结晶,竟然没有几个人会做。有人读了四年大学毕业了,甚至有的硕士要读博士都不会做重结晶。究其原因有两个:一是重结晶操作老师没有认真教,学生没有认真学;二是重结晶操作没有与时俱进。我们上学时，都是把 250 ml 盛有溶液的单口圆底烧瓶夹在支架上，烧得热热的，然后拿一个铁夹子夹住烧瓶，离得老远倒入烧杯中，还没有倒入一半结晶就出来了。现在的操作都是半微量、微量操作。20 年前，我在博士后快结束的时候，进行重结晶操作，手里拿着一个电吹风，还有一个一点点大的试管，像玩一样，两个试管不停地倒来倒去，这样的实验耗能少、干净，但是对实验操作要求很高。而我们的学生无论是半微量还是常量的操作都不过关。如果我招一个研究生，不看其他条件，第一条就看他的重结晶操作过不过关。教有机化学实验的老师和上完有机化学的本科生，有几个人能过关？包括我们学校，我担心比例非常低。判断一个化学反应是否进行，很重要的一个方法是薄板层析。薄板层析很简单，就是用毛细玻璃管在这个薄板上滴个点，然后把它展开。现在我们看到的所有分离技术，所有"分"的基本原理就是这个板，150 年前用的是这个板，今天更高级的技术用的还是这个板。但是有很多学生不会用这个板，根本不会看，甚至老师也不会教。而重结晶、TLC、熔点这些内容，是有机化学中基础的基础，有些学生连熔点也不会测啊！因此，每一门实验课确定的基本实验不要多，简单明了 4～5 个即可，只要过不了就给不及格。如果这些实验都过不了，无论到哪里去，人家都会说某个毕业生的基本操作不过硬。

第三，我们的实验一定要注重现代化的实验技术。一些不太可能碰到的破坏性实验如爆炸、燃烧乃至窒息等等，应该辅助于信息技术，以拓宽我们的实验平台，让学生能够体验、感受实验的过程，两者结合才能更好地提高学生的实验操作能力，包括防爆、环保意识。让学生在游戏中模拟，学会真正的实验操作。有的实验学生尽管没有时间接触，但因为他受过训练，而且这种训练不是简单地演示给他看的，所以当他接触到这类实验时，他能比一般人更有思想准备。

第四，实验中一定要培养学生的基本伦理与道德规范。以前，我们做实验时对这一条关心不够，再加上当时的实验条件差，因为我们实验室的下水道就连着居民的下水道，这边东西倒下去以后，那边就会冒烟，大家一起中毒，而且废液从来也不回收。我一直强调，一个知道危险的人是不大会遇险的，最大的危险是不知道危险何在的人。因此，我们要培养学生的实验伦理，包括在做动物解剖实验和饲养动物时，更要注意这些。过去我们在实验伦理和道德规范方面教育得比较少，现在社会已经发展到一个新的阶段，与 20 年前根本不能比。这部分内容在实验教学中绝对要加强，我们必须要有这个境界。

第五，提高单台设备的利用率，一是套用，二是移动。因为我们每年要做实验的学生很多，如果都同时更换仪器设备的话，其一，资金投入比较大；其二，你做不到仪器设备一直保持先进；其三，这对学生加深理解没有帮助。如果一种仪器在同样的实验室、同样的实验操作中，分成一代、二代、三代，那么学生自然对实验技术的发展史就能了解得一清二楚。越是基础的实验，往往是原理暴露得越充分；越是现代的实验，越不容易看出是什么原理。原始的色谱仪能让人看出它是怎么分离的，现在的色谱仪就像电视机一样，我们看不到其内部。因此，提高单台仪器的使用效率非常重要，既能节省学校的资源，又能给学生更好的教育，更好地培养学生的操作能力。

第六，实验室建设中，我一直强调要特别注意防止渎职行为，尤其是今年修购基金有很大一笔钱。这个话我讲得很难听。在教育评估中，我们某些学院拍脑袋，虽然也做论证，但论证的教授不负责任，有关领导把关也不严，仪器设备买了派不上用场，钱付了以后也不追要设备，工厂当然很高兴啦！这笔钱如果是某个人的科研经费，谁会这么做？大家都不会这么做！我不希望再发生类似的事情！多年前，我曾经去一所 211 高校验收，一位教授非常得意地向我介绍，这个房间的整个装置做得非常好，国内一流，技术是华东理工大学的，我当时听得真高兴。到了学校，同样出问题的就是这个技术，但是不是买本校的，而是买人家工厂的。人家买我们学校的，我们学校买工厂的，然后装置到现在都没有开起来。在此，我提醒大家，钱多了不要浪费，不要有无知行为。要严格审查，该省的要省，该用的要用，万万不要因为钱多了而乱用。

最后，我把个人对评价学术水平高低的体验与大家共享。评价分三个方面：第一，基本上教授碰见校领导都会讲自己的学术水平有多高，把他的论文给你看,我只懂自己的专业,其他的专业基本不懂,所以我一直很苦恼。第二,跑到哪里都要看实验室,我又不可能亲自去做实验,怎么能知道实验室的水平高低呢?无论是教学实验室还是科研实验室。第三,听报告,听不同领域的报告,我也判断不准。所以,我从副校长开始一直干到校长,若干年后总结出了三个规律,无论在国内还是国外,没事就讲给别人听,看人家的反应,结果基本肯定这是对的。第一,看实验室。无论是教学实验室还是科研实验室,凡是仪器装备平摊的都是低水平的,凡是叠加式往上摞的都是高水平的,这个绝大部分是如此。因为空间值钱,所以要把不同的仪器或者同一仪器通过叠加方式安放,以最大限度地节省空间,便于操作。在空间不值钱的地方,一个桌子放一台仪器,另一个桌子再放一台仪器,就把房间占满了,感觉空间充分利用了。这是一个典型的实验室仪器排队方式。第二,关于论文。凡是字号小的、图表小的、版面拥挤的都是高水平论文;凡是版面松散、字号大的都是低水平的,这个准确度很高。譬如 Nature 和 Science 全要拿放大镜看。第三,学术报告。经常在学术报告里听到某某战略、某某发展或展望,这里面除了个别情况外,基本上是低水平的。“个别的”都是有特殊的感受至深的细节,有宏观战略的、有基础的,高水平的都是聚焦一点,讲得很细。这些体验与大家共享,希望大家在遇到各种不同的权威、名家时,或者在相互评比和评估时,心中要有杆秤。这个简单的方法,可以适用于文科和理工科。

第二部分我讲讲学校的形势,以便大家在从事本科教学中予以关注。

第一,加强校本研究和政策规划。一所学校如果不认真研究学校自身的话,那就根本不知道该做什么。对于我们学校来说,校本研究的第一位是本科教育。过去一段时间,国家对教改的投入少,我们本身也穷,学校依靠本科很难有竞争力。但是真正培养人才,对师资队伍和学校未来有重大影响的就是本科教育。今年正值学校 60 周年校庆,参加过不同学校校庆的人都有个感受,那就是劳民伤财。忙得热乎的都是校领导,因为可以从中得到更多资源,但是老师觉得两边照顾不过来,而官员没有一个高兴的，他更在乎自己排在哪个位置，学生也不高兴，这种校庆不如不办。我们要将 60 周年校庆办成一个真正的校庆，所以我们第一点要感动校友、感动师生；第二点对过去进行庆祝、回顾和反省。很多校庆包括国内顶尖大学的校庆从头到尾都是大话、假话、空话，没有几句实在话，不反省过去。韩国办大学的历史比中国早了 10 年，韩国进入近代史也比中国早 10 年。中国最早的大学是北洋大学，创办于 1895 年；韩国最早的大学是延世大学，创办于 1885 年；而日本的京都大学更早。我们基本上能看出，这三个国家进入现代化的大致年代。美国有句谚语"先有哈佛，后有美国"。近现代史上，人类的文明、思想、精神、灵魂最集中的体现就是大学。一个国家大学不行，这个国家也不会太强大。我们通过引进西方文明，东西方文明相互交融，才发展成为现代化的国家。如果不坚持东方文明，我们就不能超越别人，因为我们有独到的东西；但是如果我们否定西方文明，就等于否定我们过去曾经走向现代化的过程。

2007 年，我们增修了校训，从原来的"勤奋求实"，改成"勤奋求实，励志明德"，就是告诉大家要为学校自豪。华理的毕业生有不少已成为各家企业的骨干，在单科性学校中院士也算多的。但是大企业家非常少，高级政府官员，特别是执政党的省部级领导几乎为零，执政党的中央委员和候补委员一个都没有。我们有的都是民主党派的，而且地位都挺高。那么我就思考：这与学校的校训有什么关系？与学校的文化有什么关系？我们在人才培养的某些部分为什么会有明显的缺陷？我们这样的学校，如果不进行很好的继承和反省的话，很难在高校竞争中走在前面。我们学校的处境和别的高校不太一样，是上不着天、下不着地。因此，我们必须走自己的路，通过自己的探索实践来增强学校的竞争力。我们所有的改革探索都是为了增强学校的竞争力。

从 2004 年到现在，学校着重抓了两点：一个是竞争力，一个是民生。2004—2007 年《三年行动纲要》，包括奉贤校区建设、房贴发放、业绩点津贴、博士点的扩大以及本科教学评估。2008—2010 年《三年行动纲要》，覆盖了卓越津贴、985 平台的建设、博士点的再次扩大以及 211 的再一轮建设。2011年进入了过渡期，我们制定了“十二五规划”和为校庆做准备。通过校庆建设，我们希望真正解决面临的关键的、深层次问题——资源、队伍、学术自治。“优化资源，提升条件”；“优化队伍，改善民生”；“践行学术自治，教授治学”；希望这些目标都能在校庆建设中基本完成，校庆时能以全新的心态来感受回顾我校的发展历史、感恩前辈。

我有三个最担心的问题，第一个是在“优化资源，提升条件”方面担心钱投错地方；第二个是在“优化队伍，改善民生”方面担心把钱发错人；第三个是在“践行学术自治，教授治学”方面担心机制不灵。校庆建设的资金投入，第一，修购基金，国家拨款7 000万元，要在校庆时创造很好的条件，让师生高兴；第二，自己节省下的1.5亿元建设费，包括大型仪器的购买、实验室条件的提升、办公室修缮、校报的改变，共2.3亿元，每个月平均2 200万元。在2—8月份通过大家的研讨以及仔细的斟酌，9月份实现人员收入的大幅度提高，每年有1亿投入。这些投入用于提升学校的内涵和形象。有个三年级学生跟我讲，奉贤校区这么偏僻，我现在想做家教根本不现实。我说我明白，我们会想办法的。一个是通过社会、政府，一个是通过我校后勤，为三年级开通专门的学生班车，给学生改善条件，同时徐汇校区也开设专门的公寓。这么多资金投入，首先要解决的是所有教师必须为本科教学服务。现在，在教师为本科教学服务方面，我们学校是做得比较差的。很多学校对教授为本科生上课都有强制的标准，如大连理工大学教授上课是32学时/年，特殊情况学校批准的是16学时/年。再者是科研经费，若干年前，我校人均科研经费是领先的，现在我校的人均科研经费在同等高校中却是很低的，就是因为没有强制最低标准啊。以后我们不会区分教学编制和科研编制了，教师都需要为本科教学服务。如何把收入增加的最高幅度切给真正关心教学的人？如房鼎业老师、黑恩成老师等一批教授有很高的学术水平，并且长期坚持在本科教学的第一线，他们代表了华东理工大学的水平，提高收入应该首先考虑这样的老教师。我们希望通过人员收入的增加，大规模地提高教师参加本科教育的积极性，并且提升教学质量。

第二，校区问题。我校有三个校区，按照国家标准，我们学校在物质资源方面已经达标，但我们还是感觉资源非常紧张。原因是徐汇校区已经超负荷使用了，奉贤校区没有满负荷运转，金山校区基本没用上。这个问题会制约我校的长远发展，而且投入的资金没有达到预期的效果。

第三，校学术委员会。1960 年华东理工大学成立校学术委员会，2011 年成立第十届校学术委员会及各基层委员会。与综合性大学不同，我校是由单科性学院发展出来的，我们学校的学科相互交叉，交叉是我们的缺点，但同时又是优点，我们通过抓某一点能带动全校，提高学校的竞争力。如何改变我们的弱势？如何避免我校学术委员会不讨论专业问题的状况？学术评价的核心是背对背的同行评议，所以我们建立了基层委员会，学术委员下面设有学部，分成工学、科学与艺术、人文社科，学部下面再分成专业学科委员会。今后，评估的事情将由学术委员会来完成，决策拍板由校院长来做，那么院长的决策就很有依据。如果学术委员会委员不诚实，学校可以通过选举罢免。考虑到某些学科交叉前沿需要综合、需要重点抓的情况，我们成立了 5 个前沿交叉领域委员会，以科研为主。对于本科教学、研究生教学，这些学科专业的教学和科研全面的，都放在学科专业委员会里，所以学院院长、部处长都不能担任学科专业委员会委员。一所学校的竞争力取决于学科专业的竞争力。衡量大学好坏最根本的标准，就是哪个专业是全国最好的，哪个学科是最有特色的，这个学科专业的哪些教授最厉害，哪个学生最厉害。设立学科专业委员会的目的就是来评价教学和科研。

第四，国际视野——我校与诺丁汉大学的合作。去年国家开展教育改革试点，我校有个项目“中外合作培养工程领军人才”。目前，我校学生国际交流的比例比较低，目前只有 4%，计划达到 10%。诺丁汉大学与我校合作，在我校设立二级学院——上海诺丁汉研究院，包括绿色化学与化工、生物与制药、机械与发动机，这都是诺丁汉大学在英国甚至国际上的一流专业，将进入我们学校，从本科生到研究生进行合作培养，重点放在奉贤，同时辐射徐汇。诺丁汉大学有教师到我校来短期教课，承担一定学时的课程，在校费用由我校支付，承担科研项目，学校也可以给予支持。通过与诺丁汉大学的合作，我校可望提高学生的国际视野。比如，本科生将来从一年级开始，可能会穿插外籍教师授课，即某一章节由诺丁汉大学的教师来讲授。

第五，实验室建设的过程中要注意四年级学生和研究生的衔接。早在上世纪 80 年代中期到 90 年代初，我校学生在四年级时就整个进入了实践、研究环节，所以四年级学生一定要与研究生有衔接，这样有不少好处：仪器设备不重复，有利于提高学生的水平，真正体现研究性。

第六，教学转型方面，如何体现“人性化”。现在，学生喜欢玩网络游戏，这方面能不能寓教于乐。信息学院钱锋教授研究组做了“虚拟工厂”和“虚拟教师”。“虚拟工厂”就是学生不亲自到工厂，只通过电脑虚拟参观工厂，并能进行操作。“虚拟教师”是考虑到很多教师上课非常好，但是没留下太多影像资料而设置的。

最后，谈谈“学院预算”。去年学校给了每个学院预算，今年再次增加了学院预算，初步计划增加一倍。为何不能大规模增加？一是院级机关没有建立完善的财务管理、运行制度。二是希望学院把钱用好，用于青年教师队伍的稳定、国际交流等。学校支持学院逐步变成运行实体，真正承担责任。我们常常遇到这个问题，本校毕业的学士、硕士在国外拿了博士学位或者做到很好的人(包括校友)，回到我们学校却常常落不下脚。我希望通过学院的预算、机制转换来解决这个问题。

希望通过大家的努力，我校的本科教育能站上一个新台阶。

(2012 年 1 月 6 日)

推进校庆建设　优化资源条件

——钱旭红校长在七届教代会、十四届工代会第三次代表大会上的行政工作报告(摘要)

2012年的重点工作以校庆建设为主线展开。2012年是我校自1952年院系调整后独立建校60周年。六十年一甲子,在这个特殊的年份,我们的重点不是要准备轰轰烈烈的庆典,而是要通过扎扎实实的建设准备校庆、迎接校庆,因此我们叫"校庆建设",而校庆庆典只是校庆建设的最后一个仪式。要以校庆为契机,解决历史上的发展瓶颈问题,改善广大师生员工的民生,进一步提高学校竞争力。校庆建设概括来讲就是优化资源、提升条件,优化队伍、改善民生,践行学术民主、实现教授治学。在学校基本形势明显向好、经济能力增强的情况下,需要不失时机地推进改革创新,解决不符合学校未来定位、制约学校长期又好又快发展的瓶颈问题。下面,我谈一下校庆建设几项重点工作的思路。

一、 励志明德,升华校园精神与文化

60年校庆,是学校发展史上的大事。我们要以校庆为契机,以庆典为形式,以感动学生、感动教职员工、感动校友、感动社会为核心,将校庆庆典及其前期的准备工作,办成塑魂育人的大型课堂。在此期间,我们将深入挖掘、升华提炼、继续发扬学校艰苦奋斗、服务国家民族、传承光大文明、追求卓越等优良传统;与此同时,我们也将回顾、反思、反省学校

建校以来的得失经验和教训，用过去60年的积淀为今后60年的发展打下坚实的基础。优秀的中华文明传统，悠久的古代中国太学、书院式大学文化，是我们开拓发展的坚实基础；西方发达国家几百年的近现代大学发展历史与规范，是我们创新发展的参考坐标；近百年中国大学的探索奋斗与艰辛苦难，成为我们励志明德的精神源泉。我们在此基础上，将立足本校，放眼全国的高等教育发展与创新，继承勤奋求实的作风，光大励志明德的精神，探索一条符合校情的先进大学制度，培养千千万万英才毕业生，让大气谦和、目光远大、勇于奉献、敢为人先，成为学校新的境界与标志。我们要立足上海、服务全国、面向世界，为国家民族文明、人类和世界的发展与进步做出不可磨灭的贡献。

二、 优化队伍改善民生

我校目前存在也是今年及今后要下力气解决的两个问题，一是人均科研经费低，二是教授面向本科生的教学量低。而解决这两个问题，要与三方面的工作结合起来。

一是优化调整人员编制。学校很多地方工作压力很大，甚至严重缺编，但也有些地方人浮于事，定位不准，职责不明。随着资源逐渐宽松，要及时进行这方面的调整，以优化队伍、提升竞争力。我们要对现有的一、二、三线的教学、科研、管理、服务采取不同措施，对所有编制进行核编。今年将先用企业的办法，按照投入产出预测我校一、二、三线人员的比例，然后结合学术机构的特性对各单位进行核对，并参照同类学校的内部编制分配状况，明确我校部门设置和人员配置的合理性，确定人员合理优化配置的方向。同样，实行多年的业绩点也是人力资源调整的另一个重要依据。

二是推动教授与专业学科竞争力的紧密关联。学科竞争力是学校的根本，我校“十二五”的目标是各学科排名不低于全国前30位(排在此后的学科专业，必须有公认的特色)。学科专业的竞争力体现在教授、师资队伍上。所以要建立一套机制，通过自我评价、校学术委员会的同行评议,甚至是校外的评价以及将来的国际评价,把教师的个人收入、个人荣誉跟学生培养质量、专业学科竞争力和排名对应起来。

学校明确,学科专业由学校主办、学院承办,对全校开放。一个学科专业以本学院的人员为主,同时把校内其他学院优秀的教师吸引、兼聘过来,动用校内所有最优秀的师资资源。按照学科专业的竞争力及未来定位,建立起相应的师资队伍的金字塔结构,从岗到人,从事到人,明确责任与权益。只有这样,才能为提高人员收入提供准确的依据,也能解决本科生专业和研究生学科的质量如何保证以及学科专业评估的绩效谁来负责的问题。

我们希望每位本科专业的教师都是学校最优秀的教师,同时把最优秀的教授奉献给本科专业。办好本科专业一般至少要有几门核心课程和实验课程,要确定谁是核心教师,核心教师须达到的水准。核心教师要设置 a、b 角,特色各不相同,专业的其他教师、助手由这些核心教师进行推荐,随后进一步由学术委员会进行评价和学院聘用。

三是提高人员收入。今年学校在这方面投入比较大,额外增加投入 1 个亿,几乎是之前经过 10 年递增而实现的最终年度津贴投入的总和,希望最迟 9 月份全部兑现。总体原则是:在存量中规范,增量中改革;在提高的同时缩小差距,特别关心目前收入较低的青年教师;整体规划,分步实施;收入分成基本、岗位、业绩、卓越几个部分。提高人员收入要与基础的人事编制优化调整结合起来,最终达到两个目标:一是整体水平提升,二是稳定队伍、重点保证。使每一层队伍都能得到稳定,充分调动教学、科研、管理、服务人员的积极性和主动性,让教职员工有主人翁的荣誉感。与此同时,为真正把奉贤校区的本科教育质量提高和保障落到实处,鼓励科研进入奉贤,业绩奖励等要向在奉贤工作的教职员工倾斜。

三、 优化调整学校资源,提升教学科研条件

我校的用房资源分配现状是总体紧张,分布不均,基本条件差,严重制约教学水平提高和校区合理定位的实现。我校在"十一五"期间对校

区的功能定位是：徐汇校区以本科生专业阶段教育、研究生教育和科学研究基地为主，规划容纳研究生和四年级本科生；奉贤校区以本科基础教育为主，兼顾本科专业教育和科学研究，规划容纳一、二、三年级本科生；金山科技园区以科学研究与科技成果转化、延伸教育层为特色。这样的校区功能定位方案我们没有改变。按照国家对学校用房的92标准，我校用房建设基本达标，但因偏远分割，金山科技园区260亩约10万平方米用房无法用于基本教学科研，奉贤校区面积达1 540亩，用房使用率很低，而徐汇校区700亩则压力巨大，不堪负荷。奉贤校区已投入了十多亿建设资金（这些投入绝大部分都是我们学校的自有资金），资源远远超过徐汇校区，如图文信息中心、体育中心、大学生活动中心、理学院大楼、化学实验楼等公用设施，均建造标准高、条件好，但利用率均不高，目前仅容纳了10 000余人。而区区700亩地的徐汇校区却承载着研究生8 000人、本科生7 000人，继续教育周末上课8 000人，高峰时段要达到23 000人到25 000人，此外周围居民也常常进入校园，用房非常紧张。徐汇校区一方面是实验室用房极其紧张（如化学学院的实验3楼、13楼，药学院等），很多仪器摆在走道上，有的实验室还常年失修，严重影响教学科研；另一方面是有些区域根本没有得到充分使用（如某些实验室、产业用房长时间空关，多少个月来一直贴着封条。这些用房情况是我去年到各学院逐间调研出来的，这也是我第三次进行全校范围用房现场调研）。除此以外，徐汇校区的教室、食堂、6～7人一间的学生宿舍、办公室也都严重紧张，基本条件差。

因此，我们必须花大力气进行校区调整、用房调整，提升教学科研条件。否则，奉贤校区的教学科研功能将无法真正体现，资源闲置，徐汇校区则将面临仪器装备无处安放、教学科研条件难以改善、人才引进培养困难的窘境。奉贤校区要逐步成为本科教育的重心和新兴科研的立足地；随着上海市区铁路的开通，今年年底金山园区会迎来一个很好的机遇，要成为我校科研院和2011协同创新发展的主要战略储备地；徐汇校区既要对外开放又要保持大学独有的风貌。

今年，学校将另外投入一个亿以上的资金和7 000万元的修购基金，调整、提升学校的教学、科研、办公条件。学校各校区资源应该通过搬迁、征用、整修、整顿、清理、置换得以优化，最大限度地发挥资源的效益。

首先，通过三年级入驻奉贤进行调整。多年前，几经波折，后根据上级指示，我校的新校区安排在奉贤。有关其定位有过长期慎重的讨论、规划、论证与决策。目前，奉贤校区仍然地处偏远，公共交通、外围生活设施有待完善，这都是建设与运行时一直面临的严峻挑战。许多师生员工有为难情绪实属难免，也在情理之中。然而，在人员收入、设备投入、土地使用等外界条件即将基本缓解或者改善之时，不与时俱进继续已有的规划实施，但为喘息一两年，采取观望的态度，将可能为未来留下潜在风险。一旦外围情况发生改变，校区调整就会遇到难以想象的困难。在多年来的校区建设运行中，我们有许多这样的前期经验。况且，徐汇校区现有的每况愈下的生活、住宿、实验条件压力越来越大，不但难以维持，更不可能满足各方所欲求的教学条件的进一步扩展和改善。在校庆之年，不作进一步调整，不满可能滋生，并会越来越严重，维持稳定都可能成为一个难题。

在条件允许时，如果不适时提高全体人员收入，就是对教职员工主人翁地位的漠视，就不能最大限度地团结力量解决未来的困难和迎接共同的挑战。而在整体情况好转、收入提高热情高涨时，不及时突破学校发展的瓶颈、消除制约因素，就会愧对学校、组织和师生的重托。

本科教学重心进入奉贤，不仅仅是教务、教学进入奉贤，而且是学校教学科研的相当部分工作中心进入奉贤，是研究型的本科教育进入奉贤。这里，需要通过政策调整，实现教学、科研、管理、服务向奉贤的联动，尽可能使在奉贤的师生感受到更多的舒适与方便。

学校的既定规划是三年级整体进入，但由于土地证问题，今年暂时不能完全实现，只能按照文理工的次序依次进行三年级入驻奉贤的调整。文科三年级去年已经进入奉贤，今年部分理工科三年级也将进入，明年工科三年级拟将全部进入。与此同时，我们要确保教学实验的落实与正常运行，保障学生的创新实践的开展，为学生在市区的社会实践提供方便。徐汇校区空余出来的资源则可用来缓解各类用房的紧张状况。

其次，在校院间进行用房调整，并尽可能恢复用房原有功能(如特殊实验室，造价高)，腾出更多有效面积，提高投入产出率。

最后，要真正建立用房的收费制度。用房交费不是为了创收，所交费用对于学校财政来讲只是杯水车薪，目的是建立用房使用机制，优化调整资源，形成校内用房的良性循环。

用房资源的优化、调整工作将于 9 月份基本完成，我们希望调整出的用房能实现以下目的：一是能保证学校、学院有公用的实验仪器平台；二是学院能有公用实验用房，教授经过批准可以限时借用、到时返还；三是能留有一定的流动人员实验室用于孵化基地建设。

四、 推进研究院建设，筹划 2011 协同创新

科技研究院是把学校基础科学研究和工业应用研究结合的落脚点，可以弥补现有机制的不足。科技研究院将实行人才孵化机制，学院相中的人才可先在研究院工作，学校给予一定条件支持，不进入学院人事编制，但由学院参与管理，学术贡献属于学院。经过一段时间的工作，优秀者再进入学院编制，在学院从事教学科研工作。科技研究院对外也可以专门聘任流动编制的秘书、实验室人员、行政人员、科研助手，他们是学校的人，但与学校又有一道防火墙隔离。它将成为学校优秀人才的孵化摇篮，提高整个学校的人才利用率。这是一套与学院紧密相连又相对独立的体制，它为以后人才的去留留下了余地，是我校人事机制改革的一部分。也正因为此，我们要求学院腾出部分房子，作为公用仪器用房、公用实验用房、未来教师的孵化基地用房，其中每个学院都要有研究院的实验室，此外金山园区也作为研究院的重要一部分，这些都为机制调整提供了空间。

2011 协同创新是指国家“高等学校创新能力提升计划”，简称“2011 计划”，是根据去年胡锦涛总书记在清华大学百年校庆大会上的讲话精神，由国家教育部、财政部组织实施的协同创新计划，旨在全面提高高等

教育质量，鼓励重点建设高校成为知识创新的策源地、深化教育改革的试验田、扩大开放的桥头堡。协同创新的重点是解决创新主体的“生产关系”问题，以便更好地释放创新要素的“生产力”。这是国家的最新发展策略，我们要不失时机，积极筹划，领衔和参与各类协同创新项目，依此合理、充分利用好金山科技园区和徐汇校区的空余土地，为学校今后的发展创造先机。

五、 提高学校公共仪器水平

做好基于仪器的科学研究和研究服务，使校、院、所、室的各级分析中心和较大型仪器的共享运行水平处于国内领先地位。通过校庆建设进行大型实验仪器购买，购买中要特别注意奉贤校区科研和学生创新实践的需要，特别注意学校公共仪器水平的提高，特别关注高水平优势前沿研究对尖端仪器的需要。我们的目标是建立校、院、系(所)三级的公共平台，这是由我校的学科特点决定的。我校专业相关度高，如果仪器重复购买，不提高使用效率就会造成极大浪费；同样值得注意的是，大型高端仪器的购买，要与相应人才的引进和培养相配套。如果没有相关的使用人，将会造成极大浪费。

六、 教授治学，服务学生

在党委领导下，实现教授治学、学生自治是我们的重要目标。学术委员会的架构去年已经搭好。今年，学术委员会要在党委领导和行政推动下完善机制化、机构化、正常化，充分发挥其在学科建设、学术评价、学术发展中的作用。

我们所有的努力，都是为了我们的学生。教学、科研、管理、服务都必须围绕人才培养一个中心，将育人贯穿于各项工作中。除通过教师间的相互竞争提高课堂质量以外，我们将加大对第二课堂的支持力度，用“科学和艺术”与“网络游戏和影碟”争夺对学生的教育权，让高雅的情操训练引导、呵护学生的成长。

……

金秋十月,我们的校庆庆典将在奉贤校区举行,徐汇校区将经过部分修整展现含有历史韵味的新风貌。我们的校庆不重规模、层级,而重精神与感受,将尽力办成学生喜闻乐见的课堂、教职员工喜气洋洋的节日。

我们的校庆主题是“因您而感动”,“感动”是最关键的词。要让别人感动,首先至少自己应该要感动,要被自己在各自岗位上对学校事业的坚持、对学校事业的奉献而感动。我们幸运地工作在改革开放的岁月、迎接 60 年大庆,我们清醒地牢记我们的任务是为学校事业成为中流砥柱、承上启下、继往开来。

今秋党委将换届,明春行政将换届。我们能在一起共同奋斗,就是应该十分珍惜的缘分。我们刚刚卸任的老书记沈伟国教授,在去教育部作离职的最后一次汇报谈话中,仍在争取学校利益,牵挂学校的发展。在他的领导和同志们的努力下,在他任书记的最后一天,影响我校近 8 年的奉贤校区土地证问题得以解决。他坚持工作到在岗的最后一个小时,站好最后一班岗,给我和大家树立了非常好的榜样。我们要为学校今后的发展打好基础,不激进、不退缩、不保守、不回避,勇担责任,适时推进事业需要的各项工作,不把问题留给后继者,为后继者奠定好的局面。

今后的日子里,我们全校师生需要高扬大学精神,求同存异、携手奋进、忠于职守、踏实奉献,这样,历史将给予客观的评价,历史将会感谢我们。

各位代表!

六十载风霜沐雨,六十年承转起合。在这样一个重要的年份,我们将举办一场不讲排场、不事张扬、感人至深、内涵丰富的校庆,要充分发扬大学精神,关注社会热点,解答社会困惑。岁月流转,甲子重新。六十年是回首纪念,更是翘首展望,我们要以校庆建设为契机,全力推动资源整合,推动学校竞争力和民生走上一个新台阶!

在建校60年之际，让我们以崇高的荣誉感、使命感、责任感，更加团结，更加努力，继承创新，贯彻学校《“十二五”改革与发展规划》，共同创造华理灿烂的明天！

（2012年3月23日）

炼丹图

在科学发展的早期阶段，科学与宗教往往交织在一起，呈现出极为复杂的依附关系。炼丹术是道教的重要活动，但从客观效果上来看，炼丹术又是一种原始的科技实践活动，正如恩格斯所指出的那样，是化学的『原始形式』，其蕴含的科学思想，直接或间接地与近代科学诸多学科的产生和发展有一定联系。图中炼丹家均为李约瑟推崇并有名著传世者。

刘安（前179～前122），西汉皇族，淮南王。刘安好黄白之术，召集道士、郎中以及江湖方术之士炼丹制药，在炼丹时，偶成豆腐，成了豆腐的创始人，著有《淮南子》，是西汉时期一部影响巨大的社会百科全书。

魏伯阳（151～221），东汉炼丹理论家。著有《参同契》《五行相类》等，其说似解周易，其实假借爻象，以论作丹之意，其著作在人类生命科学研究方面有着杰出贡献，是东汉时代自然科学尤其是化学、冶炼学发展的里程碑。

魏华存（251～334），晋代女道士，上清派所尊第一代太师。她广收道教典籍，所著《黄庭经》等书，开传统内丹学一脉，为道教重要经典，被视为古代中医养生学著作的珍宝，其中的某些说法与现代医学理论也比较相近。

葛洪（284～364），东晋道教学者，著名炼丹家、医药学家。在医学和制药化学上有许多重要的发现和创造，他的著作传世的主要有《抱朴子》和《肘后救卒方》，葛洪的炼丹术，后来传到了西欧，也成了制药化学发展的基石。

陶弘景（456～536）为齐梁间道士、道教炼丹家、思想家、医学家。撰有《本草经集注》七卷，另又著有《真诰》，是道家重要典籍之一。在广泛的领域取得了多种多样的突出成就，名重当时，并给后世留下了深远的影响。

孙思邈（581～682）为唐代著名道士、炼丹家、医药学家，被人称为『药王』。他在《丹经内伏硫黄法》记述的方法是中国现存文献中最早的关于火药的配方。火药的发明是古代炼丹家的功绩，其中也有孙思邈一份功劳。

《炼丹图》大型壁板壁画，由钱旭红总策划、程建新总设计，多方面专家和艺术设计专业学生共同创作完成，现安装于华东理工大学奉贤校区图文信息中心大堂，总高九米宽五米。